Edinhard Reichardt

Die Wasunger Mundart dargestellt von Edinhard Reichardt

1. Teil

Edinhard Reichardt

Die Wasunger Mundart dargestellt von Edinhard Reichardt
1. Teil

ISBN/EAN: 9783743300996

Hergestellt in Europa, USA, Kanada, Australien, Japan

Cover: Foto ©Thomas Meinert / pixelio.de

Edinhard Reichardt

Die Wasunger Mundart dargestellt von Edinhard Reichardt

Die Wasunger Mundart

dargestellt von

Edmund Reichardt,
Pfarrer in Metzels,

Ernst Koch, Professor, und Oberlehrer Dr. phil. **Theodor Storch**
in Meiningen.

1. Teil.

———<⊙※⊙>———

Schriften des Vereins für Meiningische Geschichte und Landeskunde.

17. Heft.

Meiningen 1895.
L. v. Eye's Buchhandlung.

Vorwort.

Im Herbſte 1891 übermittelte mir Herr Pfarrer Reichardt in Metzels eine von ihm verfaßte handſchriftliche Arbeit über die Formen- und Satzlehre der Waſunger Mundart zu dem Zwecke, dieſelbe, wenn es angängig ſei, als eine Schrift des Vereins für Meiningiſche Geſchichte und Landeskunde zum Druck zu bringen. Die Ausſicht, die ſo ſpärlichen Schriften über die Mundarten des Meininger Landes um eine neue vermehrt zu ſehen, erfüllte mich mit großer Freude. Damit aber das Werk nicht unter die Preſſe komme, ohne vorher von ſachkundiger Seite geprüft worden zu ſein, erſuchte ich Herrn Dr. Storch, der mir beſonders durch den Umſtand, daß er aus der Gegend von Waſungen ſtammt, hierzu befähigt erſchien, um die Freundlichkeit, dieſe Prüfung vorzunehmen. Herr Dr. Storch wies denn auch meine Bitte nicht ab. Nach eingehender Durchſicht der Arbeit gelangte er ſchließlich zu der Überzeugung, daß es für die wiſſen-ſchaftliche Erforſchung der heimiſchen Mundarten wertvoller ſei, wenn Herr Pfarrer Reichardt lieber zunächſt ein ausführliches Wörterbuch der Waſunger Mundart, anſtatt einer Grammatik herausgebe. Zu dieſer Anſicht veranlaßte ihn vor allem die Erwägung, daß eine ſorgfältige und möglichſt vollſtändige Zuſammenſtellung aller Wörter, über die eine Mundart verfügt, nur noch einer ganz kurz gefaßten Formen- und Satzlehre bedarf, um ein treues Bild der Mundart zu bieten, während umgekehrt ſelbſt eine ausführlichere Sprachlehre ohne ein gründliches Wörterbuch immer nur ein mangelhaftes Hilfsmittel bleiben wird. Darin pflichtete ich Herrn Dr. Storch völlig bei, und wir beide unternahmen es, dem Herrn Verfaſſer unſere Meinung darzulegen. Herr Pfarrer Reichardt nahm auch die neue Arbeit in Angriff, fühlte ſich jedoch ſpäter bewogen, an ſeinem urſprünglichen Werke feſt-zuhalten, und der Vorſtand unſeres Vereins mochte aus mancherlei, an ſich zu-treffenden Rückſichten ſeinen dieſerhalb erhobenen Vorſtellungen nicht ablehnend gegenüber ſtehen.

Als vor etwa einem Jahre die Vorbereitungen zum Druck ihren Anfang nahmen, wurde ich, wie bei früheren Vereinsschriften, auch damals vom Vorstand des Vereins zu Rat und Hilfe mit herangezogen, und wiewohl ich mit dem Gang der Dinge, den die Angelegenheit gegen Herrn Dr. Storchs und meine Überzeugung genommen hatte, nicht einverstanden war, so trug ich doch den veränderten Umständen Rechnung und war nunmehr nur darauf bedacht, daß die Arbeit in ihrer Art den Anforderungen genüge, die man billigerweise an sie stellen müsse. Der Herr Verfasser hatte seine Aufgabe in der Weise zu lösen versucht, daß er seinen Ausführungen die Formen der hochdeutschen Schriftsprache zu Grunde legte und denselben die ihnen gleich= oder ungleichartigen Erscheinungen der Wasunger Sprache gegenüberstellte. Hierbei ging natürlich die Übersicht über die Eigentümlichkeiten der Mundart vielfach verloren, und es erschien mir daher unerläßlich, die Schrift in der Weise umzuarbeiten, daß die Formen und Erscheinungen der Mundart die Grundlage aller Ausführungen bildeten, und daß die hochdeutsche Schriftsprache nur zur Vergleichung herangezogen wurde, statt umgekehrt. Viel weniger Bedenken erregte es mir, daß die Schrift nicht mit den Hilfsmitteln deutschphilologischer Wissenschaft ausgearbeitet war und somit der Hinweise auf das Altdeutsche entbehrte. Eine mit jenen Hilfsmitteln durchge= führte Lösung solcher Aufgaben hat für den Laien meistenteils keinen Zweck, für den germanistisch gebildeten Kenner aber ist sie entbehrlich, da er ja auch ohne jene Zuthaten die Entstehung der sprachlichen Formen zu deuten weiß. Außer= dem erschien es wünschenswert, durch ein in einfachster Darstellung gehaltenes Beispiel auch andere Laien zur Durchforschung und Darstellung der ihnen ge= läufigen oder bekannten Mundarten anzuregen.

Eine ganz besondere Schwierigkeit lag in der Wiedergabe der mundartlichen Ausdrucksweise. Es war für uns alle klar, daß dieselbe mit größter Sorgfalt und möglichst treuer Abspiegelung der gesprochenen Laute erfolgen müßte. Dabei war jedoch auch zu berücksichtigen, daß es sich nicht um ein nur für Gelehrte bestimmtes Buch, sondern um eine Veröffentlichung handelte, die auch andern Lesern das Verständnis mundartlicher Forschung eröffnen und thunlichst ermög= lichen sollte. Ein solcher Zweck konnte nach meiner Ansicht nur dann erfüllt werden, wenn die schriftliche Wiedergabe der Laute sich an unsere gebräuchliche Schreib= und Druckweise, so weit es ging, anlehnte und nur da mittels anderer Zeichen sich vollzog, wo die gewöhnlichen Buchstaben sich als unzulänglich er= wiesen. Nach wiederholten, vom damaligen Vorsitzenden des Vereins, Herrn Professor Motz, und von mir (Herr Dr. Storch weilte zu jener Zeit noch in Sonneberg) gemeinschaftlich mit Herrn Pfarrer Reichardt gepflogenen Beratungen entschieden wir uns im wesentlichen für die Lautzeichen, wie sie in der vor= liegenden Schrift zur Verwendung gekommen sind. Dabei nahmen wir freilich manches mit in Kauf, was uns selber nicht gefiel, so das schwerfällige sch und ng; von einer Unterscheidung des harten und weichen ch=Lautes sahen wir auch nur aus dem Grunde ab, weil es uns darauf ankam, das Lesen der mundartlichen Formen möglichst zu erleichtern, und weil sich für die Aussprache des wasungischen ch dieselbe Regel ergab, wie sie für die des neuhochdeutschen ch vorhanden ist. Trotz alledem machte es sich nötig, die verfügbaren gewöhnlichen Lettern durch eine ganze Reihe anderer zu vermehren; sonst wäre es nicht möglich gewesen, die außerordentlich mannigfaltigen Selbstlaute genau zu bezeichnen.

Während ich mich in die von Herrn Pfarrer Reichardt wieder umgearbeitete Schrift vertiefte, um hie und da noch selber Hand anzulegen, drängten sich mir bald Beobachtungen auf, die eine ganz andere Behandlungsweise nach sich zogen: es stellte sich heraus, daß selbst eine auf so einfacher Grundlage aufgebaute Sprachlehre, wie sie Herr Pfarrer Reichardt unternommen hatte, einem nicht philologisch, und besonders nicht deutschphilologisch geschulten Laien bei ihrer Durchführung Schwierigkeiten bietet, die notwendig Irrtümer und Mängel zur Folge haben müssen. Diese zu beseitigen, verursachte um so größere Mühe, als es nur mittels einer gewissen Beherrschung des mundartlichen Stoffes möglich war, und diese erst errungen werden mußte. Als ich nun aber, um einen klaren Blick in die Sache zu gewinnen, mich nach Wasungen begab und im Verkehr mit dortigen Einwohnern den Eigentümlichkeiten der Wasunger Mundart unmittelbar nachforschte, ergab sich auch noch die Thatsache, daß es einem nicht sprachwissenschaftlich gebildeten Laien schwer fällt, das Wesen der eigenen Mundart in allen Punkten zu erfassen und von der Schriftsprache genau zu unterscheiden. Bei aller Feinheit des Gehörs für manche Laute, die der Nichtwasunger für sich allein nur schwer zu beurteilen vermag, sind die Ohren der meisten Wasunger doch unempfindlich gegen gewisse lautliche Unterschiede, die dem aufmerksam beobachtenden Fremden sofort auffallen. So besitzt z. B. der kurze geschlossene e-Laut der Wasunger Mundart eine andere, und zwar mehr nach i hin streifende Klangfarbe, als es beispielsweise in den Wörtern „Wendung, Fett" der Fall ist, der kurze o- und ö-Laut der Wasunger lautet zum größten Teil viel tiefer und mehr nach u hin, als das hochdeutsche o und ö, der f-Laut zwischen vorausgehendem langen und nachfolgendem Selbstlaut wird sehr weich, fast wie w gesprochen, die dem hochdeutschen pf entsprechende Lautverbindung bf ist im Anlaut nur vor Selbstlauten möglich, muß sonst aber hier durchgängig zu f werden, und neben dem gewöhnlichen l kommt noch ein anderer l-Laut vor, der sich von jenem deutlich abhebt — alles Dinge, von denen die Wasunger gemeinhin keine Ahnung haben und die ihnen zum Teil selbst dann noch dunkel bleiben, wenn sie darauf aufmerksam gemacht werden. Es darf daher nicht wunder nehmen, wenn auch Herr Pfarrer Reichardt, der zwar nicht geborener Wasunger ist, aber doch den größten Teil seiner Jugendjahre in Wasungen verlebt hat, von den eben berührten Thatsachen erst durch mich, der ich die Wasunger Mundart vordem gar nicht kannte, erfuhr.

Natürlich wurde dafür gesorgt, daß jene Abweichungen von der anfänglichen Darstellung dem Buche noch zu gute kamen, aber mit dem, was ich in betreff der lautlichen Verhältnisse ermittelt hatte, war es bei weitem nicht abgethan: auch der Wortschatz und die Wortformen der Wasunger Mundart, die in der Arbeit des Herrn Pfarrer Reichardt sich vorfanden, bedurften, bevor sie die Presse verlassen sollten, einer strengen Überwachung. Gleich bei meinen ersten, in Wasungen angestellten Untersuchungen hatte ich wahrgenommen, daß die Wasunger zum Teil anderer Ausdrücke sich bedienten, als aus der Darstellung des Herrn Verfassers sich ersehen ließ, und diese Wahrnehmung wurde weiterhin mehr und mehr bestätigt. Der Grund hiervon liegt zunächst darin, daß Herr Pfarrer Reichardt schon seit längeren Jahren nicht mehr in Wasungen wohnt und darum von dem wenn auch nahe gelegenen Metzels aus nur zeitweise die heimatliche Sprache vernehmen kann; dann aber auch in dem Umstande, daß die Wasunger Mundart nur im allgemeinen ein einheitliches Gepräge besitzt, im einzelnen aber, je nach den besonderen Familien und Persönlichkeiten, große Verschiedenheiten zeigt. Der eingeborene Wasunger ist sich dieser Verschiedenheiten meist gar nicht bewußt; er spricht nach seiner Weise, und wenn andere Wasunger anders reden, so achtet er gewöhnlich nicht darauf. In Wasungen sprechen die Alten gar manches anders als die Jungen, aber auch die Alten sprechen, ebensowenig wie die Jungen, überein. Daraus folgt von vornherein die Notwendigkeit, zwischen der Redeweise der Alten und der Jüngeren da, wo es sich um wichtige Abweichungen handelt, zu unterscheiden, aber auch die Notwendigkeit, niemals die Mundart einer einzelnen Person für maßgebend zu halten und daraufhin allgemein giltige Schlüsse zu ziehen. Angesichts der großen Mannigfaltigkeit, die in der Redeweise der Wasunger zu Tage tritt, muß man billig fragen, was ist hier mundartlich, das eine oder das andere, oder alles und jedes? Nach meiner Überzeugung läßt sich dies eben nicht aus der Sprechweise eines Einzelnen oder einiger weniger, sondern nur aus der einer möglichst großen Anzahl von Wasungern ermitteln. Dem Einzelnen ist in einzelnen Fällen der echt wasungische Ausdruck für irgend etwas vielleicht gar nicht bekannt, und er setzt dafür ein aus der Schriftsprache entlehntes, ins Wasungische umgemodeltes Wort. Anderseits können aber auch recht wohl zwei oder mehr verschiedene Ausdrucksweisen für ein und dasselbe Wort oder ein und dieselbe Form neben einander gleichberechtigt sein, wenn sie alle aus dem Wesen der Mundart sich erklären lassen. Jene Lückenhaftigkeit auf der einen, und diese Fülle auf der andern Seite war Herrn Pfarrer Reichardt nicht selten entgangen, da er seiner Arbeit im ganzen und großen nur sein eigenes Wasunger Deutsch, wie es ihm aus seiner Jugendzeit noch lebendig vorschwebte, zu Grunde gelegt hatte. Auch hieraus dürfen wir ihm keinen Vorwurf machen, eben weil jene einseitige Kenntnis der Wasunger Mundart in der Natur der Wasunger begründet ist; wenn aber seine Schrift wirklichen Wert haben sollte, so galt es, das Übersehene nachzuholen.

Eigentlich hätte jedes im Buche aufgeführte mundartliche Beispiel durch die Aussage mehrerer Wasunger aus verschiedenen Familien erprobt und erhärtet werden müssen. Dies war, wenigstens von Meiningen aus, nicht möglich. Aber was sich unter den obwaltenden Umständen erreichen ließ, das ist geschehen. Wie bereits im Sommer, so suchte ich auch im Herbst und Winter der Wahrheit dadurch auf den Grund zu kommen, daß ich teils hier in Meiningen wohnende oder beschäftigte, teils in Wasungen selbst angesessene Wasunger planmäßig immer und immer wieder befragte und verhörte. Einmal mit der Sache betraut und beschäftigt, hielt ich es für meine Pflicht, derselben alle mögliche Sorgfalt angedeihen zu lassen, und darin wurde ich seit dem Herbst von Herrn Dr. Storch, der inzwischen nach Meiningen versetzt worden war, aufs beste unterstützt. Wir gingen in der Weise vor, daß ich zunächst die Arbeit des Herrn Pfarrer Reichardt für die Veröffentlichung einrichtete, und daß dann Herr Dr. Storch die auf diese Weise fertig gestellten Teile einer genauen Durchsicht unterzog; was ihm fraglich erschien, wurde von mir nochmals auf Grund abermaliger Beobachtungen untersucht, worauf wir beiden durch mündliche Besprechung uns über die einzelnen Punkte einigten. Da die heimatliche (Schwallunger) Mundart meines Herrn Mitarbeiters von der Wasunger Mundart trotz ihrer nahen Verwandtschaft immerhin sehr abweicht, namentlich hinsichtlich der Selbstlaute, so war Herr Dr. Storch weniger in der Lage, auf bestimmte Weise eine Ansicht geltend zu machen, als vielmehr, eine solche vermutungsweise auszusprechen. Wenn sich aber auch manche seiner Vermutungen nicht bestätigte, so boten dieselben doch im allgemeinen für mich höchst wertvolle Anhaltepunkte zu weiteren Nachforschungen, und auf jeden Fall kamen sie der Zuverlässigkeit des Buches zu gute. Ohne diese Hilfe würde ich manches nicht bemerkt haben, dessen Kenntnis für eine ordentliche Darstellung der Wasunger Sprache notwendig ist; ohne diese Hilfe hätte mir aber auch der Weg, den ich durch die Irrgänge jener Mundart wandeln mußte, noch viel mehr Mühsale gebracht, als sie mir so wie so beschieden waren.

So ist in dem vorliegenden Buche allerdings die von Herrn Pfarrer Reichardt ausgearbeitete Schrift enthalten, und wir beiden andern sind ohne zwingende Gründe von seiner Arbeit nicht abgewichen; an der Gliederung der letzteren und ihrer Einrichtung haben wir überhaupt fast nichts geändert. Gleichwohl erfuhr der ursprüngliche Inhalt mit wenig Ausnahmen eine durchgreifende Umgestaltung, und der das Hauptwort betreffende Abschnitt vollends wurde fast ausschließlich von mir nach eigenen Gesichtspunkten entworfen und im Einvernehmen mit Herrn Dr. Storch durchgeführt; denn die mannigfaltige Beugungsweise der wasungischen Hauptwörter erforderte es unbedingt, hier von einer zwischen der Mundart und der neuhochdeutschen Schriftsprache äußerlich vergleichenden Darstellung abzusehen und die Mundart als solche zu behandeln. Eine sachgemäße Behandlung war aber erst dann möglich, nachdem der hierzu notwendige Stoff in Wasungen von mir gesammelt war; auch das wichtige Gesetz, das für den Gebrauch des 3. Falles in der Mehrheitsform der Hauptwörter gilt, und über welches die Wasunger keine Auskunft zu erteilen vermochten, wurde erst durch umständliche Nachforschungen von mir ermittelt. Daher konnte die Schrift füglich nicht mehr als die alleinige Arbeit des ursprünglichen Verfassers angesehen werden, um so weniger, als Herr Pfarrer Reichardt mit meiner Auffassung von dem, was echt wasungisch sei, in einzelnen Punkten, z. B. hinsichtlich des ô- und ö-Lautes, sowie der Verkleinerungsendung -ichə oder -che (vergl. Seite 56), anstatt deren Herr Reichardt die Form -ichlə als die nach seinem Dafürhalten in Wasungen allgemein giltige versicht, nicht einverstanden war. Das ist denn der Grund, weshalb neben Herrn Pfarrer Reichardt gerade diejenigen beiden als Mitverfasser des Buches genannt sind, die sich gegen die Veröffentlichung der demselben zu Grunde liegenden Arbeit ausgesprochen hatten, und die auch heute noch die Ansicht vertreten, daß ein gutes Wasunger Wörterbuch der Mundartenkunde größeren Gewinn gebracht haben würde.

Nur ungern haben wir uns dazu verstanden, das Buch nicht gleich als Ganzes, sondern in zwei Teilen herauszugeben. Da jedoch im Laufe des Jahres 1894 den Mitgliedern unseres Vereines keine Vereinsschrift hatte geboten werden können, so erschien es billig, einstweilen diesen Teil als ein von rechtswegen auf das Vorjahr entfallendes Heft hinauszusenden. Den Schluß, der die übrige Lehre von den Wortarten, die Satzlehre, ein Verzeichnis der eigentümlichsten Wasunger Ausdrücke, zusammenhängende Proben der Wasunger Mundart in gebundener und ungebundener Rede, auch die Wasunger Arie als Musikbeilage enthalten soll, hoffen wir in nicht zu später Zeit folgen lassen zu können. Dem zweiten Teil sollen auch die Berichtigungen mit beigegeben werden, die sich für diesen jetzigen Teil nötig machen und sich hauptsächlich darauf gründen, daß die eigentliche Fertigstellung der Arbeit nur, während der Druck seinen Fortgang nahm, erfolgen konnte. Da von Herrn Dr. Storch und mir die Kenntnis der Wasunger Mundart nur Schritt für Schritt, und immer nur so weit erobert werden konnte, als die Beschäftigung mit den einzelnen Abschnitten es gerade mit sich brachte, so empfiehlt es sich, mit Berichtigungen und Nachträgen, auch wenn wir dieselben schon jetzt bieten könnten, doch bis dahin zurückzuhalten, wo wir das Ganze zu überblicken vermögen. Immerhin möge schon jetzt diese wenngleich noch nicht ausgereifte Frucht vaterländischer Forschung den Zweck erfüllen, den treue Liebe zur Heimat im Verein mit dem gewissenhaften Streben, etwas von bleibendem Werte zu schaffen, dem Buche setzten. Ein unbestreitbares Verdienst hat sich Herr Pfarrer Reichardt damit erworben, daß er es unternahm, die Mundart der Wasunger zu untersuchen und darzustellen. Bildet diese Mundart auch nur ein Glied innerhalb einer ganzen Kette von Mundarten, die ein ebenso großes Anrecht darauf haben, sachgemäß untersucht und dargestellt zu werden, und liegt hier auch nicht eine förmliche Sprachinsel vor, von der zu den Mundarten der Nachbarorte keine Brücke reichte, so besitzt das Wasunger Deutsch doch Eigenartiges genug, um es zu rechtfertigen, daß in diesem Buche eben nur die Wasunger Mundart, und nicht zugleich auch die Sprache der in nächster Nähe wohnenden ländlichen Bevölkerung Berücksichtigung fand. Die noch ungehobenen mundartlichen Schätze lassen sich überhaupt wahrhaft wissenschaftlich nur in der Weise ausbeuten, daß man Ort für Ort gründlich durchforscht und über die Mundart einer größeren Gegend erst dann ein zusammenfassendes Urteil fällt, wenn über die Besonderheiten der einzelnen Ortschaften völlige Klarheit besteht.

Meiningen, im März 1895.   E. Koch.

I.

Erklärung der Lautzeichen.

Betonung.

a entspricht nhd*) kurzem a, wie in Latte, Tanne, Rast.

ā entspricht nhd langem a, wie in Ware, Hagel.

aə bezeichnet einen aus kurzem a- und flüchtigem e-Laut gebildeten, eng verbundenen Doppellaut, welcher dem Nichtwasunger als ein schwach nach å hin getrübtes a erscheint.

ai entspricht dem nhd ai (ei).

āi ist langes ā, mit nachfolgendem kurzen i zu einem Doppellaut verbunden, in welchem das a stärker vorwaltet, als bei ai.

au entspricht dem nhd au.

āu ist der lange a-Laut mit nachschlagendem, ganz flüchtigen u.

ä entspricht nhd kurzem ä, wie in hätte, Fässer.

ǟ entspricht nhd langem ä, wie in Däne, Hähne.

äə ist der kurze ä-Laut mit nachschlagendem, ganz kurzen e (ə).

ǟə ist der lange ä-Laut mit nachschlagendem ə.

äi bezeichnet einen Doppellaut, dessen Grundton ungefähr die Mitte hält zwischen den Lauten é oder ö und ä und, teils kurz, teils lang, mit nachfolgendem kurzen i gesprochen wird.

å bezeichnet den kurzen Mittellaut zwischen a und o, dem englischen tiefen a in what ähnlich.

å̄ bezeichnet den langen Mittellaut zwischen a und o, ähnlich dem englischen a in wall.

æ bezeichnet den kurzen Umlaut von å, der tiefer als nhd ö lautet.

ǣ bezeichnet den langen Umlaut von å̄, von dem vorigen nur durch die Länge unterschieden.

åi ist kurzes å, mit kurzem i zu einem Doppellaut verbunden.

å̄i ist langes å̄, mit nachfolgendem kurzen i zu einem Doppellaut verbunden, in welchem der å-Laut schärfer hervortritt, als in åi.

---

*) nhd = neuhochdeutsch bezeichnet hier und in der Folge stets dasjenige Hochdeutsch der Gegenwart, wie es auf guten Bühnen gesprochen zu werden pflegt.

Verein für Meiningische Geschichte und Landeskunde. Heft 17.

1

Àu iſt kurzes å, mit kurzem u zu einem eng verbundenen Doppel-
laut vereint.

åe iſt kurzes å, mit nachſchlagendem ganz kurzen e zu einem Doppellaut
vereint.

Æe iſt langes Æ mit nachſchlagendem ganz kurzen e.

åü iſt der Umlaut von Àu, ähnlich dem nhd åu oder eu.

åü iſt Æ, mit nachfolgendem kurzen ü zu eng verbundenem Doppellaut ver-
eint, in welchem der erſte Ton ſtärker vorwaltet, als in åü.

b bezeichnet den ſtummen weichen Lippenlaut und entſpricht dem nhd b,
wie z. B. in binden, bellen, brennen, inſofern dieſem b nicht der tö-
nende, ſondern der ſtumme b-Laut innewohnt. Dies gilt nicht bloß
vom An- ſondern auch vom Inlaute.

Vor r und ər wird b von einem Teil der Waſunger faſt wie p ge-
ſprochen.

ch entſpricht dem nhd ch; es iſt 1) hart nach kurzem oder langem a, å,
o, u, au, åu, wie in nhd ach, Sprache, doch, Woche, Geruch, Bruch,
ſuchen, Brauch; 2) weich nach è, i (!), ä, ö, ü, æ, Æ, åü, nach r,
l, ł und n, ferner im Anlaut, wie in nhd Becher, Licht, Bäche, möchte,
tüchtig; Arche, horchen, ſolcher, Strolch, welcher, mancher; China,
Chemie.

d bezeichnet den ſtummen weichen Zahnlaut und entſpricht dem nhd b,
wie z. B. in der, dauern, laden, inſofern dies b nicht tönend, ſon-
dern ſtumm geſprochen wird.

Vor r und ər lautet es im Munde derjenigen Waſunger, die b vor r
und ər wie p ſprechen, faſt wie t.

è bezeichnet einen kurzen e-Laut, der etwa die Mitte hält zwiſchen nhd e,
wie es (ähnlich dem franzöſiſchen é in étant) in der Stammſilbe von
Elle, Vetter, Kette geſprochen wird, und nhd i.

ē entſpricht dem nhd langen e, wie es in ſehr, Meer, Beet, lehren lautet,
ähnlich dem franzöſiſchen é in formé.

ēə bezeichnet den ē-Laut mit nachſchlagendem ə.

ə entſpricht dem nhd unbetonten e, z. B. in wallen, mögen, Schnalle, wan-
dern, begleiten.

f entſpricht dem nhd f.

g bezeichnet den ſtummen weichen Gaumen- oder Kehllaut und entſpricht
dem nhd g, wie es in ganz, gern, gut, grau geſprochen wird, info-
fern dieſem g der ſtumme, nicht tönende weiche Kehllaut innewohnt.
Dieſe Ausſprache gilt auch, wenn g im Inlaut ſteht.

Von einem Teil der Waſunger wird g im Anlaut vor n als tönender,
ganz weicher Gaumenlaut, faſt wie naſales ng ausgeſprochen.

h entſpricht dem nhd h im Anlaut der Wörter, z. B. in Hauch, heben, Hirſch.

i entſpricht dem nhd kurzen i, wie in binden, Kinn, Biſſen.

ī entſpricht dem nhd langen i, wie in mir, dir, wir.

ı̨ bezeichnet ein ganz kurzes, flüchtiges i.

iə bezeichnet ben langen i-Laut mit nachschlagenbem ə.

j entspricht bem nhb j im Anlaut ber Wörter unb Silben, z. B. wie in ja, jetzt, verjubeln.

k bezeichnet ben mit einem Hauch gesprochenen harten Gaumen- ober Kehllaut unb entspricht bem mit Hauchlaut gesprochenen nhb k, wie z. B. in kann, kehren, ober bem gehauchten nhb ck, wie z. B. in Sack, Glück.

l entspricht bem nhb l.

ł bezeichnet ben am hintern Gaumen unb in ber Kehle hervorgebrachten l-Laut, wie berselbe namentlich ben Slawen eigen ist, unb entspricht bem polnischen ł.

m entspricht bem nhb m.

n entspricht bem nhb n, wie in nennen, an, Monb.

ng entspricht bem nhb Nasenlaut ng ober n, wie z. B. in gelingen, fangen, jungen; Bank, links, Junker.

ng bezeichnet stets nur ben Nasenlaut ohne g- ober k-Laut.

o entspricht bem nhb kurzen o, wie z. B. in locken, Rotte, Most.

ō entspricht bem nhb langen o, wie z. B. in Lot, empor, Brot, Not, vor.

oə ist o, mit nachfolgenbem flüchtigen e zu einem Doppellaut vereint, in welchem bas ə nur sehr wenig zur Geltung gelangt.

ōə ist ō mit nachschlagenbem tonlosen e.

ōi ist ō mit nachschlagenbem ganz kurzen i,

ö entspricht bem nhb kurzen ö, wie in Röcke, öfters.

ȫ entspricht bem nhb langen ö, wie z. B. in Höfe, schwören.

ȫə ist ö, mit nachfolgenbem tonlosen e zu einem Doppellaut vereint.

ȫə ist ȫ mit nachschlagenbem tonlosen e.

ȏ bezeichnet ben kurzen Mittellaut zwischen nhb o unb u, ber von einem Teil ber Wasunger mehr an o, von ben übrigen mehr an u an- klingenb gesprochen wirb.

ȏi ist ȏ mit nachschlagenbem ganz flüchtigen i.

ȣ, ber Umlaut von ȏ, bezeichnet ben kurzen Mittellaut zwischen nhb ö unb ü, von einem Teil ber Wasunger mehr an ö, von bem anbern mehr an ü anklingenb gesprochen.

p bezeichnet ben mit einem Hauch gesprochenen harten Lippenlaut unb ent- spricht bem mit Hauchlaut gesprochenen nhb p.

r entspricht bem nhb r.

s bezeichnet zumeist ben nhb scharfen s-Laut, wie z. B. in bloß, Faß, beißen. Im Inlaut, namentlich wenn ein langer Vokal bem s vor- ausgeht unb ein kurzer folgt, wirb s von einem Teil ber Wasunger weicher gesprochen, ähnlich bem f, wie es ber Norbbeutsche in lose, leise, Weise zu sprechen pflegt.

sch entspricht bem nhb sch.

t bezeichnet ben mit einem Hauch gesprochenen harten Zahnlaut unb ent- spricht bem mit Hauchlaut gesprochenen nhb t.

1*

u entſpricht dem nhd kurzen u, wie z. B. in unb, Butter.

û entſpricht dem nhd langen u, wie z. B. in Hut, Mus.

uə iſt u mit nachfolgendem ə, als eng verbundener Doppellaut zu ſprechen.

ûə iſt û mit nachſchlagendem ə.

ui entſpricht dem nhd ui, wie in hui, pfui.

uĭ iſt u, mit nachfolgendem flüchtigen i zu einem Doppellaut vereint, von welchem das i nur einen faſt unmerklichen Beſtandteil bildet.

ûĭ iſt û mit nachſchlagendem kurzen i.

ü entſpricht dem nhd kurzen ü, wie in Kürze, Hütte.

ü̂ entſpricht dem nhd langen ü, wie in Hüne, Güte, Gemüſe.

ü̂ə iſt ü̂ mit nachſchlagendem kurzen e.

v bezeichnet den ſehr weichen Mittellaut zwiſchen nhd f unb w, unb entſpricht etwa dem f=Laute, wie ihn der Norddeutſche im Inlaut zwiſchen zwei Selbſtlauten, deren erſter lang iſt, z. B. in bem Worte Wilhelms= haben, auszuſprechen pflegt.

w entſpricht dem nhd w, inſofern es mit belben Lippen geſprochen wirb.

z ſteht für ds unb ſoll bezeichnen, baß bie Laute d unb s, ähnlich wie nhd t unb ſ ober s im nhd z, als eng verbundene zu ſprechen ſinb.

Nach vorausgehenbem kurzen Selbſtlaut wirb ſtatt bb nur b, ſtatt dd nur d, ſtatt ff nur f, ſtatt gg nur g, ſtatt kk nur k, ſtatt ll nur l, ſtatt ll nur l, ſtatt mm nur m, ſtatt nn nur n, ſtatt pp nur p, ſtatt rr nur r, ſtatt ss nur s, ſtatt tt nur t, ſtatt tz nur z geſetzt.

Die Betonung der Wörter in der Waſunger Munbart iſt im weſentlichen bieſelbe wie in der neuhochdeutſchen Schriftſprache unb aus den beigefügten neu= hochbeutſchen Wortformen leicht erſichtlich. Dies gilt auch von den in der Munb= art vorkommenden Fremdwörtern. Abweichungen ſinb bei den betreffenben Wör= tern beſonbers bemerkt.

II.

Die Laute der Mundart.

1. Selbstlaute.

Die Wasunger Mundart*) hat folgende einfachen Selbstlaute: a, ā, å, ā̊, ä, ǟ, æ, ǣ, o, ọ, ö, ȫ, õ, ō̃, u, ū, ü, ǖ, i, ī, i̯, e, è, ə; ferner die zusammen-gesetzten: aə, ai, ẹi, ai̯, au, aŭ, åə, åə, ai, ẹi, äi, ǟi, åu, bə, ǣə, åū, ǣū, oə, ōə, ọi̯, ȫə, õə, ȫi̯, uə, ūə, ui, ui̯, ūi̯, ūə, eə, iə.

A. Einfache Laute.

a und å.

Das a der WM entspricht dem nhd kurzen a beispielsweise in af (Affe), agər (Acker), lach (lachen), wagər (wacker), wach (Wache), radə (Ratte), ladə (Latte), madə (Matte b. i. Käsequark), bladə (Platte), amə (Amme), wan (Wanne), jagə (Jacke), al (alle), schal (schallen), lam (Lamm), schdam (Stamm), kan (Kanne), danə (Tanne), rasə (Rasse), masə (Masse), glas (Klasse), kabə (Kappe b. i. Mütze), schnap (schnappen), labə (Lappen), barwəs (barfuß), arch (arg), farə (Farbe), bart (hart), ambos (Amboß).

Für nhd langes a steht a in nalə (Nadel).

a steht ferner für das nhd kurze e in dan (denn), galə (gelt b. i. nicht wahr?), fagəl (Ferkel), gladər (klettern), drabə (Treppe), schagich (scheckig), barigə (Perücke).

Endlich finden wir a auch für das nhd kurze o in einigen Fremdwörtern: hanöər (Honneur), kamisbrot (Kommißbrot), kamödə (Kommode).

ä steht für das nhd lange a nur in di schwänə (der Schwan als Vogel; dər Schwön ist der „Gasthof zum Schwan"), ram (Rahm, Sahne), schäm (Scham), bänhöf, bänuər, bauinschägdər (Bahnhof, Bahnuhr, Bahninspektor, aber sonst bö = Bahn), fänə (Fahne).

Ferner steht ä für das nhd kurze a in bänt (Band), länt (Land), sänt (Sand), hänt (Hand), alt (alt), kält (kalt), wält (Wald), wänt (Wand), fänt (fand) und, mit Ausstoßung des l, in käp (Kalb) und häp (halb); auch in bangk (Bank), grangk (krank), geschdängk (Gestank), dängk (Dank), zängk (Zank), schängk (Schrank).

Sobann findet man ā für das nhb lange e in drāt (treten), nām (nehmen), nāwəl (Nebel), lāwə (Leben), wāwər (Weber), schwāwəl (Schwefel), nāwə (neben), gā (geben), zā (zehn), zānə (Zehnten), zānəschnit (Zehntenschnitt), zānəschuidər (Zehntenschnitter), zānəgnächt (Zehntenknecht, ber ben Zehnten zu vereinnahmen hatte), glā neben glai (kleben), fāl (fehlen), māl (Mehl).

Für das nhb kurze e steht ā in āndə (Ente), sāməl (eigentlich: Semmel, es wird bamit jedoch nur bie Hälfte einer Semmel bezeichnet, bie ganze heißt „dər wāk") unb gāl (gelb).

Für nhb langes ā steht ā in kāvər (Käfer), unb sich schām (sich schämen).

Für das nhb au kommt ā vor in āchə (Auge), bām (Baum), dā (Tau), drām (Traum), frā (Frau), kāf (Kauf), kāfmō (Kaufmann), lāchə (Lauge), lāp (Laub), rāch (Rauch), zām (Baum), gənā neben gənāū unb gənau (genau), schdāp (Staub).

Für nhb kurzes o findet sich ā nur in bem Worte brāmədəbēər (Brombeere).

ä unb Ä.

ä steht als Umlaut von a in ben meisten Fällen wie nhb kurzes ä, z. B. äbfəl (Äpfel), käm (kämmen), lämər (Lämmer), änər (änbern), wän (Wänbe), bänər (Bänber), bāk (Bäcker), ägər (Äcker), hän (Hänbe), fächer (Fächer), fläch unb flächə (Flächje), bänəl (Bänbel, Bänbchen), schdämich (stämmig), schäng (Schränke), lächərlich (lächerlich); so namentlich auch vor r, z. B. ärchər (Ärger, ärgern), närisch (närrisch), wärm (Wärme), härt (härten), färə (färben), märz (März, märzen b. i. Kleiber im Frühjahr ber Luft aussetzen, sie lüften).

Für nhb langes ä findet sich Ä in rēdschbrāchich (gesprächig), mit bem Ton auf ber ersten Silbe, schwärn (Schwären).

Ä wirb ferner gesetzt für bas nhb kurze e in än (Enbe), län (Lenbe), wän (wenben), äbəs (etwas), bät (Bett), bächər (Becher), Bämə (abgekürzt für Benjamin), bäsər, bässt (besser, beste), mäsər (Messer), mätzə (Metze), wäz (wetzen), wät (wetten), wät mach (wett machen, ausgleichen, vergelten), ängəl (Engel), ägə (Ecke), näk (necken), wāk (Wecken, Semmel), wāk (weg), schdäk (Stecken, stecken), fläk (Flecken, stecken), fät (Fett), wädər! dônərwädər! (Wetter! Donnerwetter! als Ausrufe ber Berwunberung unb als Flüche, sonst sieh das Wort unter Ä), Ämä (Emma), äsk (Essig), äs (essen), äsə (Essen), bläs (Blesse), bräch (brechen), dāk (becken), drāsəl (brechseln), dräslər (Drechsler), fərgäs (vergessen); so namentlich vor r unb l, z. B. hār (Herr), fərbärch (verbergen), Bärtā, auch Bärtä (Bertha), färdärə (verberben), schdärə (sterben), ärwəs (Erbse, Erbsen), ärnst (ernst, Ernst; vielleicht), ārn (Ernte; Fußboben), ärscht (erst), gārn (gern), gärə (gerben), gärwər (Gerber), gärde (Gerte, Rute), Härmən (Hermann), härsch (herrschen), härz (Herz, herzen), härzöch (Herzog), kārwə (Kerbe), kārl unb kārlə (Kerl), kärn (Kern), lārn (lernen), mārk (merken), bfärich (Pferch, pferchen), schmärz (Schmerz, schmerzen), schbärk (Sperling), fərschbār (versperren), schdärn (Stern), schdärz (Sterz, sterzen), wärf (werfen), wärk (Werk), wärschət (Werkstatt), wāln (Welle, am Rab unb als Reisigbunb), gālə (Gelte, ein Wassergefäß), kāln (Kelle), fāln (Fell), brāl (prellen), hāl (hell), dāln (Delle, Vertiefung), älf (elf), ālnbō unb ālbō (Ellenbogen), fālch (felgen), fälər (Felber), fälisə (Felleifen), gəsälⁿ (Geselle), gəsällschaft (Gesellschaft), gəschdäl (Gestell), schdäläschə unb stalāschə (Stellage), grät (grell), hälm (Helm), Wilhälm (Wilhelm), källnər (Kellner), åmäl (anmelben), mälə (Melbe), mälk (melten), sälwər (felber), zälər (Sellerie), sälzom (feltfam), schdäl (ftellen, Stelle), wälk (welt), wält (Welt), Järchzäl unb Jörchəzäl (Georgenzella), bälz (belzen, pfropfen).

Statt bes nhb langen e ftehl ä in drombädə (Trompete), åbədägər (Apo=theler), wängk (wenig), gwärich (quer, querig), unb in bem Fluch: schwärə-nüət (Schwerenot!).

Für nhb turzəs a finbet fich ä in gämər (jammern).

Ferner finben wir ä für bas nhb i häufig vor bem Nafenlaut ng (= nhb ng unb n), z. B. in fängər (Finger), dängk (Ting), rängk (Ring), säng (fingen), wängk (winten), länggⁿ (linfs), fängk (Finfe), schdängk (ftinfen), bräng (bringen), gəläng (gelingen), zwäng (zwingen), dräng (bringen), drängk (trinfen), schwäng (fchwingen), glängə (Klinge), schbräng (fpringen), schläng (fchlingen).

Von einem Teil ber Wafunger, unb zwar vorzugsweife von bem heran=wachfenben Geschlecht wirb ä für nhb i vor r auch noch ba gefprochen, wo bie übrigen Wafunger ė zu fprechen pflegen, z. B. bärgə (Birfe), bärn (Birne), färnz (Firniß, firnifjen), härsch (Hirfch), schdärn (Stirn). Bergl. ė für nhb i auf Seite 18.

ä ftehl ferner für nhb turzəs o in dräzk (trotzig).

Für turzəs nhb ö ftehl ä in läfəl (Löffel), zäbf (Zöpfe), ägnöm (Öfonom), schäbf (fchöpfen), schräbf (fchröpfen).

Für nhb langes ö finbet fich ä in bläk (blöfen).

Für nhb ei ftehl ä in änər, än (einer, einen).

Sehr turzəs, an bie Ausfprache bes ə ftreifenbes ä finbet fich für nhb ein ober eine in bem unbeftimmten Geschlechtswort ä (ein, eine), fowie in bem unbetonten Zahlwort ä, wie es z. B. in ämöəl (einmal), änant (einanber) vorfommt.

Dies ganz turze ä wirb auch vielfach in ber Verfleinerungsfilbe lä (lein) gefprochen, währenb baneben ber WM in folchen Fällen auch ein ganz beftimmt ausgeprägtes lə eigen ift, z. B. hüslä neben hüslə (Häuslein), büchlä unb büchlə (Büchlein), dræbflä unb dræbflə (Tröpflein), hüəlä unb hüələ (Hühn-lein). In ähnlicher Weife wechfelt bas betreffenbe turze ä mit ə, wenn es nhb tonlofem e vor r in ben Vorfilben er, ver, zer unb in ber Nachfilbe er ent=fpricht, z. B. färschdüər unb fərschdüər (verftören), zärbräch unb zərbräch (zerbrechen), ärlang ober därlang neben ərlang ober dərlang (erlangen), mäsär neben məsər (Meffer), fédär unb fédər (Vetter). Ein Gleiches gilt von ber wafungischen Form bes perfönlichen Fürwortes es; bielelbe lautet, wenn ber e=Laut überhaupt gefprochen wirb; fowohl äs als əs. Hinfichtlich ber eben be=rührten fchwanfenben Laute ift in ber vorliegenben Schrift nur ber ə=Laut zum Ausbrud gebracht worben, ba eine fefte Regel über ben Gebrauch bes ä unb ə in ben befprochenen Fällen fich nicht auffiellen läßt.

ä entfpricht bem nhb langen ä in fädər (Väter), schädəl (Schäbel), mächə (Mäbchen), käs (Käfe), mäsich (mäßig), jät (jäten), grädə (Gräte), gräwə (Gräben), gəwörznälchə neben nälgə (Gewürznäglein, Gewürznelfe), blän (Pläne), rädsəl (Rätfel), sä (Säge), säwəl (Säbel), schbäslə (Späßchen), gə-

schbrächich und (neben rädschbrächich) rädschbrächich (gefprächig), bei letz-
teren beiden mit bem Ton auf der erften Silbe, dächlich (täglich), nääl (Nägel).

ä ſteht ſobann für das nhb lange e in läder (Leber), fädər (Feder), bät
(beten), bän (wen), bäs (Beſen), läs (leſen), bräzəl (Brezel), dän (ben), äwərt
(Ebert, ein Familien=Name), ögənäm (angenehm), flädərmüis (Fledermaus),
flädərwisch (Fleberwiſch), frävəl (Frevel), änggä (entgegen), wädər (weber), lä
(legen), fläch (pflegen b. l. warten; das Wort iſt gut waſungiſch in ſich
fläch (ſich pflegen) und in ber Wendung hä flächt si füilhait, bie im Hin-
blid auf einen träg hingeſtredten Menſchen gebräuchlich iſt; in ber Wendung
ä käint fläch iſt bas Wort, wie jebenfalls auch flächmöidər, aus bem Nhb
entlehnt), flächmöidər (Pflegmutter), räwə (Rede), rä (Regen und regnen),
schbäk (Steg), wäk (Weg), wäsə (Weſen).

Für nhb kurzes e ſteht ä in bläch (Blech), wädər (Wetter; vgl. aber ä
== nhb kurzem e), ädə (Egge), gnächt (Knecht), dängk (benken), dräk (Dreck),
Länz (Lenz als Perſonen=Name), bäch (Pech), schbäk (Sped), rächt (recht,
Recht), schlächt (ſchlecht), bädəl (betteln), brät (Brett), zänə (Cent b. l. ein
freier Plaß vor bem oberen Thore, auf bem in alten Zeiten bas Centgericht
gehalten wurde; bie anwohnenden Leute werben nach ihm genannt, z. B. Zänə-
jörch b. l. Centgeorg).

Für nhb ei ſteht ä in nä (nein).

ā und ǟ.

ā ſteht für bas nhb reine kurze a in brācht (Pracht), gəbrācht (gebracht),
sāchdich (ſachte), ādräsə (Abreſſe), āfəgāt (Abvofat), Achänt (Agent), āch,
āchələ (ach!), ālwər (albern), zāsbəl (Zaſpel), ābrél (April), ābədägər (Apo-
theker), brāch (brach), dās (bas und baß), fāwərik (Fabrik), fāwələziər (fabri-
zieren), flāch (flach), wāgəl (wadeln), hāft (Haft und haften), hālm (Halm),
Jāgop (Jakob), jāgəsäbfəl (Jakobläpfel), kālməs (Kalmus), kāsärnə (Kaſerne),
Kāsbər (Kaspar), glāfdər (Klafter), grāft (Kraft), āfdər (Afler), schdāz (ſtatt),
schāch (Schach), schāft (Schaft), Sāgs (Sachſe), lāwəət neben lawəət (labet),
lāfänəl (Lavendel), lāst (Laſt), lādärn neben ladärn (Laterne), rāst (raſten),
bābiər (Papier), bālwiər (barbieren, Barbier), māt (matt), Māz (aus Matthäus
gekürzt und als Spißname einer Waſunger Familie gebräuchlich).

Für nhb langes a ſteht ä in schdrāf (Strafe) und hāgə (Haken).

Für nhb kurzes o wird ā geſeßt in sāk (Sod), brāk (broden), brāgə
(Broden), lāgə (Lode), bāk (boden), rāgə (Roden), dāgə (Dode), flāgə
(Flode), glāgə (Glode), gläz (gloßen), hālz (Holz), glābf (klopfen), gnāch
(Knochen), gnāln (Knollen), gnābf ("Knopfe" b. i. Knospe), kāch (kochen),
mālgə (Molke), dər wālk, di wālgə (Wolke), rāln (Rolle), rāsə (Roße, Waben-
bau der Bienen), gəschāsə (geſchoſſen), sāldāt (Solbat), sāl (ſollen), schdābf (ſtopfen),
drābf (Tropfen), wāchə (Woche), wāln (Wolle), hālər (Holber b. l. Hollunder).

ā ſteht ferner für nhb kurzes i in gənāgt (genickt).

Für nhb kurzes u ſteht ǟ in zāk (zuden), davon zāgər (Juder b. l. Judung),
dämbf (bumpf), drämbf (Trumpf), schdämbf (Strumpf, ſtumpf), dänggəl
(bunkel), jäng (Junge, jung), jämbfər (Jungfer), glämbə (Klumpen), glänggər
(Klunker), lämbə (Lumpen), schbräng neben schbrängk (Sprung), drängk
(Trunk), längə (Lunge), zängə (Junge), gəwänggə ("gewunken" b. i. gewinkt).

Für nhb au findet sich å in schågəl (Schaufel, schaufeln).
Für kurzes nhb ü steht å in gəflågt (gepflückt, wenn es sich um Beeren
und dergleichen handelt), åflåk (abpflücken).

å wird für nhb langes a gesetzt in fådər (Vater), åwət (Abend), schdåp
(Stab), råp, råwə (Rabe, Raben), schlåk (Schlag), måchər (mager),
låt (laben), lådə (Labe), schåt (schaben), mådə (Made), åwər (aber), håwər
(Hafer), gåvəl (Gabel), dåvəl (Tafel), ådəl (Adel), bågəl (Bakel, Stecken), fåt
(Faden), gås (Gas), glås (Glas), wås und wåsə (Base), gräs (Gras), gråt
(gerade), gråp (Grab), grå (graben), gråf (Graf), grånådə (Granate), gnådə
(Gnade), hå (haben), Håbe), hås (Hase), jå (ja), nåsə (Nase), nåwəl (Nabel),
nåwe (Nabe), båbst (Papst), brål (prahlen), råt (Rab), råse (Rasen), sål
(Saal), schmåch (Schmach), schnåwəl (Schnabel), schwåchər (Schwager),
Schwåp (Schwabe), schbåt (Spat), Pferdekrankheit), schbråch (Sprache), schdåt
(Staat), dåk (Tag), wådə (Wade), wåch (Wage), låch (Lage), Hanådəm (Jo-
hann Adam).

å steht ferner für nhb kurzes a in dåch (Dach), schåz (Schatz), åst (Ast),
kåst (Kasten), gåst (Gast), blåt (Blatt), fåst (fasten), fåst (Faß), glåt (glatt),
råz (Ratz), såt (satt), schdåt (Stadt), låz (Latz), såz (Satz), nås (naß), schådmə
(Schatten), bås (was), såk (Sack), gəschmåk (Geschmack).
Für nhb kurzes å steht å in gråze (Krätze).

å und å.

å steht für nhb kurzes å als Umlaut von å in den umgelauteten Wörtern
(s. vorher) zåsbələ von zåsbəl, flåchər von flåch, hålmlə von hålm,
Kåbər und Kåbərlə, auch Kåsbərlə von Kåsbər, glåfdərlə von glåfdər,
schåfdlə von schåft, Sågslə von Sågs, råsdlə (eine kurze Rast) von råst,
Måzlə als Verkleinerungsform von Måz (s. oben bei å = nhb a).
Für nhb langes å steht å als Umlaut von å in hågle (Hälchen) von
hågə (Haken).
Außerdem steht å für nhb kurzes a in åsche (Asche), dåsche (Tasche),
flåsche (Flasche), låschə (Lasche b. i. ein ans Oberleder der Schuhe ange-
nähter, mit Löchern versehener Lederstreifen, durch den das Schuhband gezogen
wird), wåsch (waschen), nåsch (naschen), ferner in måcht (die Bedingungs-
form machte), mådər (matter) als Steigerungsform von måt, Båst als Ab-
kürzung von Båsdjän (Sebastian).
Für nhb kurzes o steht å in gråsche (Groschen), schlåsər (Schlosser).
Für nhb kurzes å findet sich å in den umgelauteten Wörtern, in
deren Grundformen å für nhb kurzes å steht (s. vorher), sågle von såk,
brågle von bråk, lågle von låge, dågle von dåge, flågle von flåge,
glågle von glåge, hålzər von hålz, glåbfəl von glåbf (klopfen), wålgle
von wålk, dråbfle (Tröpfchen) von dråbf, ferner noch in låsch (löschen).
Desgleichen steht å für nhb kurzes å in einigen Wörtern, deren Grundform å
für nhb kurzes o enthält, so in kåchə (Köchin) von kåch (der Koch), blåchər
(Blöcher) von bloch (Bloch), låchər (Löcher) und låchle (Löchlein) von löch
(Loch), båk (Böcke) und bågle (Böcklein) von bök (Bock), flåk (Pflöcke) von
flok (Pflock), råk (Röcke) und rågle (Röcklein) von rok (Rock), schdåk
(Stöcke) und schdågle (Stöckchen) von schdök (Stock), schlåsər (Schlösser)

unb ꜱchlǣslə (Schlößchen) von ꜱchlös (Schloß), frꜱꜱch (Fröſche) unb frꜱꜱchlə (Fröſchlein) von frösch (Froſch), glꜱz unb glꜱzlə (Klötze unb Klötzchen) von glöz (Klotz), kꜱbf unb k:öbflə (Köpfe unb Köpfchen) von kobf (Kopf), gnꜱbf unb gnꜱbflə (Knöpfe unb Knöpfchen) von gnöbf (Knopf), grꜱbf unb grꜱbflə (Kröpfe unb Kröpfchen) von gróbf (Kropf).

Für nhb kurzes e finbet ſich ꜱ nur in drꜱꜱch (breſchen).

Für nhb kurzes i ſteht ꜱ in schꜱnggə (Schinken) unb schlꜱngəl (Schlingel), ſowie in Bebingungsformen wie z. B. wꜱngk, bədꜱng, gəlꜱng (würbe winken, bebingen, gelingen).

Für nhb kurzes u ſteht ꜱ in hꜱngər (hungern), dꜱmbfər (bumpfer), als Steigerungsform von dꜱmbf.

Für nhb kurzes ü finbet ſich ꜱ in schdꜱmbər (Stümper), gərꜱmbəl (Ge=rümpel), ferner in ben umgelauteten Wörtern, beren Grunbformen ꜱ für nhb u enthalten, z. B. zꜱgərlə (kleine Zuckung, eigentlich Zückerlein) von zꜱgər, drꜱmbf (Trümpfe) von drꜱmbf, schdꜱmbf (Strümpfe) von schdꜱmbf, jꜱnglə (Jüngelchen) von jꜱng, jꜱmbfərlə (Jüngferchen) von jꜱmbfər, drꜱngglə (Tränk=chen) von drꜱngk.

ꜱ ſteht als Umlaut von ꜱ in Verkleinerungsformen, wie z. B. rꜱwlə von rꜱp, schlꜱglə von schlꜱk, lꜱdlə von lꜱdə, gꜱvələ von gꜱvəl, dꜱvələ von dꜱvəl, wꜱslə von wꜱsə, hꜱslə von hꜱs, nꜱslə von nꜱsə, nꜱwələ von nꜱwəl, schnꜱwələ von schnꜱwəl.

Außerbem finbet man ben ꜱ=Laut für nhb langes a vor ausgeſtoßenem g in mꜱt (Magb), nꜱl (Nagel), nꜱlər (Nagler, Nagelſchmieb), zꜱl (Jagel b. l. Schwanz), hꜱl (Hagel), wofür jetzt gewöhnlich hꜱchəl geſprochen wirb, hꜱlrꜱüch (Herauch, Höhenrauch), jꜱt (Jagb), wofür jetzt auch jꜱcht geſprochen wirb, jꜱ (jagen), sꜱ (ſagen), glꜱ unb glꜱwə (klagen), drꜱ (tragen). Auch ſagt man ꜱwəl für Abel, ꜱd als Abkürzung von ꜱdəm (Abam), ferner dꜱ (Tage), unb dꜱgər (tagen, Tag werben) von dꜱg.

Für nhb au kommt ꜱ nur in Bꜱl unb Hambꜱl (eigentlich Johann Paul, aber jetzt, wie auch Bꜱl, nur als Scheltwort zur Bezeichnung eines einfältigen Menſchen im Gebrauch) vor, einem Worte, bas bann wieber in vermeintliches Hochbeutſch überſetzt Hambachəl lautet.

Enblich ſteht ꜱ für nhb eu in schdrꜱ (Streu), hꜱ (Heu), sich frꜱ (ſich freuen), trꜱt (Freube).

o unb ö.

Das reine, bem nhb kurzen o gleichlautenbe kurze o finbet ſich vor anbern Mitlauten als vor r nur in wenigen Wörtern unb hat ſich in benſelben anſchei=nenb nur burch ben Einfluß bes Schriftbeutſchen in ber WM eingebürgert. Da=hin gehören Got (Gott), dogdər (Doktor).

Als Beiſpiele von o für nhb kurzes o vor r mögen genannt werben: borch (borgen), dorn (Dorn), dort (bort), forn (vorn), fort (fort), gorgs (Korb), horch (horchen), horn (Horn), korn (Korn), morchə (Morgen), morn (morgen), orchəl (Orgel), orchəlist (Organiſt), ordning (Orbnung), ordschit (Ortſcheit), Bfordəmöln (bie Pfortenmühle in Waſungen), sorch (ſorgen), sorde (Sorte), schborn (Sporn), worf (worfeln), zorn (Zorn).

Für nhb langeß o findet sich o in geschworn (geschworen).

Für nhb kurzeß u steht o z. B. in borsch (Bursche), borzəl (purzeln), dorch (durch), dorm (Turm), dorn (turnen), dornər (Turner), forcht (Furcht), gorgə (Gurke), gort (Gurt), gorchəl (Gurgel), hordich (hurtig), kongkorsch (Konkurß), korz (kurz), morə (murren), morməl neben mörməl (murmeln), borchlər (purgieren), schnor (schnurren), worm (Wurm), worzəl (Wurzel).

Für nhb kurzeß û findet sich o in worch (würgen).

o steht für nhb langeß o in wŏl (wohl), bŏdə (Boden), gəbŏt (Gebot), brŏt (Brot), ŏwə (oben), dŏwə (droben), hŏl (holen), hŏsə (Hose), glŏwə (Kloben), gnŏwəlich (Knoblauch), gnŏt (Knoten), kŏmisch (komisch), grŏnə (Krone), lŏp (Lob), lŏ (loben), mŏdə (Mode), mŏnÅt (Monat, dem Hochdeut-schen entlehnt, wie auch baß folgende Wort), mŏnt (Monb), nŏdə (Note), ŏf (Ofen), Rŏwərt (Robert), rŏt (roben), sŏ (so), dŏ (toben), dŏn (Ton), drŏk (Trog), drŏn (Thron), hŏf (Hof).

o steht ferner für nhb kurzeß o in fröst (Froft), frösch (Frosch), glöz (Kloß), köbf (Kopf), löch (Loch), rök (Rock), röz (Roß), fŏl (voll), schbŏt (Spott), bŏk (Bock), schdŏk (Stock, Blumenstock), grŏp (grob), hŏch (hoch), schlŏs (Schloß), zöbf (Zopf), gnŏbf (Knopf), drŏz (Trotz), schŏk (Schock).

Für nhb kurzeß a steht ŏ in hŏmər (Hammer), mŏ (Mann), ich kŏn (ich kann); — für nhb langeß a finden wir eß in drŏn (Thran), lŏm (lahm), bŏ (Bahn), zŏ (Zahn), grŏm (Gram, Kram), nŏm (Name), sŏm (Same), zŏm (zahm).

ö unb ŏ.

Das reine, bem nhb kurzen ö gleichlautenbe kurze ŏ kommt, wie eß scheint, nur vor r alß einfacher Selbstlaut vor.

Eß findet sich für nhb kurzeß ŏ z. B. in ŏrchələ (Örgelchen), körnər (Körner), di Körmich (bie Körnbach, ein Thal bei Wasungen); hörnər (Hörner), dörnər (Dörner).

Für nhb kurzeß û steht ö z. B. in schörch (schürgen b. i. schieben), wörmər (Würmer), dörmər (Türmer), wörzələ (Würzelchen), wörz (Würze), börchlər (Bürger), fört (fürchten), gördəl (Gürtel), körzər (kürzer), mör unb mörə (mürbe; vom Fleisch bebeutet eß mager), schdörzə (Stürze), zörn (zürnen), wörfəl (Würfel, würfeln), börschlə (Bürschlein), körz (kürzen).

Für nhb kurzeß u steht ö in schörzfůln (Schurzfell).

Für nhb eu findet sich ö in schörn (Scheuer, Scheune).

ŏ entspricht bem nhb langen ŏ in flŏdə (Flöte), grŏt (Kröte), ŏt (öde), ŏl (Öl), bŏwəl (Pöbel), Schrŏdər (Familienname Schröber), drŏdəl (Tröbel), schnŏt (schnöbe), schbrŏt (spröde), kŏwərling (Köbberling, eine Apfelart), könich (König, aus ber nhb Schriftsprache entlehnt), löp (Löwe), möch (mögen), kŏlər (Köhler); ferner in grŏwər (gröber), höflich (höf-lich), frölich (fröhlich), grŏnlə (Krönlein), kanŏnlə (Kanönchen), drŏglə (Tröglein), ŏflə (Öfchen), hŏslə (Höschen), hŏflə (Höfchen), nŏdlə (Nötchen, eine kleine Note), gnŏdlə (Knötchen), schdrŏmlə (Strömchen), bŏdə (Bötin, Botenfrau; Bŏben).

Für den Umlaut ā vom nhd langen a steht ö als Umlaut von ö in sömlə (Sāmchen" d. i. Same von Brassica Rapa, Sommer-Rübsen, als Vogelfutter bekannt), grömlə (Krämchen), bölə (Bähnchen).

Für nhd langes o steht es in föchəl (Vogel), ōwər (Ober, ober), ōwərscht (oberst), bō (Bogen, und zwar als Einheit und Mehrheit), hövəl (Hobel, hobeln). Für nhd kurzes o steht es in fölər (voller), der Steigerungsform von fōl.

Sonst steht ö noch für nhd langes a in nöm und nömə (die Namen), ferner für nhd au in döch (taugen), nääsdöchər (Nichtstauger, Taugenichts)

ô.

Der ô-Laut kommt nur kurz vor und wird von dem Wasunger trotz aller Schattierungen, welche das ô zwischen den Lauten o und u einzunehmen vermag, stets als o-Laut empfunden, meistens auch, trotz des vorhandenen Unterschiedes, geradezu mit dem reinen o verwechselt, d. h. der Wasunger ist sich gewöhnlich des Unterschiedes, der zwischen o und ô liegt, nicht bewußt.

ô steht für nhd kurzes o z. B. in dôbəl (doppel), drôlich (drollig), fôlıch (folgen), frôm (fromm), hôk (hocken), hôbas (hoppas!), hôt (hott!), kôlər (tollern, Koller), kôm (kommen), kômärsch (Kommers), kômbələmänt (Kompliment), Lôdə (Lotte, Charlotte), ôf, ôfə (offen), bôch (pochen), bômer (Pommer, ein kleiner dicker Kerl), bôsə (Possen), bôst (Post), schôkschwärənüət (Schockschwerenot! — sonst schôk, s. o), sôn (Sonne), Schdôfəl (Abkürzung von Christoph, meist als Scheltname gebraucht), schdôlbər (stolpern), dôl (toll), drôməl (Trommel, trommeln), wôlf und wôləf (Wolf), zôl (Zoll).

An Stelle des nhd langen o findet man ô nur in dôln (Dohle, d. i. ein mit einem Brett bedeckter Abzugsgraben), kôln (Kohle), bôln (Bohle), höln (Hohle) und bəfôln (befohlen), sowie in hôchər (hoher).

Für nhd kurzes a steht ô in jômər (Jammer), kômər (Kammer), ônsbəl (Amsel), dəsômə (zusammen), wôbə (Wappen); für nhd langes a findet sich ô in der Schwôn (der Schwan, ein Gasthof in Wasungen, vergl. auch ā).

Für nhd kurzes u steht ô in hônərt (hunbert), hôməl (Hummel), schôlz (Schulze), schôlt (Schulb), bôlfər (Pulver), dôm (dumm), dôməl (tummeln), fôməl (fummeln d. i. ben Rand der Schuhsohlen mit dem sogenannten fôməl-hälz — Fummelholze — glätten), schdôm (stumm), brôm (brummen), gəfônə (gefunden), ônə (unten), hônə (hunten d. i. hier unten), dônə (brunten), schdôn (Stunde), bôz (putzen), rôbf (rupfen), schdôməl (Stummel), schdôz (stutzen), sôbə (Suppe), ônz (uns, unser), wônər (Wunder, wundern), zôgər (Zucker), zônər (Zunder), zôbf (zupfen), nôzə (Nutzen).

Für nhd langes u steht ô in schbôln (Spule) neben schbūəl.

Für nhd au steht ô in ôf (auf), drôf (darauf).

ȫ.

ȫ, der Umlaut von ô, bewegt sich, je nach der Sprachweise der einzelnen Wasunger, in den Tonlagen zwischen ȫ und ü, zum Teil dem einen, zum Teil dem andern dieser Laute näher stehend, immer jedoch in einer von beiden genannten Lauten abweichenden Klangfarbe, die allerdings dem eingeborenen Wasunger nur selten zum Bewußtsein kommt; denn ihm gilt ȫ gemeinhin als ö. Wie ô, so wird auch ȫ nur kurz gebraucht.

_⚬ 13 ⚬_

Für nhb kurzes ŏ findet sich ŏ z. B. in der Steigerungsform frŏmər (frömmer), in den Berkleinerungsformen bŏsdlə von bost, Schdŏfələ von Schdŏfəl, drŏmələ von drŏməl, wŏləflə von wŏlf.

Für nhb langes ŏ ist ŏ in hŏchər (höher) zu bemerken.

Für nhb kurzes a findet sich ŏ in kŏmərlə (Kämmerchen) von kŏmər, so= wie in ŏnsbələ (Amselchen) von ŏnsbəl.

Für nhb kurzes o findet sich ŏ in lŏk (locker und locken); ferner in dŏchdər (Tochter), dăs dŏbfə (der Topf).

Häufig steht ŏ für nhb kurzes ŭ z. B. in hŏbf (hüpfen), bŏnəl (Bündel), glŏk (Glück), hŏlzə (Hülse), bŏschəl (Büschel), flŏk (flügge), dŏn (dünn), drŏk (drücken), dŏmər (Dümmer), fŏl (füllen), fŏnəf (fünf), gŏlə (gülden), hŏləf (Hülfe), gnŏdəl (Knüttel), grŏgə (Krücke), kŏchə (Küche), sich kŏmər (sich küm= mern), lŏgə (Lücke), lŏməl (Lümmel), mŏgə (Müde), mi mŏsə (wir müssen), mŏdər= lich (mütterlich), mŏzə (Mütze), nŏs (Nüsse), nŏz (nützen), blŏnər (plündern), rŏk (Rücken), zərŏk (zurück), schlŏsəl (Schlüssel), schŏlzlə („Schülzlein") von schŏlz, schŏsəl (Schüssel), schŏz (Schütze, schützen), schbŏn (spünden), schdŏk (Stück), schdŏmələ (Stümmelchen) von schdŏməl, schdŏnlə (Stünb= lein) von schdŏn, schdŏz (stützen), sŏn (Sünde), drŏmər (Trümmer), zŏn (zünden), bŏfəl (Büffel).

Für nhb langes ŭ steht ŏ in mŏln (Mühle).

Für nhb kurzes u steht ŏ in gŏlə (Gulden), ŏm (um), drŏm (drum), ŏnər (unter), brŏn (Brunnen), hŏmələ (Hummelchen) von hŏməl.

ŏ steht sodann für nhb langes a mit ausgestoßenem g in ŏn (Agen d. i. die beim Spinnen abfallenden holzigen Bestandteile des Flachses).

Für nhb kurzes i steht ŏ in kŏsə (Kissen), zŏbfəl (Zipfel), nŏp (nippen), sŏlwər (Silber), grŏbə (Krippe), schdŏm (Stimme, stimmen), zŏmər (zimmern), blŏfich (pfiffig), schŏməl (Schimmel, als Pferd und Pilz), schŏbfə (Schippe), schlŏm (schlimm), schwŏm (schwimmen), schbrŏz (spritzen), schdrŏbfə (Strippe am Stiefel).

Für nhb langes i steht ŏ in dem Taufnamen Sŏmə (Simon).

Für nhb kurzes e finden wir ŏ nur in hŏm (Hemd) und brŏn (brennen).

u und ŭ.

u steht wie nhb kurzes u z. B. in bugəl (Buckel), gluft (Kluft), luft (Luft), sucht (Sucht), lump (Lump als Scheltwort), fugs (Fuchs), schubə (Schuppe), schnup (schnupfen), sich duk (sich ducken), duft (Duft), flucht (Flucht), frucht (Frucht), fuchdəl (fuchteln), gluk (Glucke, glucken), guk (gucken), gumi (Gummi), juchhə (juchhe!), schuft (Schuft), gnuf (knuffen), schduf (stuffen d. i. stoßen), kubfər (Kupfer), kubələi (Kuppelei), lugs (Luchs), muk (mucken), buf (puffen), schluk (schlucken), schdrubich (struppig), wuchər (Wucher), wacht (Bucht), zucht (Zucht).

Für nhb langes u steht u in fluch (fluchen), kuchə (Kuchen), blumə (Blume), ruf (rufen).

Für nhb kurzes o findet sich u in sumər (Sommer), kufərt neben kŏfər (Koffer), bumit (womit), buflər, budrŏ (wofür, woran), buhi, bunŏrs (wohin, wohinaus).

Häufig steht auch u für das nhd au, z. B. in suf (saufen), schduch (stauchen), bruch (brauchen), druf (darauf), bfuch (fauchen), flumfäder (Flaum-feder), flumə (Pflaume), grubə (Graupeln), rubə (Raupe), huch (hauchen), kuch („tauchen" b. i. zusammenbrechen, zusammenknicken, lauern), juch (jauchzen), duk (tauchen).

Für nhd āu steht u in sufər (Säufer).

ū steht gleich dem nhd langen u in būch (Buch), schdūwə (Stube), luch on drūch (Lug und Trug), fūch (Fug), hūf (Huf), Hūchō (Hugo), jūwəl (Jubel), jūchət (Jugend), dūchət (Tugend), glūk (klug), grūk (Krug), kūchəl (Kugel), rūm (Ruhm), schūk (Schuh), schbūk (Spuk), drūwəl (Trubel), dūch (Tuch), ūvər (Ufer).

Für nhd kurzes u steht ū in brūch (Bruch), rūm (Rum), schbrūch (Spruch).

Für nhd au steht ū in būch (Bauch), zū (Zaun), brūmə (Braue), brūm (braun), dūwə (Daube, Taube), dūm und dūmə (Daumen), schūfəl (Schaufel), schnū (schnauben), schrū (schrauben), schrūwə (Schraube), schūm (Schaum).

Für nhd langes o steht ū in sū (Sohn), ūmich (Ohnmacht).

Für nhd langes ü steht ū in rūwə (Rübe).

Für nhd kurzes i findet sich ū in bfūf (Pfiff).

ū und ü.

ü entspricht dem nhd kurzen ü in Mehrheitsformen wie glüft von gluft, lüft von luft, fügs von fugs, düft von duft, frücht von frucht, lügs von lugs, brüch von brūch (Bruch), schbrüch (Sprüche) von schbrūch; ferner in büdnər (Büttner), büfəl (Büffel), flüchdich (flüchtig), füln (Füllen, Fohlen), hüsch (hübsch), hüft (Hüfte), jü! (jü! als Zuruf an das Vieh, vorwärts!), künsdlich, künsdlər (beides aus dem Schriftdeutschen entlehnt), lüsə (Lünse), münz (Münze), nüchtər (nüchtern), blüsch (Plüsch), bünggdlich (pünktlich), rüst (rüsten), schüdəl (schütteln), düchdich (tüchtig), dūk (tücken, Tücke), wünsch (wünschen), züchdich (züchtig).

Für nhd langes ū steht ü in hügəl (Hügel), küchlə (Küchlein b. i. kleiner Kuchen), blümlə (Blümchen), sowie, trotz des ū der Einheitsformen dūch und būch, in dūchər (Tücher), būchər (Bücher).

Für nhd langes u steht ü in būchə (Buche) und süch (suchen).

Für nhd langes ō findet sich ü in küngk (König), welches sich aber nur in den Zusammensetzungen zūküngk (Zaunkönig), bladəküngk („Plattenkönig", Scheltname für einen Kahlköpfigen), käəlküngk (Kegelkönig), sowie in der Verbindung rūdər küngk (Herzkönig im Kartenspiel, auch Menstruation), erhalten hat, während sonst das nhd König durch das dem Schriftdeutschen entlehnte könich wiedergegeben wird.

Für nhd kurzes o findet sich ü in süst (sonst).

Für nhd kurzes i findet sich ü in ümər, ümərl (immer; die an zweiter Stelle genannte Form ist nur vor Steigerungsformen im Gebrauch), gümbəl (Gimpel), schmüngk (schminken), düp (tippen), rüdər (Ritter, Reiter).

Für nhd langes i (ie, ih) steht ü in rüch (riechen), grübs (Griebs), grüch (kriechen), ün (ihm, ihn), sü (sie).

Für nhd ei steht ü in rüdər (Reiter, Reuter), bfüf (pfeifen), bfüfə (Pfeife).

Für nhb eu findet sich ū in grūz (Kreuz), grūzər (Kreuzer), būln (Beule), kūln (Keule), ūdər (Euter), lücht (leuchten), lüchdər (Leuchter), fücht (feucht), nūnzə (neunzehn), nūnzk (neunzig), mich dücht (mich deucht), sich schnūz (sich schneuzen).

Für nhb äu steht ū in būch (Bäuche), gəbrūch (Gebräuche), mūlə (Mäulchen, Kuß), schdrūch (Sträuche, die Einzahl von schdrūch kommt nicht vor), flūmlə (Pfläumchen), grūblə (Gräupelchen), brūdchəm (Bräutigam), rūblə (Räupchen).

Für nhb au steht ū in wasərdūgər („Wassertaucher" b. i. Libelle, Wasserjungfer, libellula).

Ū entspricht dem nhb langen ü in būchəl (Bügel, bügeln), bū (Bühne), dūwə (drüben), hūwə (hüben), flūchəl (Flügel), flūchəlmō (Flügelmann), füch (fügen), grūwəl (grübeln), kūwəl (Kübel), ūp (üben), būzəl (Bügel, erhöhte Berknorpelung, Überbein, Frostballen), glūchəl (flügeln), gnūbəl (Knüpel b. i. Knoten und knüpeln, einen Knoten machen oder auch lösen), lūch (Lüge, lügen), lūchnər (Lügner), brūchəl (Prügel, prügeln), rūch (Rüge, rügen), rūm (rühmen), schbizbūwərki (Spitzbüberei), drūch (trügen), ūwəl (Übel, übel), ūwər (über), ūwing (Übung), zūchəl (Zügel, zügeln), schdūwlə (Stübchen), grūk (Krüge), kūchələ (Kügelchen), grūwlə (Grübchen). Außerdem sei noch vermerkt: hūf (Zuruf an die Zugtiere, daß dieselben zurückgehen sollen).

Ū steht ferner für nhb kurzes ü in schūt (schütten), schūt neben schüdling (Schütte Stroh), grūbəl (Krüppel), kūməl (Kümmel), rūmlə (Rümchen).

Für nhb langes u steht ū in jūt (Jude).

Für nhb eu steht ū in hūt (heute), lūt (Leute), nū (neun), nūdūədər (Neuntöter), būdəl (Beutel).

Für nhb äu findet sich ū in schūm (schäumen), schdrū (sträuben), gūl (Gäule), hūsər (Häuser), kūzlə (Käuzchen), dūməl (bäumeln" b. i. zwischen Daumen und Zeigefinger brüden), dūwlə (Täubchen), hūt (Häute), grūdich (Kräutig = Kraut), lūt (läuten), lūs (Läufe), mūs (Mäuse), rūm (räumen), sūm (säumen), schūwələ (Schäufelchen), schrūwlə (Schräubchen), dər widrūbəl (Traube, eigentlich der Träubel), zū (Zäune).

Für nhb langes o steht ū in dūsə (Dose).

Für nhb langes i (ie) steht ū in zūk (ziehen) und flūch (fliegen).

Für nhb ei findet sich ū in rūm (Reim, reimen).

i und I.

i entspricht dem nhb kurzen i z. B. in biməl (bimmeln, läuten), himəl (Himmel), bis (bis), in (in), bist (bist), bit (bitten), bliz (Blitz, blitzen), dicht (dicht, dichten), dil (Dill), disdəl (Distel), driling (Drilling), fichdə (Fichte), gəsicht (Gesicht), gəschichdə (Geschichte), figs (fix), flimər (Flimmer), frist (Frist), licht (Licht, lichten), gəwicht (Gewicht), gewidər (Gewitter), gicht (Gicht), gift (Gift), gidər (Gitter), əs gidər (es gibt ihrer*), grilə (Grille), grim (Grimm), imərgrūə (Immergrün), schimər (Schimmer), kisdə (Kiste),

---

*) Allerdings werden durch die preußische, auch in der vorliegenden Schrift durchgeführte Rechtschreibung die Formen giebst und giebt mit langem i gegenüber den Formen gibst und gibt mit kurzem i als die „edleren" hingestellt; gleichwohl haben die letzteren, welche den ursprünglich kurzen Stammlaut bewahren und überdies in Mittel- und Süddeutschland mehr als jene anderen gebräuchlich sind, ihre volle Berechtigung.

kidəl (Kittel), schbidəl (Spittel, Spital), grist (Christ), Grisdjān (Christian), list (List), wimbər (Wimper), flicht (Pflicht), gwiding (Quittung), richt (richten), richt (in der Wendung uis der richt b. i. aus der Richte, aus der Richtung, aus der Ordnung), richdər (Richter), drichdər (Trichter), Rigə (Frieberike), schimbf (Schimpf), schlicht (schlicht, schlichten), schrift (Schrift), schdift (Stift), Wil-hälm (Wilhelm), widfrā (Witfrau, Witwe), zimədə (Zimmet), ingmər (Ingwer), zidər (Zither, zittern), mit (mit); so namentlich auch in den Endungen -lich (lich) und -ich (-ig) der Eigenschaftswörter, wie z. B. lächərlich (lächerlich), wōnərlich (wunderlich), garschdich (garstig), blōfich (pfiffig).

Für nhd langes i (ie) steht i nur in den beiden Wörtern fil (viel) und widər (wider, wieder).

Für nhd ei steht i in drisk (dreißig), mind-, dind-, sindwächə (meinet-, deinet-, seinetwegen), drizə (dreizehn), disdəl (Deichsel), dich (Teich), filn (Feile), flisich (fleißig), fridich (Freitag), zidich (zeitig, reif), gizk (geizig), glich (gleichen, als Zeitwort), grif (greifen), grisch (kreischen), lich (Leiche), licht (leicht), rich (reich), rif (Reif b. i. gefrorener Tau), ris (reißen), schlich (schleichen), schlif (schleifen b. i. wetzen), schlifschdäi (Schleifstein), schlifər (Schleifer b. i. einer, der Messer, Scheren oder ähnliche Dinge schärft), schmis (schmeißen), schwinə- (Schweine-, nur in Zusammensetzungen gebräuchlich), sidə (Seite), wilə (Weilchen), winggəf (Weinkauf, Trunk oder Imbiß bei Abschluß eines Geschäfts, besonders eines Kaufs), bicht (Beichte), bidschə (Peitsche), lichdorn (Leichdorn), schdrich (streichen).

Für nhd au steht i in gnöwəlich (Knoblauch).

Für nhd kurzes a findet man i in den mit bach zusammengesetzten, den Wasungern geläufigen Ortsnamen z. B. in Fischbich oder Fischbich (Fischbach), ein Stadtteil von Wasungen), Schwöərzbich (Schwarzbach), Zilwich (Zillbach), Schnäwəlich und Schnällwich (Schnellbach), Fömich (Fambach), di Körmich (die Körnbach), ferner in Ümich (Ohnmacht).

Für nhd langes a steht i in den Namen der Wochentage: söndich (Sonntag), müəndich (Montag), däinsdich (Dienstag), düinerschdich (Donnerstag), fridich (Freitag).

Für nhd kurzes i steht i in gilwich oder gilwlich (gelblich).

Für nhd kurzes u steht i in der Endung -ung und -ungen, z. B. in lěning (Löhnung), gəwěning (Gewöhnung), Wöəsingə (Wasungen), Schwalingə (Schwallungen).

i entspricht dem nhd langen i (ie) z. B. in zichə (Ziege), zichəl (Ziegel), bi (Biene), fiwər (Fieber), flichə (Fliege), wichə (Wiege), friidə (Friede), Friderich (Friedrich), ichəl (Igel), kis (Kien), kis (Kies), Gnis (Kniesa, Familienname), grik (Krieg; auch Familienname), richəl (Riegel), ris (Riese und Ries), schiwər (Schiefer, Splitter), schmit (Schmied), schmidə (Schmiedewerkstatt und Schmiedsfrau), schwichər (Schwiegermutter), siwə (sieben), siwəzə neben sibzə (siebzehn), siwəzk neben sibzk und sibzich (siebenzig), sich (Sieg, siegen), sichəl (Siegel, siegeln), schdivəl (Stiefel), schdil (Stiel), dichəl (Tiegel), schdrichəl (Striegel), dichər (Tiger), biwəl (Bibel), biwər (Biber), schmislə (Chemisettchen, Vorhembchen).

Für nhd kurzes i steht i in drit (Tritt), schlidə (Schlitten), bis (Biß), frisch (frisch), fisch (Fisch), grif (Griff), hi (hin), mist (Mist), ris (Riß), rit

(Ritt), schif (Schiff), schliz (Schlitz), schmis (Schmitz), schnit (Schnitt), schrit
(Schritt), si (Sinn), schdrich (Strich), schdrik (Strick), disch (Tisch), wisch
(Wisch), zi („Zinn" b. i. Zinngerät, Zinnschüssel), zilə („Zinnchen" b. i. Zinn-
schüsselchen).

Für nhb ei steht i in biwəs (Beifuß), bli (bleiben), di (dein), il
(Eile, eilen), igəwäit (Eingeweide), i (ein, als Umstandswort), is (Eis), isə
(Eisen), isəbō (Eisenbahn), isər (eisern), fichə (Feige), flis (Fleiß), gich
(geigen), gichə (Geige), giz (Geiz), kil (Keil, teilen), kim (Keim, keimen), glisdər
(Kleister, kleistern), gridə (Kreibe), li (Leib), lin (leinen), lim (Leim, leimen), lis
(leise), mil (Meile), milər (Meiler), bris (Preis), ri (reiben), risich (Reisig),
schi (Schein, scheinen), schit (Scheit), schidərhäuf (Scheiterhaufen), schlim
(Schleim, schleimen), schnidər (Schneider und Schnitter), schri (schreiben),
schriwər (Schreiber), schribūch (Schreibbuch), schrinər (Schreiner), ris (Reis),
rit (reiten), schnit (schneiden), sidə (Seide), si (sein, als Fürwort), schdik
(steigen), schdrit (streiten), dri (treiben), widə (Weide, Weidenbaum, -rute),
wil und wilə (Weile), wi (Wein), wis (Weise), wismach (weißmachen), nāsə-
wis (naseweis), wis (weisen), wis (weiß), wit (weit), widnüis (weithinaus),
zil (Zeile), zit (Zeit), zidfərdriwəs (Zeitvertreib).

Für nhb langes ei steht i in imézə (Ameise), borzəli, borzəlinərəwöər
(Porzellan, Porzellanware).

Für nhb langes e findet sich i in ichəl (Egel).

Für nhb kurzes e steht i in dər gwilər und di gwil (Quelle).

Für nhb langes ü steht i in bədrich (betrügen); aber auch bədrüch
(s. unten ü) kommt vor.

i̯.

i̯ findet sich gewöhnlich als Einschiebsel zwischen auslautendem ich, sowie
nch, obwohl diese Lautverbindungen in den gleichen Fällen auch ohne diesen
flüchtigen i̯-Laut gesprochen werden können, z. B. dril̯ich neben drilch (Drillich),
mél̯ich (Milch), wél̯ich (lauwarm), dul̯ich neben dulch („bulchen" b. i. mit
den Händen kneten, brüden), nidul̯ich („hineinbulchen" b. i. eine Speise gierig
verschlingen), mul̯ich und mulch („Molch" als Bezeichnung eines kräftigen,
wohlgenährten Kindes; als Name für den Molch (Salamander) ist das Wort
möl̯ich bei den Wasungern gebräuchlich), drul̯ich und drulch mit etwa derselben
Bedeutung wie mul̯ich, sȯl̯ich (solch), mün̯ich und münch (Mönch).

Außerdem steht i̯ zwischen vorausgehendem Mitlaut und nachfolgendem
weichen ch bisweilen für andere Selbstlaute, die an den betreffenden Stellen
durch rasche Rederweise zu einem bloßen flüchtigen Laut verkürzt werden, z. B.
für nhb eu in sāzdi̯ch! (setzt euch!), ich sāsi̯ch (ich sage es euch).

ȧ.

ȧ steht für nhb kurzes e in fédər (Vetter), héft (Heft, heften), Jédə (Jette,
Henriette), Mélchər (Melchior), schmédər (schmettern), rét (retten), rédər (Retter).

Für nhb kurzes i steht ė in bédər (bitter), bélt (Bild), bélich (billig), bén
(binden), lénzə (Linse), bésə (Bissen), béslə (bißchen), bésich (bissig), dék
(dick), drét (britte), drédəl (Drittel), fén (finden), fésch (fischen, Fische), féz-
gärdə („Fißgerten" b. i. Ruten), fiek (flicken), frésch (frisch), Fréz (Fritz),

＠ 18 ＠

glèdsch (Ältſchen), hénər (hinbern; hinter), hénədrö (hintenbran), hénərögs (hinterrück8), héz (Hitze), hézich (hitzig), kémə (Stimme), kénər (Kinder), glébə (Klippe), grèz (kritzeln), lézə (Litze), Méchəl (Michel, Michael), mélmə (Milbe), mélich (Milch), mélchər (Milchner), mél (milbe), mét (mit, Mitte), médák (Mittag; médák iſt auf ber zweiten Silbe betont), médəl (Mittel), médwáchə (Mittwoch), nét (nicht), nék (niđen), nès (Niſſe), désch (Tiſche), ufdésch (auftiſchen), béchəl (pichen), rénə (Rinbe), lénə (Linbe), schèk (ſchiđen), schéking (Schiđung), schèlt (Schilb), schèlf (Schilf), schéf (Schiffe), schén (ſchinben), schénəl (Schinbel), schénər (Schinber), schléch (Schllche), schmèz (ſchmitzen), schnébəl (Schnippel, ſchnippeln), schnéz (ſchnitzen), schwénəl (Schwinbel, ſchwinbeln), schwèz (ſchwitzen), schwèn (ſchwinben), sèchəl (Sichel), séchər (ſicher), sécherhait (Sicherheit), sèz (ſitzen), schbèk (ſpiđen), schbènát (Spinat), schbènəl (Spinbel), schbèn (ſpinnen), schbénə (Spinne), gəschbénst (Geſpinſt), schbénəwäwə (Spinnweben), schbéz (ſpit, ſpitzen), schbézə (Spitze), schbézich (ſpitzig), schdéchəl (ſticheln), schdék (ſtiđen), schdrèk (ſtriđen), schdrégəzük (Striđzeug), schdél (ſtille), wègs (Wichſe, wichſen), wègə (Wiđe), wègəl (Wiđel, wiđeln), nnb zwar ſowohl im Sinne von einwiđeln als auch in ber Bebeutung: mit bem Wiegemeſſer — wègəlmäsər — zerfleinern), wègəldrabə (Wenbeltreppe, eigentlich „Wiđeltreppe"), wèl (wilb), wèln (Wille), wèlnz säi (willen8 ſein), öm godəs wèln (um Gotteswillen!), wèn (Winbe, Luftzüge), wènə (Winbe, Gerät), wèn (winben), wènəl (Winbel), wésch (wiſchen, bie Wiſche), wès (wiſſen), zènzə (zinſen, Zin8).

Vor r wirb neben è auch ä vernommen, unb zwar iſt ber letztere Laut mehr bem jüngeren Geſchlecht ber Waſunger eigen, während ba8 ältere ben è-Laut noch bewahrt, z. B. bérn (Birne) neben bärn, bérgə (Birke) neben bärgə, férnz (Firniß, firniſſen) neben färnz, hérn (Hirn) neben härn, hérsch (Hirſch) neben härsch, hért (Hirt) neben härt, èr (hrren) neben är, érdəm (Irrtum) neben ärdəm, érlicht (Irrlicht) neben ärlicht, érdisch (irbiſch) neben ärdisch, kérchə (Kirche) neben kärchə, kérməs Kirmes, Kirchweih) neben kärməs, kérschə (Kirſche) neben kärschə, glér (klirren) neben glär, gəschér (Geſchirr) neben gəschär, gnérsch (knirſchen) neben gnärsch, schérm (Schirm, ſchirmen) neben schärm, schmérchəl (Schmirgel) neben schmärchəl, schwér (ſchwirren) neben schwär, schdérn (Stirne) neben schdärn, gəschdérn (Geſtirn) neben gəschdärn, wérwəl (Wirbel) neben wärwəl, wérk (wirken) neben wärk, wèr (wirr, wirren) neben wär, wérdə (Wirtin) neben wärdə, wérdscháft (Wirtſchaft) neben wärdscháft, wérdshūis (Wirt8hau8) neben wärdshūis, wérdslüt (Wirt8leute) neben wärdslüt, bəwért (bewirten) neben bəwärt, zérgəl (Zirkel) neben zärgəl. Die betreffenben Schwankungen treten, wie bie meiſten anbern Schwankungen auf bem Gebiete ber WM, zwar innerhalb ber Waſunger Bevölkerung, niemals aber bei ein unb berſelben Perſönlichkeit zu Tage; ber einzelne Waſunger ſpricht in ſolchen Fällen entweder burchgängig è ober burchgängig ä.

Für nhb langes i (ie) finbet ſich è in schmélmə (Schmiele).

Für nhb langes a ſteht è in schéln (Schale, Rinbe).

Für nhb kurzes ö ſteht è in gəwélm (Gewölbe), wélm (wölben), wélming (Wölbung).

Für nhb kurzes o ſteht è in ép (ob).

ē.-

ē entſpricht dem nhb langen e in bēt (Beet), dēn (behnen), ēwə (eben), ēwət (Ebene), ēdəl (edel), Eꝛău (Eſau), hē (heben), hēvə (Hefe), ēsəl (Eſel), jēdər (jeber), mēdər (Meter), nēchər (Neger), brēdich (Prebigt, prebigen), rēt (reben, Rebe), rēchəl (Regel, regeln), schēməl (Schemel), Schwēt (Schwebe).

Für nhb kurzes e ſteht ĕ in ĕl (Elle), kĕdə (Kette), fĕst (feſt), flĕcht (flechten), frĕm (fremb), zĕdəl (Zettel).

Für nhb langes ä ſteht ē in ēsər (Äſer von Aas), blēsər (Bläſer), fēdə (Fäben), fēich (fähig), glēsər (Gläſer), grēsər (Gräſer), sich grēm (ſich grämen), rēdər (Räber, räbern), schēl (ſchälen), schrēch (ſchräg), gwēl (quälen), wēl (wählen), zēl (zählen), zē (Zähne), grēwər (Gräber), grēmər (Krämer), blēslə (Bläschen).

Für nhb kurzes ä ſteht ĕ in ĕst (Äſte), gĕst (Gäſte), blĕdər (Blätter), blĕttern), blĕdləsgĕlt (Blättergolb), blĕdərich (blätterig), lĕsdər (läſtern), lĕsdərlich (läſterlich), lĕsdering (Läſterung), mĕst (mäſten), nĕchst (nächſt), schdĕt (Stätte, Städte).

Für nhb langes ö ſteht ē in lēning (Löhnung), gəwēning (Gewöhnung), bēgəl (pöteln).

Für kurzes nhb i finbet ſich ē in fēlz (Filz), mēlz (Milz).

ə.

Das unbetonte ober tonloſe ə ſteht, wie im nhb bas unbetonte e, zunächſt in ben Vorſilben bə (be), gə (ge), fər (ver), zər (zer), ər, dər (er), wechſelt jebod, wie bereits oben, Seite 7, bemerkt wurbe, in ben vier letztgenannten, ein r enthaltenben Silben mit ganz kurzem ă ab, z. B. bədrüch (betrügen), bərēt (bereben), bəglăt (beflagen), bəsūch (beſuchen), — gəwēn (gewinnen), gəfăl (gefallen), gəfăllich (gefällig), — fərsūch neben fărsūch (verſuchen), fərschdănt neben fărschdănt (Verſtanb), fərbruch neben fărbruch (verbrauchen), zərschdŭər neben zărschdŭər (zerſtören), zərbrūch neben zărbrăch (zerbrechen), — ərsuf ober dərꝛuf neben ărsuf ober dărꝛuf (erſaufen), ərfēn ober dərfēn neben ărfēn ober dărfēn (erfinden), ərlang ober dərlang neben ărlang ober dărlang (erlangen), ərfŏər ober dərfŏər neben ărfŏər ober dărfŏər (erfahren.)

Ferner finbet ſich ə in ben Wort=Enbungen ə (e), ər (er) unb əl (el), z. B. in hōsə (Hoſe), jagə (Jade), wăsdə (Weſte), nōdə (Note); jămbfər (Jungfer, Jungfrau), wōnər (Wunber), schŭidər (Schauber), agər (Ader), fēdər (Better); glăbfəl (Klöpfel), gnŏdəl (Knüttel), abfəl (Apfel), săwəl (Säbel), bŭdəl (Beutel).

Für bie nhb Enbung en ſteht in ber Munbart, wenn biese Enbung nicht vollſtänbig abgeworfen iſt, bloß ə, z. B. gudə morchə! (Guten Morgen!), ĺꝛə (Eiſen), wōbə (Wappen), drăgə (troden), ōfə (offen), ꝛū diənə (ſie bienen), mi schlăfə (wir ſchlafen).

Für anberes nhb e finbet ſich ə in hămbərk (Hanbwerk), hărwər (herbergen), wĕlbərt (Wilbbret), kĕrməs (Kirmes), əs neben ăs (es), dər (ber), dən (bem, ben), ən ober dən (bas nachgeſetzte „benn" in Frageſätzen).

Ferner ſteht ə ober ganz kurzes ă für nhb ei in ărwət neben ărwăt (Arbeit) unb fordəl neben fordăl (Vorteil), in wŏərət (Wahrheit) unb granggət (Krankheit), būsət (Bosheit), während ſonſt bie nhb Nachſilbe =heit in ber WM hait lautet.

Desgleichen findet sich ə für nhd =ein in der Verkleinerungssilbe -lə (=lein), für die allerdings auch lä, doch seltener, gesprochen wird, z. B. hůslə (Häuslein), dŭwlə (Täublein), kênlə (Kindlein), ręglə (Röcklein), bŭchlə (Büchlein), neben dem weniger häufigen hůslä, důwlä, kênlä, bŭchlä. Wir schreiben daher überall -lə statt -lä. Auch das unbestimmte Fürwort (nhd ein, eine) wird vielfach durch ə, seine Beugungsformen einem, einen, einer durch ən, ər ausgedrückt, doch waltet hier wohl die Aussprache mit ä vor, z. B. ə mō neben dem gebräuch= licheren ä mō (ein Mann), ə frä neben ä frä (eine Frau), ə käint neben ä käint (ein Kind), əmöəl neben ämöəl (einmal d. i. irgend einmal, mit dem Ton auf der zweiten Silbe), ənant neben änant (einander), əu neben än (einem, einen), z. B. gazən armə neben gazän armə (gebts einem Armen!), höldən rök neben höldän rök (holt einen Rock!), ər neben är (einer), z. B. hä gězər frä neben hä sězär frä (er sagt es einer Frau).

Für nhd a findet sich ə in der Nachsilbe -səm oder -schəm (=sam), z. B. in forchtsəm (furchtsam), ěərschəm (Ehrsam, ein Familienname); gəhorchsəm (gehorsam), gəhōərschəm und gəhōərsəm ("Gehorsam" d. i. Gewahrsam), gəlōərschəm und gəlöərsəm (gelehrsam), schböərschəm und schböərsəm (sparsam), säəlzəm (seltsam), mŭəsəm (mühsam), ferner in nächbər (Nachbar), wärschət (Werkstatt), brŭdchəm (Bräutigam), sowie in den Wasunger Flur= namen Mordəl (Morthal) und Borndəl (Bornthal). Namentlich sind, wegen der in Stammsilben eingetretenen Kürzungen, anzumerken: lädə (Lebtage), əläi (allein), bərŭm (warum?), mə (man), Haməděəs (Johann Matthäus).

Ferner steht ə für die Nachsilbe =in, z. B. in könichə (Königin), schnidərə (Schnitterin, Schneiderin), bödə (Bötin, Botenfrau), kěchə (Köchin), grävə (Gräfin).

Für nhd hin steht ə in əwäk (hinweg) und, mit Beibehaltung des n, in ənuf (hinauf); für nhd her findet sich ə in əbäi (herbei), əflər (hervor) und, mit Beibehaltung des r, in əruf (herauf).

Für nhd u steht ə in wärmədə (Wermut), biwəs (Beifuß), barwəs (barfuß), zə (zu), Haməděəs (Johann Matthäus).

Für nhd o steht ə in ämbərt (Antwort), fərbäi (vorbei) und ähnlichen, mit fər (vor) gebildeten Zusammensetzungen, ferner in hambfəl und hämbfəl (eine Hand voll), armbfəl (einen Arm voll), di Bumərəf, Wäldərəf (Bonndorf und Wall= dorf bei Wasungen).

Für nhd au findet sich ə in winggəf (Weinkauf).

ə steht oft für er und du, wenn diese Fürworter dem Zeitworte nachgestellt sind, z. B. wilə (will er?), welə (willst du?). Ferner ən für ihm oder ihn, z. B. gisən! (gibs ihm!), rufən (ruf ihn!). — Desgleichen ər für ihr, ihrer, z. B. ə grēchdər (er triegte d. i. bekam ihrer, nämlich irgend welche Dinge), oder diə hadər (diese hat ihrer, desgleichen); gisər (gibs ihr!), wöldəsən? (wollt ihr dessen oder davon?). Statt ər in der Bedeutung von ihrer oder deren sagt man auch ərə oder ənər z. B. əs gidərə (es gibt ihrer), oder əs riəfənər (es riefen ihrer, es riefen deren). So steht auch sə für sie, z. B. langsə! (lange sie d. i. hole sie!); ferner mə für wir, mir, z. B. mə schriwə (wir schreiben); hōməsərən zə sěwə? (haben wir ihr es denn zu sagen?), gimə (gib mir!), ebenso də für du und dir, z. B. wélədə wasər lang? (willst du dir Wasser holen?), ich sēdə (ich sage dir). Häufig, namentlich in rascherer

Rebe, verkürzt der Wasunger „uns" in əs, z. B. drängt əmöəl mēdəs (trinkt einmal mit uns!), sū warn bäiəs (sie waren bei uns), dás fārschlūch əs nēəst (das verschlug uns nichts!).

ə wird in der WM mitunter zwischen zwei Mitlaute eingeschoben, die im Nhd zusammenstehen, z. B. in äləf (elf), ädoləf (Adolf), haənəf (Hanf), fōnəf (fünf), hōləf (Hülfe), zwēləf (zwölf), bēləf (helfen), sōmət (Samt), zimədə (Zimt), sänəf (Senf), maṃlworəf (Maulwurf), Waldərəf (Walldorf), di Baṃnərəf (Bonndorf).

B. Doppellaute.

aə.

aə steht vor l, n, s und d für nhd langes oder kurzes a, z. B. in faəldsch, faəlsch (falsch), maəudsch, maənsch (manschen), daəndsch, daənsch (tantschen, in den Händen herumkneten), schdraəs (Straße), laəs (lassen), waəs (wachsen), aəsəl (Achsel), baədsch (patschen), raədshär neben radshär (Ratsherr), di saədə. (die Sattel, eine Äckerabteilung), schnaədər (schnattern), draədschəl (Trobbel)!

Für nhd kurzes o findet sich aə in aədər (Otter, Natter), schbraəsəl (Sprosse), draədschəl (Trobbel), maənschl (Mondschein; das einzelne maən für nhd Mond wird nur selten noch vernommen).

ai und äi.

ai oder äi (es läßt sich kaum eine Regel dafür aufstellen, in welchen einzelnen Fällen das ai, und in welchen das äi gesprochen wird, da in den meisten derartigen Wörtern bald ai, bald äi zu Tage tritt; doch waltet im allgemeinen in den einsilbigen Wörtern mehr äi, in den mehrsilbigen mehr ai vor) findet sich für nhd ai in Baiər (Baier, Bayer), kaisər (Kaiser), laip (Laib), mai (Mai), ᴎaidə (Saite), räi (Rain), wäis (Waise), ferner für nhd ei in äinz (eins), ainərlai (einerlei), aləbaidə (alle beide), bäi (Bein), bainər (beinern), bläich (bleich), bräit (breit), Braidingə (Breitungen), äi (Ei), aiər (Eier), äit (Eib), aidəm (Eidam), aichə (eigen), aichədum (Eigentum), aimər (Eimer), ainich (einig), aischūərich (einschürig), aischdōmich (einstimmig), fäich (feige), fäil (feil), äfäim (abfeimen d. i. abschöpfen, abschäumen), fläisch (Fleisch), gaiər (Geier), gäist (Geist), gläis und gəläist (Geleis), gräis (Greis und Kreis), häi (Heide), häil (heilen), hailant (Heiland), hälich (heilig), häi (heim, Heimat), bailūcht (heimleuchten), Hainərich (Heinrich), haiserich (heiser), häis (heiß), käi (kein), gläit (Kleid), glai (klein), läit (leib, Leib), läiᴎt (leisten), läit (leiten), laidsail (Leitseil), maieräi (Malerei), mäit (meiden), maiᴎə (Meise), maisdər (Meister), maisdəräi (die Wohnung des Abdeckers), näit neben näit und niət (Neid), näich (Neige, neigen), bainich (pelᴎnigen), -bainich (=beinig), räif (Reif, Ring), räi (rein), rainəᴎər (reinigen, eigentlich renovieren), rainiching (Reinigung, Nachgeburt), räis (Reise, reisen), schäit (scheiden), schaidə (Scheibe), schaidəl (Scheitel), schlaiər (Schleier), schwäis (Schweiß), säil (Seil), ᴎchdäi (Stein), schdäiméz (Steinmetz, Maurer), daik (Teig), däil (Teil, teilen), wäich (weich, aber auch Wäsche), zaichər (Zeiger).

ai ober ai ſteht ferner für nhb âu in sāim (ſäumen b. i. mit einem Saum
verſehen), drāim (träumen), -aichich (=âugig), bāim (Bäume), wofür man ge=
wöhnlich bām ſagt; unb ſchließlich für nhb auᵬ unb auᵽ (eigentlich aube) in glai
(glauben), hāit (Haupt, Kopf).

aᵢ.

aᵢ ſteht für nhb kurzes a vor welchem ch in folgenben Wörtern: aᵢcht
(acht, achten), in aᵢcht nām (in Acht nehmen), fəraᵢcht (verachten), aᵢchding
(Achtung), aᵢchdəᴧ (Achtel), ich daᵢcht (ich bachte), gədaᵢcht (gebacht), haᵢcht
(Habicht), laᵢchdər (Lachter), maᵢcht (Macht), naᵢcht (Nacht), naᵢchdætlichəᴧ
(Nachteule), naᵢchdigaᴧ (Nachtigall), schaᵢcht (Schacht), schlaᵢcht (Schlacht,
ſchlachten), schaᵢchdəᴧ (Schachtel), waᵢchdəᴧ (Wachtel), daᵢchdəᴧ (Dachtel b. i.
Backenſtreich), letzteres aus bem Nhb entnommen.

au unb āũ.

au kommt nur in Wortformen vor, bie bem Nhb entlehnt ſinb unb ent=
ſpricht bann bem nhb au; bie echten Formen ber WM weiſen in ſolchen Fällen,
wenn überhaupt bie betreffenben Wörter in ber WM von Anfang an vorhanben
waren, ein āũ, ã, zum Teil auch ein âu auf. Die Ausſprache bes āũ iſt von
ber bes au weſentlich unterſchieden: während in bem letzteren Doppellaut ſowohl
a als u faſt gleichmäßig zur Geltung kommen, ſo überwiegt in āũ ber a=Laut, unb
zwar nicht bloß burch bie ihm hier zugemeſſene Länge, ſonbern auch baburch, baß
ber ihm beigeſellte ũ=Laut eine ganz untergeorbnete, flüchtige Rolle ſpielt unb
nur ſchwer wahrzunehmen iſt; thatſächlich wirb benn auch bies ũ von einem Teil
ber Waſunger gar nicht geſprochen, unb ſomit tritt bann an Stelle bes āũ bas
ã. So finben ſich nebeneinanber auchə, āũchə unb āchə (Auge), kauf, kāũf
unb kāf (Kauf), kaufmō, kāũfmō unb kāfmō (Kaufmann), laup, lāũp unb lāp
(Laub), lauchə, lāũchə unb lāchə (Lauge), gənau, gənāũ unb gənā (genau),
rauch, rāũch unb rāch (Rauch), schdaup, schdāũp unb schdāp (Staub),
dau, dāũ unb dā (Tau, tauen). Neben gaum finbet ſich nur gāũmə (Gaumen),
neben kaum nur kāũm (kaum), unb bas Wort auchəblēk (Augenblick) hat
keine Nebenform.

āi unb ãi.

Rein munbartlich ſteht āi ober ãi (ein ſtrenger Unterſchieb läßt ſich nicht
aufſtellen, ba, wie bei ai unb āi, bie Ausſprache mit langem ober kurzem ä in
eben benſelben Wörtern wechſelt; auch bie Ausſprache bes ā ober ã in āi ober
ãi iſt ſchwankenb, meiſtenteils ein mehr nach ē hin klingenber Mittellaut zwiſchen
ā unb ē, aber oft auch ein wirkliches ā ober, wie namentlich in ber Enbung -lãi, bis=
weilen gerabezu ein a, ſobaß bann -āi wie nhb ei klingt) für nhb ei in bāi (bei),
bāinoe (beinahe), bāis unb bāiz (beizen), blāi (Blei), blāich (bleichen), bər
blēnəschlāichər (Blinbſchleiche), brāi (Brei), brāit (Breite), drāi (brei),
drāiāk (Dreieck), drāiər (Dreier), drāimōəᴧ (breimal), āijāijāi (ei ei ei!), āichə
(Eiche), āichəᴧ (Eichel), āichəhᴧᴧz (Eichenholz), āifər (eifern), fāiər (feiern,
Feier), fāin (fein), fāint (Feinb), fāist (feiſt, fett), frāi (frei, freien), frāiər,
frāiərschmō (Freier, Freiersmann), frāihait (Freiheit), frāilich (freilich), gāischəᴧ
(Geißel, Peitſche), gāis (Geiß), gəschāit (geſcheit), gəwāi (Geweih), glāis (gleißen,

glänzen), hälsch heischen, betteln, ıglăit (einkleiden), grăisər (Kreiſer), lăidər (Leiter), mănəl (Meißel), Răif (Reif, Familienname), schmăichəl (ſchmeicheln), schnăi (ſchneien), schrăi (ſchreien), weinen), schrăiər (Schreier), schwăis (ſchweißen), das Eiſen), Schwăizer (Schweizer), săifə (Seife), săifəslədər (Seifenſieber), schbăichə (Speiche), schbăi (ſpeien), săich (ſeigen, harnen), wăich (weichen), wăifə (Weiſe, Haspel), wăichər (weigern), Wăi (Weih, Familien= name), wăi (weihen), wăishait (Weisheit, auch Familienname), wăis (Weizen), zăichə (Zeichen, zeichnen), zăichəschdön, zăichəbūch (Zeichenſtunde, Zeichenbuch), zălxlə (Zeiſig), Zăis (Zeyß, Familienname).

Des ăi bedient ſich der Waſunger auch ſonſt öfters für nhb ei, wenn er ſchriftdeutſch reden will, z. B. glăin (klein) neben dem rein nıunbartilchen glăi, năin (nein) neben nă, dăin (dein) neben dī.

Für nhb eu oder äu ſteht ăi in kăich (keuchen), schăich (ſcheuchen), drăifəl (träufeln), lăifər (Läufer), hăichəl neben hăüchəl (heucheln), kăif (kaufen), wıdlăifdich (weitläufig), măichəlmort (Meuchelmord), răichər (räuchern), răicherkômər (Räucherkammer).

Ferner ſteht ăi für nhb kurzes i in făinsdər (finſter), blăinzəl (blinzeln), dăinsdich (Dienstag), kăint (Kind), blăint (blind), grăint (Grind), wăint (Wind), dăində (Tinte), dăindəbisər („Tintenbeißer“ b. i. Löſchblatt), wăindər (Winter), wăindăl (Windthal, ein Stadtteil Waſungens).

ăə und ăa.

ăə ſteht für nhb langes i z. B. in dăənst (Dienſt), schăəs (ſchießen), schlăəs (ſchließen), fərdrăəs (verdrießen), schbăəs (Spieße, ſpießen), flăəs (fließen), găəs (gießen), kan-găəsər (Kannegießer), genăəs (genießen), săəsdə (ſiehſt du), schbrăəs (ſprießen); für nhb icht finbet ſich ăə in năəst (nichts). Häufiger noch wird in den vorgenannten Wörtern əə ſtatt ăə vernommen.

ăa ſteht für nhb langes ä (das allerdings vor r auch zu ăe wirb) in băar (Bär), băardich (bärtig), găar (gären, langweilig ſchwatzen), schdăar (Stär, Widber), măar (Märe), schbăarlich (ſpärlich).

Für nhb langes e (eigentlich ä) ſteht ăa in bfăar (Pferd), wăart (wert), schmăar (Schmeer), wăar (Wehr, Mühlenwehr), schwăart (Schwert), gwăar (quer), hăart (Herb, Herbe), dăar (dieſer, der), băar (wer), ämbăar (entbehren). Für nhb langes e (in dieſem Falle nicht = ä) mit barauf folgenbem g finbet ſich ăa in schlăal (Schlegel), flăal (Flegel), kăal (Kegel).

Für nhb kurzes e ſteht ăa in wăark (Werg), băark (Berg).

Für nhb langes u ſteht ăa in năarə (nur).

ăi und ăi.

ăi und ăi (ein ſtrenger Unterſchied läßt ſich nicht aufſtellen) finbet ſich für nhb au in măis (mauſen, ſtehlen), dăisənt (tauſend), fərschdăin (erſtaunen), Băil unb Băiləs (Paul, Paulus), ſowie in măil (Maul), măis (Maus), zăin (Zaun) neben ben älteren echt waſungiſchen Formen mūıl, mūıs, zū.

Für nhb u ſteht ăi vor nt, nd, nst, nz, z. B. răint (runb), hăint (Hunb), băint (Bunb), băindich (bunt), schlăint (Schlunb), schlăindhăis, ſelten schlumdháis (Schlunbhaus b. i. Ratskeller), schbáint (Spund), káinst (Kunst), gáinst (Gunst), bráinz (brunzen), dáinst (Dunst), ráinzəl (Runzel, runzeln), wáint (wund), máindər (munter), gráint (Grund), bfáint (Pfund), gəsáint (gesund).

áu.

áu steht für nhd au in áuchuist neben áugurst (August), báu (bauen, Bau), báuər (Bauer), dáuər und dáuwər (bauern), háuf (Haufe), ráuf (Raufe), háubdsach (Hauptsache), ich káuf (ich taufe), gáumə (Gaumen), káum (taum), gláuə (Klaue), láuər (lauern, Lauer), láuf (laufen, Lauf), Láurä ober Láurä (Laura), báugə (Paufe), báuk (pauken), bfáu (Pfau), ráuch (rauchen), sáu (Sau), schláu (schlau), schmáuch (schmauchen), dáuf (taufen), dáufət (Taufe), dráuf (Traufe), dráu (trauen), dráuər (Trauer, trauern), dráurich (traurig), fáu (Bau, ber Buchstabe). Es sind dies zum Teil Wörter, welche die WM bem Nhd entlehnt hat. Überhaupt bedient sich der Wasunger, wenn er schriftdeutsch zu reden sich bemüht, öfters des áu für nhd au, z. B. áuf (auf), áuch (auch), báum (Baum); in der reinen Munbart lauten diese Wörter uf, ä und bäm.

̇əə unb ̇əə.

̇əə steht für nhd langes ü in grǽəs (grüßen, Grüße), fǽən (Füße), bǽəs (büßen), bǽəs (Büchse), sǽəs (süß).

Für nhd turzes ü steht ̇əə in rǽəsəl (Rüffel) unb rǽədəl (rütteln).

Für nhd ö steht es in drǽəst (tröften), grǽəst (größte), hä färschdǽəst (er verstößt), schǽənər (schöner), ǽəslə (Öchslein).

̇əə steht für nhd äu in blǽəlich (bläulich) unb grǽəlich (gräulich).

̇əü unb ̇əü.

̇əü steht für nhd äu in bǽüərlə (Bäuerlein), blǽü (bläuen b. i. blau färben), hǽüfəl (häufeln), hǽüflə (Häufchen), rǽüwər (Räuber), sǽü (Säue), sǽülə (Säulein, Säule).

Für nhd eu steht ǽü in ǽüch (euch), ǽüər (euer), grǽüəl (Greuel), grǽülich unb grǽüerisch (greulich), ǽüchəl (Eule), nǽü (neu), Brǽüs (Preuße), rǽü (Reue, reuen), schǽü (Scheu, scheuen), schbrǽü (Spreu), dǽüfəl (Teufel), drǽü (treu, Treue), drǽülich (treulich), zǽüch (Zeug), blǽü (bleuen, prügeln).

Für nhd au steht ǽü in brǽü (brauen), brǽüər (Brauer).

ǽü findet sich rein munbartlich wohl nur in bem Worte frǽünt (Freund), sobann aber steht es für nhd eu unb äu öfters in ben Fällen, in benen man sich bemüht, bem Schriftbeutschen gemäß zu sprechen, z. B. in zǽünə (Zäune) anstatt bes rein munbartlichen zü, hǽüdə (heute) statt hüt, lǽüdə (Leute) statt lüt.

oə unb öə.

oə steht für nhd turzes o in oəs (Ochse).

Für nhd langes o steht oə in groəsər (großer), schdoəs (stoßen), schoədə (Schote), bfoədə (Pfote).

öə steht für nhd langes o (bas vor r gewöhnlich auch mit nachschleifenbem ganz turzen e gesprochen wird) in schlöət (Schlot), öədəm (Obem), Löərə (Eleonore); für nhd turzes o findet es sich in böəräi (Porree).

Für nhb langes a steht ōə in ōos (Aas), ōəl (Aal), ōərt (Art), ōərsch (Arsch), ōədem (Atem, Odem), bōər (bar), bōərt (Bart), blōōsə (Blase), blōōs (blasen), brōōt (braten), brōōdə (Braten), dōə (da), drōōt (Draht), fōər (fahren), fōərt (Fahrt), ōədər (Ader), gōər (gar), hōər (Haar) hōərich (haarig), hōərz (Harz), jōər (Jahr), glōōr (Aar), mōəl (mal, malen, Mahl), mōəlzit (Mahlzeit), nōə (nahe), bōər (Paar), rōər (rar), rōət (raten, Rat), sōət (Saat), schbōər (sparen), schdōəl (Stahl), wōər (wahr, war), gəwōər (gewahr, gewahren), wōərət (Wahrheit), zōərt (zart), zwōər (zwar).

Für nhb kurzes a findet sich ōə in flōōsdər (Pflaster), flōōs (Flachs), hä hōət (er hat), schōərf (scharf).

Für nhb au steht ōə in blōə (blau), grōə (grau), Glōōs (Klaus), Niglōōs (Nikolaus).

ōə und ōə.

ōə steht für nhb kurzes ō in ōəslə (Öchslein).
ōə steht für nhb langes ō in schlōət (Schlöte).

Für nhb langes ä findet sich ōə z. B. in bōərdlə (Bärtchen), blōəslə mit der Nebenform blēslə (Bläschen), brōədlə (Brätchen), ōədərlə (Äderchen), hōərlə (Härchen), jōərlə (Jährchen), bōərlə (Pärchen), zōərdər (zarter, Steigerungsform von zart).

Für nhb kurzes ä steht ōə in flōəsdərlə (Pfläsferchen).
Für nhb au steht ōə in Glōəslə, Niglōəslə (Klauschen, Niklauschen.)

ōį.

Der lange Doppellaut ōį kommt nur vor in frōįcht (fragte), dōįcht (Docht), sowie in dōįcht (taugte).

ōį.

Der kurze Doppellaut ōį findet sich nur in mōįdər (Mutter).

uə und üə.

uə findet sich nur in muəs (muß), sowie in dem jetzt selten gehörten muən (Monat); jetzt sagt man dafür meistens mōnåt.

Uə steht für nhb langes u (das vor r gewöhnlich auch als u mit angehängtem ganz kurzen e vernommen wird) in bluət (Blut), bluədich (blutig), bruədər (Bruder), bruət (Brut), buəsə (Busen), duə (du), fluər (Flur), fluət (Flut), fuədər (Fuder), fuər (Fuhre), fuəs (Fuß), gluət (Glut), guət (gut, Gut), huət (Hut), kuə (Kuh), kuər (Kur), kuərfürscht (Kurfürst), muəs (Mus), muət (Mut), nuə (nun), ruər (Ruhr), schnuər (Schnur), schuəl (Schule), schuər (Schur), huər (Hure), schwuər (Schwur), schbuəl (spulen, Spule), schbuər (Spur), schduəl (Stuhl), duət (thut), wuət (Wut), gəbuərt (Geburt), wuəst (Wust), di huə (Huhn, Henne).

Für nhb kurzes u steht uə in duərscht (Durst), wuər (wurde), wuərscht (Wurst), huəsdə (Husten).

Für nhb langes o steht uə in bluəs (bloß), buər (bohren), buəsət (Bosheit), bruəsə (Brosam), bruət neben dem jetzt häufigeren brōt (Brot), kuər (Chor), druə (Drohne), fluər (Flor), fruə (Fron, fronen), gruəs (groß), gluəsdər (Kloster), kuəl (Kohl), luə (Lohe, Lohn, lohnen), luəgärwər (Lohgerber), Lūərǟnz unb Lūərz (Lorenz), lūəs (los, lose, Los, losen), lūət (Lot), mūə (Mohn), mūər (Mohr, Moor), mūəndich (Montag), nūət (Not), ūər (Ohr), ūəsdər (Oftern), rūə (roh), rūər (Rohr), rūəsə (Rose), Rūəs (Rosa, Tauf= unb Ortsname), rūət (rot), schmūər (schmoren), schūə (schon, schonen), di schūəs (ber Schoß), schūəskǟint (Schoßkinb), schrūət (Schrot, schroten), schdūəs (Stoß), schdrūə (Stroh), dūə (Thon), dūər (Thor), dūət (Tob, tot), drūəst (Trost), gədrūəst (getrost), būə (wo).

Für nhb kurzes o steht ūə in būərschdə (Borste), ūərt (Ort), wūərt (Wort), ūəsdəm (ber Ortsname Oftheim).

Für nhb langes a finbet sich ūə in schbūə (Span), grūəschbūə (Grün=span) mit bem Ton auf ber zweiten Silbe, majərūə (Majoran), kablūə (Kaplan).

Für nhb kurzes a steht ūə in gūəns (Ganfert).

Für nhb au kommt ūə vor in alūə (Alaun).

ui.

Das bem nhb ui genau entsprechenbe ui finbet sich nur in ben jebenfalls aus bem Nhb entlehnten Ausbrücken hui! (hui!) unb bfui! (pfui!).

ui̯ unb ūi̯.

ui̯ steht für nhb kurzes u in bui̯dər (Butter, buttern), brui̯st (Brust), flui̯s (Fluß), hui̯sch (husch, huschen), hui̯zel (Hutzel, hutzeln), gui̯sch (kusch, kuschen), kui̯dsche (Kutsche), kui̯dschər (Kutscher), kui̯də (Kutte), lui̯sdich (lustig), mui̯lə (Mulbe), mui̯sdər (Muster), nui̯l (Null), Rui̯s (Russe), schui̯sdər (Schuster), bui̯lt (Pult), dui̯lt (bulben), gədui̯lt (Gebulb). Auch in Wörtern, für bie bas Nhb keine entsprechenben Formen besitzt, erscheint bies ui̯, z. B. bui̯sch („buschen“ b. i. prügeln), dui̯sch („Dusche“ b. i. Muttersau), nui̯sdər („Nuster“ b. i. Perle).

Für nhb langes u finbet sich ui̯ in Jui̯l neben Jūlə (Julie).

Für nhb langes o steht ui̯ in bui̯n (Bohne), hui̯nk (Honig), sui̯ln (Sohle).

Für kurzes o steht ui̯ in rui̯sl (Rosine), rui̯səmərl (Rosmarin).

Für nhb au steht ui̯ in lui̯s (lauschen), dui̯sə (braußen), hui̯sə (haußen b. i. hier außen), schnui̯z (Schnauze), mui̯lworəf (Maulwurf).

ūi̯ steht für nhb langes u in būi̯də (Bube), dūi̯dəl (bubeln), dūi̯dəlsǎk (Dubelsack), fūi̯səl (Fusel), grūi̯s (Gruß), lūi̯dər (Luber), nūi̯dəl (Nubel), būi̯dəl (Pubel), rūi̯dəl (Rubel), schmūi̯rs (schmusen), schbrūi̯dəl (Sprubel, sprubeln), schdrūi̯dəl (Strubel, strubeln), schdūi̯də (Stute).

Für nhb kurzes u steht ūi̯ in schūi̯s (Schuß), schdūi̯z (Stuz), nūi̯s (Nuß), lūi̯st (Lust).

Für nhb kurzes o mit nachfolgenbem n steht ūi̯ in ōmsūi̯st (umfonst).

Für nhb eu finbet sich ūi̯ in schlūi̯dər (Schleuber).

Für nhb kurzes i steht ūi̯ in kūi̯zəl (kitzeln).

Für nhb au steht ūi̯ in ūi̯s (aus), ūi̯səwänich (auswenbig, außen), brūi̯s (braufen), brūi̯t (Braut), dūi̯s (Daus), drūi̯s (baraus), fūi̯l (faul, faulen), fūi̯lǟnz (faulenzen, Faulenzer), fūi̯lhait (Faulheit), fūi̯st (Faust), gūi̯l (Gaul), grūi̯s (graufen), hūi̯s (Haus, haufen), hūi̯t (Haut), kūi̯z (Kauz), grūi̯s (kraus), grūi̯səmünz (Kraufeminze), grūi̯t (Kraut), lūi̯s (Laus), lūi̯t (Laut, laut), mūi̯l

(Maul), mūịs (Maus), sūịs (saufen), schnūịdə (Schnauze), schūịdər (Schauder, schaubern), schmūịs (schmausen), schdrūịs (Strauß), zūịs (zausen). Für uị findet sich bisweilen auch die neuere Form mit åị, z. B. måịs (Maus), måịl (Maul), håịt (Haut).

ūə.

Der Umlaut ūə (ein ūə mit kurzem ū läßt sich nicht belegen) steht für nhd langes ū (das vor r auch als ūe ausgesprochen wird) in warmblūədich (warmblütig), brūədərlə (Brüderchen), fūədərlə (Füderchen), fūərlə (Führchen), fūər (für, führen), glūə (glühen), gūət (Güte), gūədlə (Gütchen), hūət (hüten, Hüte), kūə (Kühe), gəmūəs (Gemüse), gəmūət (Gemüt), schnūər (Schnüre), schūələr (Schüler), schwūər (Schwüre), schbūər (spüren), brūə (Brühe), būərschdə (Bürste), drūəsə (Drüse), frūə (frühe), fūəl (fühlen), gəfūəl (Gefühl), grūə (grün), grūəkūəl neben grūkūəl, in beiden Fällen mit dem Ton auf kūəl (Grünkohl, d. i. Wiesenkohl, gewisse Blätter, die im Frühjahr auf Wiesen gesucht und dann als Gemüse zubereitet werden), kūəl (kühl), kūə (kühn), kūərəs (Kürass), kūərəsərūdər (Kürassier), mūə (Mühe), mūət (müde), rūər (rühren), schnūər (schnüren), dūər (Thür), schbrūə (sprühen), drūə (trüb), ūərlə (Öhrchen), wūəst (wüst).

Für nhd eu steht ūə in fūər (Feuer), fūərlə (Feuerchen), fūərjōị (feuerjo!), dūər (teuer), dūəring (Teuerung), schdūər (Steuer).

Für nhd langes u findet sich ūə in schūə (Schuhe).

Für nhd langes ō steht ūə z. B. in būəs (böse), hūər (hören), kūərlə (Chörchen), glūəslə (Klößchen), lūəs (lösen), lūət (löten), mūərlə (Möhrlein), nūədlich („nötlich" d. i. nottwendig), ūər (Ohr), ūərlə (Öhrchen), rūərlə (Röhrchen), rūəslə (Röslein), rūədər (röter), rūədlich (rötlich), schūə (schön), schdūər (stören).

Für nhd langes o steht ūə in būərər (Bohrer).

Für nhd langes i findet sich ūə in ūə (ihr) und sūə (sie), insofern diese Formen nicht zu ə und sū oder sə abgeschwächt sind.

ēə.

ēə steht für nhd langes e (ee, eh; auch der lange e-Laut wird vor r, wie die übrigen langen Selbstlaute im Nhb, mit nachfolgendem flüchtigen e gesprochen) in mēər (Meer), sēə (See), bēər (Beere; Eber), Eəf (Eva), Bēədər (Peter), dəəmūədig (bemütig), ēər (Ehre, ehren), ēərz (Erz), hēər (Heer), kēər (kehren), rēə (Reh), lēər (leer, lehren), lēərər (Lehrer), schēər (Schere), schnēə (Schnee), schwēər (schwer), sēər (sehr), sēəl (Seele), sēəlich (selig), schbēər (Speer), dēər (Teer), dēə (Thee), drēəwer (Treber, auch ein Gebäck), wēər (Wehr, wehren), zēər (zehren), glēə (Klee), gragēəl (Krakeel), wēə (weh).

Für nhd ehe, »ehe steht ēə in ēə (Ehe), sēə (sehen), gēə (gehen), schdēə (stehen), drēə (drehen), flēə (flehen), gaschēə (geschehen), wēə (wehen).

Für nhd langes ā (äh) findet sich ēə in ēər (Ähre), fēərt (er sie es fährt), jēərich (jährig), zēə (zäh).

Für nhd »ähe, »ähen, »äen steht ēə in blēə (blähen), bēə (bähen), mēə (mähen), nēə (Nähe, nähen), sēə (säen), schmēə (schmähen), schwēər (Schwäher, Schwiegervater).

Für nhd langes ō steht ēə in schwēər (schwören).

ėə.

ėə, b. i. kurzes ė, mit ganz flüchtigem ə-Laut zu einem kurzen Doppellaut eng verbunden, findet sich in den Wörtern, die auch mit ǩə gesprochen werden, und scheint nicht nur älter, sondern auch häufiger als der letztgenannte Doppellaut zu sein; z. B. dėənst (Dienst), schėəs (schließen), schlėəs (schließen), fərdrėəs (verdrießen), schbǟəs (Spieße, spießen), flėəs (fließen), gėəs (gießen), kan-gėəsər (Kanngießer), gənėəs (genießen), schbrėəs (sprießen), nėəst (nichts), sėəsdə (stehst du).

ĭə.

ĭə steht für nhd langes i oder ie (vor r thatsächlich als langes i mit nachfolgendem ganz kurzen e gesprochen) in blədər (bieder), bĭər (Bier), bĭət (bieten), brĭət (briet von braten), brĭəf (Brief), dĭəp (Dieb), dĭən (dienen), dĭənər (Diener), dĭə (die, bir), fləł (fiel von fallen), flĭə (fliehen), frĭər (frieren), frĭəsəł (Friesel), gəschĭət (geschieht), glĭət (Glied), grĭəfə (Griebe, Griefe), hĭəp (Hieb), hĭə (hier), hĭərsch (Hirse), gəbĭət (gebieten, Gebiet), lĭəp (lieb), həbling (Liebling), lĭət (Lied), lĭədərlich (liederlich), lĭəfər (liefern), mĭə (mir, wir), mĭədər (Mieder), mĭət (mieten), nĭədər (nieder), nĭədlich (nieblich), nĭədərich (niebrig), frĭəm (Pfriem), brĭəsdər (Priester), brĭəs (pries), Rĭət (das Riet, eine Wasunger Flurbenennung), rĭət (riet), rĭəf (rief), rĭəmə (Riemen, Peitsche), schlĭəf (schlief von schlafen), schmĭər (schmieren, Schmiere), schmĭərich (schmierig), schwĭərich (schwierig), sĭət (sieben), sĭəp (Sieb, sieben), schbĭəs (Spieß), schdĭər (Stier), bĭə (wie), schdrĭəmə (Striemen), dĭəf (tief), dĭər (Tier), drĭəp (Trieb), flĭər (vier), flĭə (Vieh), flərǩk (Viereck), wĭər (wiehern), zĭər (Zier, zieren).

Für nhd kurzes i findet sich ĭə in mĭərsching neben mĭərschəm (Wirsing, Herzkohl) und wĭərt (Wirt).

Für nhd langes e (eh) steht ĭə in mĭə (mehr); für nhd -ehe in zĭə (Zehe), schlĭə (Schlehe).

Für nhd -ähne findet sich ĭə in schbĭə (Spähne).

---

2. Mitlaute.

Die WM besitzt die Lippenlaute p, b, f, v, w, m; die Zahn- oder Zungenlaute t, d, s, (z), sch, n, r, l, ł; die Kehl- oder Gaumenlaute k, g, hartes ch, weiches ch, h, j, den Nasenlaut ng.

A. Lippenlaute.

p.

Wie auch anderwärts in Thüringen und dem angrenzenden Franken, so kommt p in der WM im allgemeinen nur auslautend vor und wird dann wie nhd auslautendes p gesprochen.

Demnach entspricht p, da nhd wortauslautendes p selten ist, gewöhnlich dem nhd stammauslautenden p, z. B. in bap (Pappe), lǎmp (Lumpen).

Ferner steht p in vielen Fällen für nhd auslautendes, auslautendem p thatsächlich gleichwertiges b, z. B. in lǎp (Laub), löp (Lob), gröp (grob).

Für nhb pf findet sich p in schnup (schnupfen); für nhb w steht es in löp (Löwe).

Einige Wörter, die im Nhb auf m auslauten, hängen in der WM noch ein p an; dahin gehören kämp (Kamm), schwämp (Schwamm), grämp (trumm).

Im Auslaut von Wörtern, die für Zusammensetzungen Verwendung finden und nicht den letzten Teil derselben bilden, wird p zu b, z. B. schwämbgläbfər (Schwammklopfer, ein Scheltname), schnubdewäk (Schnupftabak). Aber auch am Ende ganzer Wörter wird p zu b, wenn bei rascher Rede die einzelnen Wörter sich eng aneinander schließen und der Auslaut des einen mit dem Anlaut des andern sich verbindet.

b.

b kommt in der WM eigentlich nur an- und inlautend vor; auslautend findet es sich für nhb p oder b bei denjenigen Teilen zusammengesetzter Wörter, welche nicht an letzter Stelle derselben stehen, ferner auch am Schluß selbständiger Wörter, wenn sie im raschen Redefluß sich berühren und nicht das Ende eines Satzes bilden (vergl. den vorigen Abschnitt p).

Anlautendes b entspricht anlautendem nhb b in vielen Wörtern, z. B. in bäi (bei), bäi (Bein), biər (Bier), höde (Butte), blas (blaß), blöəsə (Blase), brön (Brunnen, brennen).

Für nhb p steht anlautendes b ebenfalls in vielen Wörtern, z. B. in bak (packen), bát (Pate), böər (Paar, paar), Bəədər (Peter), browlər (probieren), bost (Post). So namentlich auch in der Lautverbindung bf für nhb pf, wenn derselben ein Selbstlaut folgt, z. B. in bfäər (Pferd), bfát (Pfad), bfai (Pfaffe), bfäning (Pfennig), bfüf (pfeifen), bfüfə (Pfeife), bfängsdə (Pfingsten). Dagegen verflüchtigt sich dies b und es bleibt nur f übrig, sobald auf nhb pf noch ein l oder r folgt (vgl. unter f).

Für nhb pf findet sich anlautendes b in bräbf (Pfropfen, pfropfen).

Für nhb w steht anlautendes b in ban (wenn), bän (wen), bát (waten), biə (wie), büə (wo), bumit (womit), bufüər (wofür), budrō (woran, eigentlich „wobran"), buhl (wohin), bunüis (wohinaus, wohin), bərōm (warum).

Für nhb j steht anlautendes b in bénər (jener).

Inlautendes b der WM steht nur für nhb p, nie für b (vgl. unten w), so z. B. rubə (Raupe), gnorbəl (Knorpel), körbər (Körper), gərəmbəl (Gerümpel), schübəl (Schnippel, Schuppe, Scholle), grabəl (krabbeln, trauen, aber auch eiligst vom Erdboden aufraffen), grübəl (Krüppel), kabə (Kappe).

Dies gilt auch von der Lautverbindung bf für nhb pf, z. B. in abfəl (Apfel), gibfəl (Gipfel), häbfə (Hopfen), karbfə (Karpfen), schdäbfəl (Stöpfel, Stöpsel).

Für nhb f (v) steht bf in jämbfər (Jungfer), harbfə neben harfə (Harfe), armbfəl (Arm voll).

Für nhb bw oder tw finden wir auch b im Inlaut bei einigen Zusammensetzungen, deren Bestimmungswort auf t auslautet, deren Grundwort aber mit w beginnt, so in ämbərt (Antwort), hämbərk und hämbərt (Handwerk), äbəs (etwas), sowie in dem veralteten äbər (etwa).

f.

f steht im Anlaut für nhd f und v in vielen Wörtern z. B. fach (Fach), flach (flach), fēn (finden), fådər (Feder), fåin (fein), fůər (Feuer), führen, für), flůchəl (Flügel), fådər (Vater), fēdər (Vetter), flə (Vieh), fil (viel), fiər (vier), fůchəl (Vogel), fålk (Volk), fōn (von), forn (vorne), sowie in der Vorsilbe får oder fər (ver) u. s. w.

Für anlautendes nhd pf steht f der WM in all den Wörtern, in denen auf pf ein Mitlaut (l oder r) folgt, z. B. flumə (Pflaume), flicht (Pflicht), flōəsdər (Pflaster), fluk (Pflug), frōn (Pfründe).

Anlautendes f kommt in der WM auch vor n vor, z. B. fnisch (niesen), fnidər (kichern). Dem Nhd ist die entsprechende Anlautverbindung fn oder pfn fremd.

Im Inlaut steht f für nhd f nach vorausgehendem b oder zwischen vorausgehendem Selbstlaut und nachfolgendem d und t, z. B. bfaf (Pfaffe), bfångsde (Pfingsten), bfåning (Pfennig), bfůf (pfeifen), abfəl (Apfel), dråbfəl (tröpfeln), karbfə (Karpfen), schdåbfəl (Stöpfel, Stöpsel), gláfdər (Klafter), schrifdə (Schriften), lufdich (luftig), schrift (Schrift), luft (Luft), såft (sanft).

Für nhd p findet sich inlautendes f in schōbfə (Schippe), schdröbfə (Strippe).

Auch zwischen zwei kurzen Selbstlauten entspricht inlautendes f in einigen Wörtern stets dem nhd f oder ff, wie z. B. in bfůfə (Pfeife), bfůfich (pfiffig), schlifər (Schleifer). In andern derartigen Fällen wird, je nach der angeborenen Sprechweise der einzelnen Wasunger, bald f, bald v vernommen, z. B. kufərt und kuvərt (Koffer), böfəl und bövəl (Büffel), sufər und suvər (Säufer). Dasselbe ist der Fall, wenn f zwischen vorausgehendem r, l oder ł und nachfolgendem Selbstlaut steht, z. B. wörfəl und wörvəl, bölfər und bölvər; doch erreicht in allen diesen Wörtern das v nicht die Weichheit desjenigen v, wie es nach langem Vokal gesprochen wird; die Schreibweise mit f ist daher vorzuziehen. Durchgängig scheint das inlautende f dem nhd f zu entsprechen, wenn es zwischen vorausgehendem Doppellaut und nachfolgendem Selbstlaut steht, z. B. såifə (Seife), låifər (Läufer), diəfər (tiefer).

Auslautend (und zwar am Ende ganzer Wörter, wie auch am Ende von Bestimmungswörtern in zusammengesetzten Wörtern) steht f gleich dem nhd f, z. B. in schåf (Schaf), låuf (Lauf), wůərf (Wurf), hůfisə (Hufeisen) u. s. w.; ferner in den Nennformen der Zeitwörter, deren Stammsilben auch im Nhd mit f auslauten, z. B. schaf (schaffen), suf (saufen), låuf (laufen).

Für nhd v steht auslautendes f in den beiden Namen ēəf (Eva) und Guısdaf (Gustav).

Im Inlaut zusammengesetzter Wörter wird silbenauslautendes f und darauf folgendes silbenanlautendes f zu einfachem f, z. B. schåfåln aus schåf-fåln.

v.

v kommt nur im Inlaute, und zwar hauptsächlich zwischen vorausgehendem langem Selbstlaut und nachfolgendem Selbstlaut, zum Teil auch nach vorausgehendem kurzem Selbstlaut, r, l oder ł und nachfolgendem Selbstlaut vor (vergl. den vorigen Abschnitt f) und steht für nhd f (oder v), z. B. in dåvəl (Tafel, tafeln), hēvə (Hefe), kävər (Käfer), schdivəl (Stiefel), schůvəl (Schaufel), frāvəl (Frevel, freveln), lāvəl unb lāfəl (Löffel), Schdöfəl unb Schdōvəl (Abkürzung von Chriſtoph) u. dergleichen.

Für nhb b ſteht v in gāvəl (Gabel), hōvəl (Hobel), griəvə (Griebe, auch Griefe).

w.

w ſteht wie nhb w im An= unb Inlaut, nie im Auslaut, auch geht es mit anbern Mitlauten keine Verbinbungen ein.

Im Anlaut ſteht es für nhb w in vielen Wörtern, z. B. in wachhālər (Wacholber) mit bem Ton auf ber erſten Silbe, walzər (Walzer), wasər (Waſſer), wadə (Watte), wādə (Wabe), wēdəl (Webel, webeln), wāk (Weg), wïsch (Wiſch), wěsch (wiſchen), wòl (wohl), wāwər (Weber), wēsər (wäſſern), wāsəl (wechſeln), wī (Wein), wān (Wänbe, wenben), wěn (winben), Wänəl (Wenbel, Wenbelin, Taufname).

Für nhb b ſteht w anlautenb in wās (Baſe).

Für m erſcheint w in warmfārm (Marumverum, Katzentraut).

Im Inlaut ſteht w zwiſchen zwei Selbſtlauten für nhb b, das ja für ge= wöhnlich auch wie w geſprochen wirb, z. B. bīwəl (Bibel), gīwəl (Giebel), dūwə (Taube, Daube), diəwəräi (Dieberei), fərdorwə (verborben), driwər (Treiber), schdūwə (Stube), dōwə (broben), ōwə (oben), dūwə (brüben), hūwə (hüben), ěwə (eben), bärbāwə (Erbbeben), fāwəl (Fabel), fiwər (Fieber), sīwə (ſieben), grāwə (Graben), nāwəl (Nebel), nāwəl (Nabel), nāwət (neben), āwət (Abenb).

Für nhb inlautenbes p finbet ſich w in körwər (Körper) neben bem etwas weniger gebräuchlichen körbər.

Desgleichen ſteht inlautenbes w für ebenfalls meiſt als w geſprochenes nhb b zwiſchen vorausgehenbem l unb folgenbem Selbſtlaut, z. B. Ałwə (Elbe), mind= hałwə (meinthalben), ferner zwiſchen vorausgehenbem r unb folgenbem Selbſt= laut in bem Worte ārwət (Arbeit, arbeiten). Für echtes nhb b finbet es ſich zwiſchen vorausgehenbem r unb folgenbem ə in hārwər (herbergen), hārwəst (Herbſt), ārwəs (Erbſen), enblich noch (eigentlich als Silbenauslaut) zwiſchen zwei Selbſtlauten in ben Worten rīwīsə (Reibeiſen), ōwąícht (Obacht).

Für nhb f ſteht inlautenbes w in schwāwəl (Schwefel), hāwər (Hafer, auch Haber), bīwəs (Beifuß), barwəs (barfuß).

Für nhb g ſteht inlautenbes w in ber Mehrheitsform ber erſten Perſon mancher Zeitwörter auf =agen, =ägen ober =egen, z. B. mi sāwə (wir ſagen), mi sāwə (wir ſägen), mi drāwə (wir tragen), mi lāwə (wir legen), mi rāwə (wir regen), mi wāwə (wir wägen), mi glāwə (wir klagen), mi jāwə (wir jagen). Dies gilt auch vom britten Fall ber Nennform, namentlich beim Hinzutreten bes Verhältniswortes zə (zu), z. B. zə sāwə (zu ſagen), zə lāwə (zu legen), zə glāwə (zu klagen); ferner von einigen Hauptwörtern auf =āgər: dər drāwər (Träger, tragenbe Perſon), briəfdrāwər (Briefträger), hōsədrāwər (Hoſen= träger); ſtatt schlöədfāwər (Schlotfeger) ſagt man jetzt gewöhnlich schlöədfāər.

Für nhb h finbet ſich inlautenbes w in ber Mehrheitsform ber erſten Perſon von Zeitwörtern auf =āhen, =ehen, z. B. mi māəwə (wir mähen), mi bāəwə (wir bähen), mi drāəwə (wir brehen), mi wāəwə (wir wehen), besgleichen in ben Hauptwörtern auf =ehe, z. B. wāindwēəwə (Winbwehe), zāəwə, Neben= form von zīə (Zehe).

Ferner wird inlautendes w der WM in einigen Fällen zwischen Selbſtlauten auch da zur Silbentrennung verwandt, wo im Nhd die Selbſtlaute unmittelbar aneinander gerückt ſind, z. B. sūwər (ſauer), mūwər (Mauer, mauern), mūwərlə (Mäuerlein), di frāwə (die Frauen), hāwə (Haue, Hacke), gəhāwə (gehauen).

Auslautendes w iſt, wie bereits bemerkt, in der WM ebenſowenig vor-handen, wie im Nhd. In all den Fällen, wo inlautendes w durch Abwerfung des urſprünglich darauf folgenden Selbſtlautes in den Auslaut hätte treten müſſen, wurde es einfach auch mit abgeworfen, wie z. B. in blī (bleiben), bəə (beben), lō (loben), lā (leben), fār (färben), gā (geben), glāi (glauben, kleiben), grā (graben), hā (haben), glā (kleben), schā (ſchaben), schnū (ſchnauben), schrū (ſchrauben), schrī (ſchreiben), schdrū (ſträuben), dō (toben), drī (treiben), drūə (trüben), wā (weben); schbézbū (Spitzbube), brō (Probe), far und farə (Farbe). Nur wenn in Zuſammenſetzungen ein derartiges Wort vor ein mit einem Selbſt-laut beginnendes Wort zu ſtehen kommt, erſcheint das ſtammauslautende w, wird aber beim Sprechen zur nächſten Silbe gezogen, z. B. rīwīsə (Reibeiſen).

m.

m ſteht wie nhd m im An-, In- und Auslaut.

Im Anlaut ſteht m, wie im Nhd m, in ſehr vielen Wörtern z. B. in Mardin (Martin), mās (Meſſe), mang (Mange, Wäſchmange, Färberei, die Wäſche mangeln), mūəndich (Montag), mūlə (Mäulchen, Kuß), mūərschəl (Mörſer, mit dem Mörſer zerkleinern), morə (murren) u. dergl.

Für nhd w ſteht anlautendes m in miərsching, auch miərschem (Wir-ſing, Herzkohl) und miə, mi, mə (wir).

Im Inlaut ſteht m ſehr häufig wie nhd m oder mm, z. B. in hāməl (Hammel), himəl (Himmel), imézə (Ameiſe), blumə (Blume), brāmə (Breme, eine Art großer Stechfliegen), hōməl (Hummel), schdaməl (ſtammeln), schōməl (Schimmel), amə (Amme), wimbər (Wimper), lambə (Lampe), gərāmbəl (Gerümpel), rāmbəl (rumpeln), hāmp (Humpen), lāmp (Lumpen), glāmp (Klumpen), dāmbf (Dampf), dāmbf (dämpfen), dāmbf (bumpf), brāms (bremſen), gə-gēms (Geſims), sōms (ſumſen, ſummen), amt (Amt), zamt (ſamt), frāmt (Fremde).

Für nhd b (ſoviel wie w) findet ſich inlautendes m in schwalmə (Schwalbe) mélmə (Milbe) und ālməs (Albus, eine ehemalige heſſiſche Münze).

Für nhd n vor b- und f-Laut findet ſich m in Zuſammenſetzungen, beſon-ders in dem Taufnamen Johann, z. B. Hambəl und Hambachəl (Hann-Paul, d. i. Johann Paul), Hambāst (Johann Sebaſtian), davon die Nebenform Hambasch (Scheltname im Sinne von Tolpatſch), Hamfāldə (Johann Valentin), Hamfrīdər, Hamfrīt (Johann Friedrich); ſo auch in kimbagə (Kinnbacken), bèrmbugəl (eigentlich „Birnbuckel", Schimpfname eines buckeligen Obſtdiebes in Waſungen), kambrāt („Kannenbrett" d. i. Schüſſelbrett), ferner in di Körmich (die Körnbach, Körnebach, ein Thal bei Waſungen).

Sonſt findet ſich inlautendes m für nhd auslautendes n in schādmə (Schatten).

Für nhb ng steht inlautendes m in jâmbfər (Jungfer), ferner, nach Ausstoßung des t=Lautes, in der Vorsilbe âm für ân (ent=) z. B. in âmbâər (entbehren), âmbèn (entbinden) und, mit Einschaltung eines b, hâmbfəl (Handvoll).

Auslautendes m kommt, wie m oder mm im Nhd, in vielen Wörtern vor, z. B. in kôm (kommen), schûm (Schaum), dôm (dumm), arm (Arm, arm), lôm (lahm), gröm (Gram), schâm (Scham), nöm (Name), rûm (Rum und Ruhm). Dies m bleibt gewöhnlich auch, wenn ein derartiges Wort in Zusammensetzungen vorkommt, z. B. brômisə („Brummeisen" d. i. Maultrommel), dômkôbf (Dumm= kopf); lautet aber der auf ein solches Bestimmungswort folgende Wortteil mit m an, so wird aus mm ein einfaches m.

Für nhb n steht auslautendes m in brûm (braun).

Für nhb b (gewöhnlich w gesprochen) steht m auslautend in gəwélm und gəwôlm (Gewölbe) und in wélm und wôlm (wölben); die Formen mit ô=Laut sind dem Nhd entlehnt.

B. Zahn= oder Zungenlaute.

t.

Das t der WM findet sich nur im Auslaut und wird wie nhd auslauten= des t gesprochen, allerdings nur wenig aspiriert. Ihm entspricht nicht bloß nhd auslautendes t oder tt, sondern auch das thatsächlich gleichwertige nhd aus= lautende d in vielen Wörtern, z. B. bët (Beet), blât (Blatt), gûət (gut), fât (Fett), mûət (Mut); bât (Bad), rât (Rad), gliət (Glied), liət (Lied), lait (Leib, leib), schmit (Schmied); aicht (acht), licht (Licht), rächt (recht, Recht), oft (oft), gift (Gift), saft (Saft), wält (Welt), gält (Gold), kält (kalt), wält (Wald), fûlt (Feld), amt (Amt), zamt (samt), wiərt (Wirt), öərt (Art), bôərt (Bart), zöərt (zart), wûərt (Wort), hâərt (Herd), mist (Mist), kâinst (Kunst), dâinst (Dunst), ârnst (ernst, Ernst), forscht (Forst), förscht (Fürst), wûərscht (Wurst).

Desgleichen steht auch t für nhd stammauslautendes, in den bezüglichen Wortformen aber inlautendes t oder d; z. B. bât (beten), biət (bieten), lût (Leute), grôt (Kröte), rét (Rede, reden), grât (gerade), lât (laden), lûcht (leuchten), främt (Fremde), ârnt (ernten), hâərt (Herde), bûst (beste), wâst (Westen), ârscht (erste).

Sobald man für nhd b oder t nach l oder n, welchem ein kurzer Selbstlaut vorausgeht, im Auslaut t erwarten müßte, wird es in der WM abgeworfen, z. B. bəl (balb), hûl (Halbe), wél (wild), mûl (melden), gölə (Gulden, golden); än (Ende), bén (binden), fén (finden), blän (blenden), brän (Brände), bôn (Bünde, Bündnisse), bfân (pfänden), schän (schänden), schan (Schande), schén (schinden), fərschwân (verschwenden), schwén (schwinden), sän (senden), sü sén (sie sind), schdân (Stände), wén (winden, Winde), schdôn (Stunde), fôn (Funde), frôn (Freunde; Pfründe), hôn (Hunde), bfôn (pfünden), schbôn (spünden), sôn (Sünde), ôlän (Elend), namentlich auch in der Vorsilbe ân (ent=) für ânt, so= bald letztere vor f, g oder s zu stehen kommt.

Verein für Meiningische Geschichte und Landeskunde. Heft 17.

3

Nach vorausgehendem r ist auslautendes nhd b in der WM abgeworfen im Worte bfär (Pferd).

Auslautendes t der Bestimmungswörter in Zusammensetzungen wird zu d, wie z. B. widnŭts (weithinaus); nur vor h behält es seinen eigentlichen Laut, z. B. mithalə (mithalten), nāwəthi (nebenhin). Dies gilt auch bei rascher Rede von wortauslautendem t. Folgt auf ein mit t auslautendes Bestimmungswort ein mit d anlautendes Wort, so wird dd zu einfachem d, das beim Sprechen zur nächsten Silbe gezogen wird, z. B. médörəf (mitbürsen).

d.

Das d der WM kommt für gewöhnlich nur im An- und Inlaut, sowie im Auslaut derjenigen Wörter vor, die sich in Zusammensetzungen finden und ihre Stellung nicht am Ende derselben haben. Im Auslaut selbständiger Wörter erscheint es nur, sobald dieselben in rascher Rede sich an andere schließen (vergl. den vorigen Abschnitt t).

Anlautendes d entspricht anlautendem uhd b in allen Wörtern, welche im Nhd mit b beginnen und auch der WM eigen sind; es steht vor allen Selbst-lauten und vor r (wegen d vor s vergl. z), beispielsweise in dam (Damm), dăngk (Dank, banken), dämər (bämmern), där (der), dăch (Dach), dorn (Dorn), dö̧cht (Docht), döm (bumm), dŏn (bünn), dör (börren, bürr), dö̧ə (ba), dau̧t (bulben), dŭərf (Dorf), dich, dich (bich), diən (bienen), dën (behnen), drach (Drache), dräng (brängen, bringen), drăk (Dreck), drôk (Druck), drŏk (brücken), druf (brauf), drŭə (brohen), drét (britter), drizə (breizehn).

Anlautendes d steht aber auch für nhd t in allen Wörtern, die im Nhd mit t anlauten und auch in der WM vertreten sind, somit ebenfalls vor allen Selbstlauten und vor r, z. B. danə (Tanne), dăbfər (Töpfer), dăisənt (tau-send), dorm (Turm), döbfə (Topf), dŏcb (taugen), duk (tauchen, tunken), dŭwə (Taube), dŭər (Thür, teuer), drabə (Treppe), drät (treten), drängk (tränken, trinken), drăgə (troden).

Bei denjenigen mit -dorf zusammengesetzten Ortsnamen, welche den Wasungern bekannt und geläufig sind, wirft die WM das d zumeist weg, z. B. Bŭmərəf (Bonndorf), Künərəf (Kühndorf); aber Wäldərəf (Wallborf).

Im Inlaut entspricht d dem nhd b in den meisten Wörtern, die im Nhd inlautendes b zwischen zwei Selbstlauten enthalten; dies d steht auch, wenn es sich nicht etwa um Zusammensetzungen handelt, nur zwischen Selbstlauten, z. B. grådə (gerabe), füdər (Feber), bŏdə (Boben), mi glåidə (wir bleiben), ŏədər (Aber), ŏədəm (Obem), brŭədər (Bruber), aidəm (Eibam), fŭədər (Fuber), lådə (Labe), lüdər (Leber), niədər (nieber), rēdər (Röber), schnidər (Schneiber), sidə (Seibe), widər (wieber, wiber).

Dasjenige inlautende b, welches im Nhd nach vorausgehendem l oder n und vor barauffolgendem Selbstlaut zu finden ist, hat sich in der WM fast ausnahms-los verflüchtigt, z. B. hŭlər (Holber, Hollunber), fŭlər (Felber), gŭlər (Gelber), wŭlər (Wälber), mälə (Melbe, eine Pflanze), schèlər (Schilber), rénə (Rinbe), bénə (Binbe), bénər (Binber), lēnə (Linbe), wènə (Winbe), lénər (linbern), blénər (Blinber), fēnər (Finber), bănər (Bänber), bŏnəl (Bünbel), ŭnər (änbern), zŭănər (Zehn-Euber), lănər, lănərăi (Länber, Länberei), Holŭnər (Holländer), bfŭnər (Pfänber), rŭnər (Ränber), rénər (Rinber), rŏnər (runber), schênər (Schinder), schênəl (Schindel), schlănər (schlenbern), schwēnəl (Schwindel), schdănər (Ständer), dănəl (tändeln), wănəl (Wendeltu), hanəl (Handel, handeln), wanəl (Wandel, wandeln), hênər (hindern), hênərlich (hinderlich), hênərnis (Hindernis), manəl (Mandel), mênərjăərich (minder= jährig), kēner (Kinder), grênich (grindig), wanər (wandern), wănərschmō (Wandersmann), wanərschăft (Wanderschaft), wōnər (Wunder), wōnərhūsch (wunderhübsch), wônərlich (wunderlich), fərwônərt (verwundert), zōnər (Zunder), hônərt (hundert), gəsōnər (gesunder), săsbfōnər (Sechspfünder), ambsăuər (Amt= sänder, b. i. zum ehemaligen Amt Sand gehörig; der Ton ruht im schriftdeutschen wie im Wasunger Wort auf der zweiten Silbe), gəhanəlzōgər (Kandiszucker). Diese Verflüchtigung des b tritt zum Teil ein, wo im Nhd zwischen n und l (ursprünglich n und e) jetzt b sich findet, z. B. kênələsdăk (Kindleinstag, Tag der unschuldigen Kinder, 28. Dezember). Zwischen zwei Selbstlauten ist d ausgefallen in nələ (Nadel). Dagegen hat sich d erhalten in den wohl aus dem Nhd entlehnten Wörtern schdăndich (ständig), bəschdăndich (beständig), gəschdăndich (geständig), schwêndlər (Schwindler), hăndlər (Händler; das Wort hăndlər ist nur in Zusammensetzungen gebräuchlich, für Händler schlecht= hin sagt der Wasunger hanələsmō b. i. Handelsmann), ferner noch in găldər (golden) neben gōlə.

Inlautendes d steht auch für nhd inlautendes t ober tt, sobald überhaupt in der WM ein entsprechender Laut dafür zum Ausdruck kommt, b. h. vor allem zwischen zwei Selbstlauten, sowie zwischen vorausgehendem r, s ober sch und barauffolgendem Selbstlaut, z. B. Bēədər (Peter), bůdəl (Beutel), bēdər (bitter), bôdə (Butte), brōdə (Braten), bųɖər (Butter), dōdər (Dotter), foədər (Futter), fæədər (füttern), gidər (Gitter), hôdə (Hütte), kēdə (Kette), zēdəl (Zettel), wădər (Wetter), rădich (Rettig), mēdəl (Mittel), aədər (Otter), schwardə (Schwarte), kardə (Karte), gardə (Garten), sordə (Sorte), făinsdər (finster), älsdər (Elster), förschdər (Förster), garschdich (garstig), bůərschdə (Bürste).

Auch nach vorausgehendem n und vor nachfolgendem Selbstlaut findet sich inlautendes d für nhd t, z. B. măindər (munter), băindich (bunt, eigentlich „buntig"), wăindər (Winter), dăində (Tinte), flində (Flinte), boch hat es sich, im Gegensatz zum Nhd, nach n in folgenden Wörtern verflüchtigt: ōnə (unten), dōnə (brunten), hōnə (hier unten), hênə (hinten), hênərschich (hinter sich), hênərōgs (hinterrücks), hênərscht (hinterste), ōnər (unter), ōnerscht (unterste), zănər (Zentner); zănə (Zehnt, b. i. die Abgabe vom Getreide und andern Feld= früchten) unb in den bamit zusammengesetzten Wörtern, wie zănəschnidər (Zehntenschnitter).

Inlautendes nhd t, welches zwischen vorausgehendem l und nachfolgendem e sich findet, hat sich in der WM ebenso, wie derartiges b, meistens verflüchtigt, z. B. ələr (alter), ălər (Eltern, älter), falə (Falte), gălə (Gelte, ein hölzernes Waschgefäß), kalər (kalter), malər (Malter), Fălə (Belten, Baltin, Valentin).

In ădə (Egge) steht d scheinbar für nhd gg; ursprünglich hieß aber das hochdeutsche Wort egidă, welterhin egede, welches durch das niederdeutsche „Egge" ersetzt worden ist; bas d der WM hat eben den alten d=Laut bewahrt.

In Zusammensetzungen werden zwei an einander stoßende d zu einem ein= zigen d (vergl. den Schluß des Abschnittes t).

z.

Die Lautverbindung z (für ds, b. h. d mit eng verbundenem ſtimmloſen s) ſteht wie nhb z ober ß (für tſ, tš ober ttſ, ttš) im An=, In= unb Auslant.

Anlautendes z entſpricht anlautenbem nhb z in vielen Wörtern, z. B. zängk (Zank), zagə (Zacken), zär (zerren), zåbəl unb zabəl (zappeln), zåk (zucken), zǽl (Zagel, Schwanz), zorn (Zorn), zogər (Zucker), zū (Zaun), zucht (Zucht), zı (Zinn), zıə (Zehe), züə (zäh, filzig, gelzig), zénz, zénzə (Zins, Zinſen), zwä (zwei), zwärıchsǽk (Zwerchſack, Querſack), zwérn (Zwirn, zwirnen), zwúbəl (Zwiebel).

Inlautenbem nhb z entſpricht anlautenbes z in zōnt, zôndər (Jetzund, jetzt), bei welchen Wörtern ber erſte Beſtanbteil ie ober je verloren gegangen iſt.

Für nhb ſ ſteht anlautenbes z in zǽlər (Sellerie), zōnigəl (Sanikel, bie Pflanze Sanicula). Bisweilen hört man auch zålåt (Salat) für sålåt, faſt regelmäßig aber zamt (ſamt) für samt.

Im Inlaut entſpricht z inlautenbem nhb z ober ß ebenfalls in vielen Wör= tern, z. B. bråzəl (Brezel), dåzəm (Decem, ber Zehnt), bazə (Batzen b. i. eine ehemalige Gelbmünze im Wert von 5 Kreuzer = 14 Markpfennigen); kazəkóbf (Katzenkopf, eine Birnenart), huızəl (Hutzel, gebörrtes Obſt, nament= lich Birnen), kůtzəl (Kitzeln), kôzə (Kütze b. i. Tragkorb, ber auf bem Rücken getragen wirb), lézə (Litze, Beſatzſchnürchen), mäzə (Metze, Fünflitergemäß), grūzər (Kreuzer); walzər (Walzer), schmåəlzə (Schmelzen, bas Fett zum Schmelzen, auch ber Kuchenaufguß), håelzər (Hölzer), wånzə (Wanze), flånzə (Pflanze), schwånzəl (ſchwänzeln), wänzəl (Wenzel, bie Unter ober Buben im Kartenſpiel), schbånzər (Spenzer, eine Art Mieder), ainzəl (einzeln), råinzəl (Runzel, runzeln), bläinzəl (blinzeln), schdörzə (Stürze, Topfbeckel), borzəl (purzeln), worzəl (Wurzel; Warze), kürzəgråt (kerzengerabe).

Inlautendes z ſteht nicht ſelten für uhb getrennt geſprochenes tſ, wenn t im Auslaut unb ſ im Anlaut von Silben ſteht; z. B. laizail (Leltſeil), sålzəm (ſeltſam). In ben meiſten Fällen, in welchen nhb tſ ober tš (bš) eng verbunben, b. h. wie z geſprochen wirb, finbet ſich auch in ber WM ein unverkennbares z; boch behalten wir, um bem Lautzeichen z nicht einen zu großen Spielraum einzuräumen unb um bie Überſichtlichkeit ber Stämme unb Silben nicht zu er= ſchweren, für bie Darſtellung berartiger Formen bas ds bei, ſo baß wir bem= nach rådsəl (Rätſel) ſtatt råzəl, raədshär (Ratsherr) ſtatt raəzhär, Lands= bärk (Lanbsberg) ſtatt Lauzbärk, wérdshūıs (Wirtshaus) ſtatt wérzhūıs u. ſ. w. ſchreiben.

Inlautendes z ſteht auch öfters für nhb t (ober b) unb ſ=Laut mit ba= zwiſchen liegenbem Selbſtlaut, namentlich bei ben mit əs (es), sə (ſie), sən (beſſen) unb sich (ſich) gebilbeten Zuſammenziehungen, z. B. gazən (gebt es ihm), lazə (laßt ſie), hå hazən (er hat beſſen), hå hūəzich (er hütet ſich); grázō (gerabeſo), Balzər (Balthaſar), Gråzəflə (Margarethe Sophie).

Für inlautendes nhb nf, bas ja bekanntlich gewöhnlich auch wie nz ausge= ſprochen wirb, hört man in ber WM meiſtens nz, z. B. léuzə (Linſe), bénzə (Binſe), bånzəl (Pinſel), franzə (Franſen), sänzə (Senſe), wanzt (Wanſt), fůinzdər (finſter), gåinzt (Gunſt), kåinzt (Kunſt), dåinzdich (Dienstag).

Für nhb k findet sich inlautendes z in schbränzəl (Sprenkel).

Für nhb f findet sich inlautendes z in ïmézə (Ameise).

Auslautendes z entspricht auslautendem nhb z (ß) in vielen Wörtern, z. B.
grüz (Kreuz), ráz (Raß), láz (Laß), säz (Saß), scház (Schaß), bléz (Blitz),
Fréz (Fritz), gız (Gelz), riz (Ritz), glöz (Kloß), röz (Roß), küz (Kauz),
schduız (Stuß, ein Waffergefäß), sälz (Salz), Sölz (Solz, Ortsname), hálz
(Holz), melz (Milz), dänz (Tanz), Franz (Franz), gänz (ganz), glänz (Glanz),
brinz (Prinz), schwörz (schwarz), ōrz (Erz), härz (Herz), korz (kurz),
schdorz (Sturz).

Ju gleicher Weise steht auslautendes z in vielen Wörtern für stammaus-
lautendes, wenngleich in den bezüglichen Wortformen meist inlautendes nhb z,
z. B. kaz (Katze), blaz (platzen), schwaz (schwatzen), säz (setzen), scház (schätzen),
häz (hetzen), gláz (glotzen), nöz (nützen, nütze), schnüz (schneuzen), uız (uzen,
hänseln), bliz (blitzen), réz (ritzen), schnéz (schnitzen), séz (sitzen), bálz (pelzen,
verebeln), schmälz (schmelzen), dänz (tanzen), flänz (pflanzen), ranz (ranzen
b. i. sich begatten; ausgelaffen spielen), glänz (glänzen), gränz (grenzen,
Grenze; Kränze); münz (Münze, münzen; Minze), farz (farzen), märz („märzen"
b. i. im Frühjahr die Kleider der frischen Luft ausfetzen, sie lüften), gnärz
(knärzen, knarren), wörz (Würze, würzen), schdörz (stürzen, fallen).

Auslautendes z bleibt auch, wenn das bezügliche Wort als Teil einer Zu-
fammenfetzung verwendet wird. Träte dann der Fall ein, daß auf auslautendes
z anlautendes z folgte, so wird statt zz ein einzelnes z gesprochen und zwar
zur nächsten Silbe gezogen.

Gleich dem inlautenden z findet sich auch auslautendes z in Abkürzungen
für nhb t (oder b) und f-Laut mit zwischenliegendem Selbstlaut, z. B. laz (laßt es).
In den meisten derartigen Fällen laffen wir es bei der Schreibung ds verwenden,
z. B. wörds (wird es?) statt wörz, ûs wôlds (ihr wollt es) für wôlz. Wo
überhaupt auslautendes z dem wie z gesprochenen auslautenden nhb ts oder bs
entsprechen würde, behalten wir die Schreibweise ds bei.

Wie es bereits mit inlautendem z nach n der Fall war, so wird nach voraus-
gehendem l, l und n auch auslautendes z für neuhochdeutschen f-Laut, der ja nach l
und n auch meist wie z gesprochen wird, neben wirklichem s gehört, z. B. falz
(falls), halz und hälz (Hals), bölz (Puls), gänz (Gans), ûinz (eins), önz
(uns, unfer), Hanz (Hans), zénz (Zins).

s.

s wird von dem jüngeren Geschlecht der Wasunger, wie es scheint durch-
gehends, sowohl im An- und Auslaut, als auch im Inlaut stimmlos, d. h. scharf,
ähnlich dem französischen s im Anlaut, gesprochen. Der ältere Teil der Wa-
funger spricht dagegen in bestimmten Fällen, von denen weiter unten die Rede
ist, statt des stimmlosen s ein dem französischen z gleiches tönendes s.

Anlautendes s kommt ohne Ausnahme nur stimmlos und, wie das wirk-
liche hochdeutsche, in Norddeutschland dann freilich stimmhaft gesprochene f im
Anlaut, nur vor Selbstlauten vor, z. B. sach (Sache), sägs (Sachse), sál
(Saal), sä (sagen), suf (saufen), son (Sonne), sich (sich; sieh!), söə (sehen).

Auslautendes s findet sich ebenfalls nur stimmlos vor und entspricht auslautendem nhb s oder ß, z. B. grås (Gras), glås (Glas), ıs (Eis), ͦlöəs (Klaus), ͦͦəs (Aas), hūıs (Haus), lūıs (Laus), mūıs (Maus), grūəs (groß), fūəs (Fuß), bas (Baß), fräs (Fraß); säs (sechs), flöəs (Flachs), dågs (Dachs), fags (Fuchs), Mags (Max), ͦgs (für, hurtig), glägs (Klecks), gnégs (Knicks), gräbs (Krebs), schnabs (Schnaps), glabs (Klaps), hals neben halz (Hals), gäns neben gänz (Gans), überhaupt als Bestandteil des z im Auslaut.

Auslautendes s steht auch für stammauslautendes, in den bezüglichen Wortformen aber inlautendes nhb f oder ß, z. B. oəs (Ochse), waəs (wachsen), schéəs (schießen), schmis (schmeißen), schléəs (schließen), hägs (Hexe), wégⁿ (Wichse, wichsen), schdraəs (Straße).

Auslautendes s bleibt auch dann, wenn das betreffende Wort in eine Zusammensetzung zu stehen kommt. Treten in solchem Falle zwei s an einander, so wird nur ein s gesprochen, und zwar zur nächsten Silbe gezogen.

Für nhb sch findet sich auslautendes s in luıs (lauschen), für nhb z steht auslautendes s in wäis (Weizen).

Inlautendes s vor oder nach einem Mitlaut ist durchgehends stimmlos und entspricht nhb inlautendem stimmlosen f oder ß, z. B. Kåsbər (Kaspar), ͦsbə (Espe), ͦsbər (Esparsette), råsbəl (Raspel), basdər (Bastard), fasdə (Fasten), flöəsdər (Pflaster), disdəl (Distel), Guısdaf (Gustav), hūəsdə (Husten), schdäəst (stößt), schläəst (schließt), dər græsd (der Größte), drüslər (Drechsler), rädsəl (Rätsel) u. s. w., namentlich auch als Bestandteil des z im Inlaut.

Inlautendes stimmloses s entspricht aber auch nhb inlautenbem stimmlosen f oder ff, wenn es (d. h. das s der WM) zwischen kurzen einfachen Selbstlauten steht und dem zweiten derselben kein l folgt, z. B. bäsər (besser), bésə (Bissen), bésich (bissig), zärisə (zerrissen), wasər (Wasser).

Tönendes s kommt, wofern es überhaupt gesprochen wird, nur im Inlaut vor und zwar gewöhnlich nur zwischen Selbstlauten, deren erster von Natur lang oder ein, wenn auch kurzer, Doppellaut ist, oder auch zwischen kurzen Selbstlauten, wenn auf den zweiten derselben ein l folgt; im ersteren Falle entspricht es nhb inlautendem f oder ff, z. B. ısə (Elsen), wısə (Wiese), rısich (Reisig), bäsə (Besen), ͦsəl (Esel), dūsə (Dose), būəsə (Busen), brūəsə (Brosamen), büəsəwicht (Bösewicht), drūəsə (Drüse), uısəwänich (auswendig), uısəwä (aus dem Wege), aəsə (Achse), aəsəl (Achsel), bäəsə (Büchse), gəwaəsə (gewachsen), fərdråəsə (verdrossen), gəschdäəsə (gestoßen), gəschäsə (geschossen); dräsəl (brechseln), wäsəl (wechseln).

sch.

sch findet sich, wie im Nhb, im An=, In= und Auslaut.

Anlautendes sch steht, wie nhb anlautendes sch, vor Selbstlauten, sowie vor l, m, n, r und w; z. B. schäm (Scham), sich schäm (sich schämen), ʀchan (Schande), schän (schänden), schå (schaben), schéəs (schließen), ʀchöbfə (Schippe), schuch (scheuchen), schübəl (Schüppchen), schūk (Schutz), schök (Schock), schıt (Schelt), ʀchèn (schinden), schéər (Schere), schléəs (schließen), schmis (schmeißen), schnıt (schneiden), schrı (schreiben), schwéər (schwer). Ferner steht anlautendes sch, wie das gleichwertige nhb f vor p und t, vor b und d, z. B. schbäs

Spaß), schbärk (Sperling), schböt (Spott), schbüər (ſpüren), schbız (Spiß), schbénät (Spinat), schblidərnagich (ſplitternackt), schbrách (Sprache), schbrāchər (Sprecher), schbräng (ſpringen), schbröz (ſpritzen), schbrüidəl (Sprudel, ſprudeln), schbréəs (ſprießen), schdangə (Stange), schdäp (Staub), schdäl (Stall), schdägə (Stecken), schdäər (Stär, Schafbock), schduch (ſtauchen), schdűız (Stuß, Schöpfgefäß, Melkkübel), schdűər (Steuer), schdôfəl (Stoffel, alberner Menſch), schdift (Stift, Griffel), schdraf (ſtraff), schdrá\f (Strafe, ſtrafen), schdräng (Strenge, ſtreng, ſtrengen), schdrä (ſtreuen), schdröm (Strom), schdrűə (Stroh), schdrű (ſträuben), schdrik (Strick), schdrich (ſtreichen), schdrék (ſtricken).

Für nhb tſch findet ſich anlautendes sch in schago (Tſchako). Auch inlautendes sch entſpricht vielfach inlautendem nhb ſch, z. B. äschə (Aſche), gräschə (Groſchen), däaschə (Taſche), fläsche (Flaſche), wéschər (Wiſcher), baadschə (Patſche), bidschə (Peitſche), kuidschə (Kutſche), brédschə (Pritſche), kérschə (Kirſche).

Für nhb ſ ſteht inlautendes sch nach vorausgehendem Selbſtlaut in bischbər (pispern, lispeln), Grischdóf (Chriſtoph), in den Fremdwörtern muischgádə (Muskate), muischgéədə (Muskete), fáschädə (Faſſade), ſowie mehrfach nach vorausgehendem r, wie fárschə (Ferſe), förschdər (Förſter), wűərscht (Wurſt), bűərschde (Bürſte), borschdə (Borſten), schböərschəm (ſparſam), gəhűərschəm neben gəhóərsəm (Gewahrſam), əərschəm (Ehrſam, Familienname). Die Umwandlung des s in sch nach vorausgehendem r erfolgt namentlich in den mit dem perſönlichen Fürwort əs gebildeten Zuſammenziehungen, z. B. warschdən (war es denn?, warſt du denn?).

Auslautendes sch entſpricht in vielen Fällen nhb auslautendem sch, z. B. disch (Tiſch), frisch (friſch), büsch (hübſch), frösch (Froſch), faalsch (falſch), mänsch (Menſch), wuinsch (Wunſch), barsch (barſch), hersch oder härsch (Hirſch), düdsch (deutſch); desgleichen entſpricht es nhb ſtammauslautendem, wenn auch in den betreffenden Wortformen inlautendem ſch, z. B. wäsch (waſchen), häisch (heiſchen b. i. betteln), félsch (fälſchen), fräsch (Fröſche), désch (Tiſche), wűnsch (wünſchen), maənsch (manſchen). Auslautendes sch bleibt auch dann, wenn das zugehörige Wort bei Zuſammenziehungen Verwendung findet.

Für nhb s ſindet ſich auslautendes sch in gewiſſen Fällen nach vorausgehendem r, und zwar zunächſt in den mit dem perſönlichen Fürwort əs (es) gebildeten Zuſammenziehungen (vergl. inlautendes sch = ſ), z. B. waarsch (war es), fűərsch (fuhr es), dərfűərsch (erfahre es), schbűərsch (ſpüre es), fərliərsch (verliere es); ferner bei den mit der Endung des zweiten Falles gebildeten Perſonen- und Gattungsnamen auf -ər (nhb =er), z. B. Schnäidərsch Edəwaort (Schneiders Eduard), Sáuərsch Hanádəm (Sauers Johann Adam), ich wöər bäi Läifərsch (ich war bei Leifers, nämlich Leuten), ebenſo förschdərsch, dogdərsch, kandərsch (Förſters, Doktors, Kantors) u. ſ. w.; dieſe Bildung überträgt ſich auch auf einzelne Zuſammenziehungen mit Beſtimmungswörtern, die auf -ər endigen und nun die Endung des zweiten Falles annehmen, z. B. wanərschmö (Wandersmann), jächərschborsch (Jägersburſch), dogdərschmät (Doktorsmagd). Dies für nhb s ſtehende sch findet ſich auch in den waſungiſchen Formen der den Waſungern bekannten und geläufigen Ortsnamen auf =ers, die ebenfalls auf Perſonennamen zurückzuführen ſind und eine Form des zweiten Falles in ſich ſchließen, z. B. Mögərsch (Möders), Mägərsch („Meders" b. i. Edarbis), Mälgərsch (Melters), Maimərsch (Meimers), Folgərsch (Vol= ters), desgleichen in ſolchen zuſammengeſetzten Ortsnamen, beren erſter Teil eine berartige Form enthält, z. B. Wälgərschhūịsə (Weltershauſen), Öbfərschhūịsə (Opfershauſen).

n.

n kommt, wie nhb n, im An=, In= und Auslaut vor.

Anlautendes n entſpricht bem nhb n in allen einſchlägigen Wörtern, ſoweit überhaupt bie WM bieſelben mit dem Nhb gemein hat, z. B. na (na), nam (nehmen), nāwəl (Nebel), nās (Näſſe), nāəl (Nägel), nāchbər (Nachbar), nās (naß), nöm (Name), nāwət (neben), nünzə (neunzehn), nūədlich (notwenbig, eilig), nērn (Nieren), nịwəl („niebeln" b. i. ganz fein, wie bicker Nebel, regnen).

Inlautendes n entſpricht bem nhb n ober nn in einer Reihe von Wörtern, und zwar ſowohl zwiſchen zwei Selbſtlauten, als auch zwiſchen vorausgehenbem Selbſtlaute ober r und nachfolgenbem s ober z, sch, t und d, z. B. danə (Tanne), Danər (Tanner, Familienname), Knər (einer), dōnər (bünner), brōnər (Brenner), Kụmə (Kunigunbe), dūṇər (Donner), ōns ober ōnz (uns), bǟinsə und bǟinzə (Binſen), kāinst (Kunſt), dāinst (Dunſt), rāinzəl (Runzel, runzeln), mǟnsch (Menſch), maənsch (manſchen), wünsch (wünſchen), wuịṇsch (Wunſch), wǟnt (Wanb), länt (Lanb), bänt (Banb), mǟindər (munter), bǟindich (bunt), ärnst (ernſt), ärnt (ernten), fērnz (Firniß, firniſſen).

Inlautendes n ſteht aber auch, und zwar beſonbers nach vorausgehenbem kurzen Selbſtlaut, häufig für nhb nb und nt, z. B. lēnə (Linde), rēnə (Rinde), hēnər (hinbern, hinter), zāṇə (Zehnten); vergl. hierüber bas oben, Seite 34 und 35 Gesagte.

Für nhb m ſinbet ſich inlautendes n in önsbəl (Amſel).

Die im Nhb vorkommende Lautverbindung nf fehlt der WM. In einem Teil ber entſprechenben Wörter ſchiebt bie letztere ein ə zwiſchen n und f, wie z. B. haənəf (Hanf), fōnəf (fünf); ſtatt nhb ſanft ſagt ber Waſunger, mit Aus= ſtoßung bes n, ſäft. Dagegen beſitzt bie WM, im Gegenſatz zum Nhb, bie an= lautenbe Verbinbung fn, z. B. fnidər (kichern), fnisch (nieſen), fnụịk (hinab= gewürgter Biſſen).

Auslautendes n entſpricht nhb auslautenbem n ober nn nach vorausgehenbem Selbſtlaut, z. B. in dan (bann, benn), bǟn (wen); ba jeboch auslautendes n nach einem Selbſtlaut ſich in der WM vielfach verflüchtigt hat (ſ. unten), ſo ſinb bie Fälle, in benen es, bem nhb auslautenben n entſprechenb, beibehalten wird, nicht häufig. Zahlreicher bagegen ſinb bie Beiſpiele, in benen auslautendes n nach vorausgehenbem l, ł ober r nhb auslautenbem n entſpricht, z. B. gärn (gern), kärn (Kern), färn (fern), hērn (Hirn), zwērn (Zwirn), forn (vorn), horn (Horn), karn (Karren), rörn (Röhren), gəborn (geboren), morn (morgen).

Auslautendes n entſpricht aber auch öfters nhb ſtammauslautenbem, wenn auch in ben bezüglichen Formen wortinlautenbem n ober nn, z. B. kan (Kanne), dịən (bienen), schbén (ſpinnen), buịn (Bohne), gön (gönnen).

Auslautendes n steht ferner oft für nhd inlautendes nb oder nt, z. B. hén (binden), fén (finden), wén (winden, Winde), hän (Hände) u. f. w. Vergl. hierüber das oben, Seite 33 Gesagte.

Auslautendes n findet sich nach vorausgehendem l, ł oder r in einer An= zahl von Wörtern, denen gegenüber die entsprechenden neuhochdeutschen Wörter weder wort= noch stammauslautendes n aufweisen, z. B. wäłn (Welle b. i. Rad= oder Reisigwelle), fäłn (Fell), käłn (Kelle), däłn (Delle, Vertiefung), gnäłn (Knolle), räłn (Rolle), wäłn (Wolle), dölṇ (Dohle b. i. ein mit einem Brett verdeckter Abzugsgraben), kölṇ (Kohle), bölṇ (Bohle), schbölṇ (Spule), hölṇ (Hohle), mölṇ (Mühle), bülṇ (Beule), külṇ (Keule), wélṇ (Wille), suṛṇ (Sohle), schdarṇ (Star).

Das auslautende n bleibt für gewöhnlich auch dann unverändert, wenn das zugehörige Wort mit einem andern verbunden wird; vor b oder f wird es dann aber zu m (vergl. den Abschnitt m). Folgt einem derartigen Bestimmungswort ein mit n anlautendes Wort, so wird statt nn nur ein einfaches n gesprochen und zwar zur nächsten Silbe gezogen.

Im Gegensatz zum Nhd hat die WW das n, welches im Auslaut stehen müßte, bei vielen Wörtern abgeworfen. Steht die betreffende Silbe im Hoch= ton, so erleidet kurzer Selbstlaut Dehnung; ist aber die betreffende Silbe unbe= tont, oder kommt ihr nur der Nebenton zu, so wird der dem ursprünglichen n vorausgehende volle Selbstlaut zu ə verkürzt, ursprüngliches ə in vielen Fällen mitsamt dem n abgeworfen, z. B. zā (zehn), nä (nein), ō (an, als Bestand= teil von Zeitwörtern), bö (Bahn), mö (Mann), zō (Zahn), zū (Zaun), sū (Sohn), nū (neun), bi (hin), zi (Zinn), wi (Wein), bäi (Bein), gläi (klein), rai (rein, Rain), schdäi (Stein), alai (allein), schbūə (Span); hūsḷə (Häuslein), kömərlə (Kämmerlein), wie überhaupt stets -lə für die nhd Endung ₌lein, ferner könichə (Königin), wérdə (Wirtin), schmidə ("Schmiedin" d. i. Schmiedsfrau), und so stets -ə für nhd ₌in; fal (fehlen), bät (beten), läs (lesen), und so über= haupt in der Nennform der Zeitwörter (falls der Stamm nicht auf r endigt), und zwar auch da, wo der Stammauslaut abgeworfen wird, wie in grā (graben), bā (haben), mił (melden), bén (binden); färə (färben), gärə (gerben), ziṛə (zerren), morə (murren) neben den gleichwertigen Nennformen gəfär, gəgär, gəzär, gəmor; änər (ändern), ärchər (ärgern); gəschäsə (geschossen), gəwängə ("gewunken" d. i. gewinkt), und so stets im Mittelwort der Vergangenheit, wenn der Stamm nicht auf r endigt; nömə (Namen), überhaupt stets so in der Mehrzahl der schwachen Beugungsform; būdə (Boden), bödə (Böden), bäs (Besen).

Ganz ähnliche Erscheinungen treten öfters ein, wenn es sich um stammaus= lautendes, bei den entsprechenden neuhochdeutschen Wortformen aber um inlauten= des n handelt, z. B. zū (Zäune), schbiə (Späne).

Die so um ursprüngliches n gekürzten Wörter behalten auch in Zusammen= setzungen ihre Form, z. B. bölə (Bähnchen), zülə ("Zinnchen" d. i. Schüsselchen), nüdüdər (Neuntöter), schdäiméz (Steinmetz), widrūwəl (Weintraube).

r.

r kommt, wie nhd r, im An=, In= und Auslaut vor.

Anlautendes r steht, wie nhd r, nur vor Selbstlauten, und entspricht dem nhd r in vielen Wörtern, z. B. radə (Ratte), rām (Rahm), rädich (Rettich), rächt (recht), rǎln (Rolle), rǎp (Rabe), rǎk (Röcke), rōk (Rock), rōrn (Röhre), rōbf (rupfen), rōk (Rücken), rubə (Raupe), rūm (Ruhm, Rum), rūst (rüsten), rūm (räumen), richdər (Richter), ris (Riß), rèn (Rinne), rǎif (Reif), rǎnch (Rauch), rǎint (rund), rǎnch (rauchen), rǎūwər (Räuber), rūət (rot), ruĭsmərĭ (Rosmarin), rūər (rühren), rēə (Reh), rǎngſlə (Rindvieh), riəmə (Riemen).

Inlautendes r entſpricht nhb inlautendem r zunächſt nach anlautendem b, d, f, g und ſchb (nhb b und p, b und t, f, g, k ober ch und ſp), z. B. brōn (brennen), bris (Preis), drǎi (drei), drǎt (treten), grǎs (Gras), grūk (Krug), grĭk (Krieg), Grist (Chriſt), ſchbrǎng (ſpringen), ſchbrūch (Spruch); zum größten Teil auch nach anlautendem ſch und ſchd (nhb ſch und ſt), z. B. ſchrĭ (ſchreiben), ſchrǎbf (ſchröpfen), ſchrōn (Schragen), ſchrūwə (Schraube), ſchdrǎ (Streu), ſchdrōm (Strom), ſchdrubich (ſtruppig), ſchdrōbſə (Strippe am Stiefel).

Inlautendes r entſpricht ferner nhb inlautendem r ober rr zwiſchen zwei Selbſtlauten, ober, was häufiger ber Fall iſt, zwiſchen vorausgehendem Selbſt= laut und nachfolgendem Mitlaut, z. B. fǎrə (färben), gǎrə (gerben), ſchwärənūət (Schwerenot!), gwǎrich (quer, querig), drǎurich (traurig), hōərich (haarig), kūərəs (Kuraß), būərər (Bohrer), niədər (nieber), ſchmiərich (ſchmierig), nǎriſch (närriſch), farə (Farbe), barwəs (barfuß), arch (arg), arm (arm), wǎrm (Wärme), ǎrn (Ernte), ǎrnst (ernſt), ǎrscht (erſt), gǎrwər (Gerber), fǎrnz (Firniß), borch (borgen), dorm (Turm), dorn (Dorn), dort (bort), ord= ning (Ordnung), bfordə (Pforte), worf (worfeln), gorgs (Korf), korz (kurz), borzəl (purzeln), ōrchələ (Orgelchen), wörmər (Würmer), hörnər (Hörner), gördəl (Gürtel), wörfəl (würfeln), börschlə (Bürſchlein), ſchdörzə (Stürze), ſchörf (ſcharf), zōərt (zart), bōərdlə (Bärtchen), gəbūərt (Geburt), dūərf (Dorf, Torf), būərschdə (Borſte), būərschdə (Bürſte), bèrn (Birne), bèrgə (Birke), hèrsch (Hirſch), kèrchə (Kirche), wèrdə (Wirtin), hèrt (Hirt), wèrds= hūĭs (Wirtshaus), wèrk (wirken), biərsch (Hirſe), miərsching (Wirſing), wèrwəl (Wirbel).

Im Gegenſatz zum Nhb weiſt bie WM nach anlautendem ſch und ſchd Ausfall bes inlautenden r auf in ben Wörtern ſchǎngk (Schrank), Mehrzahl ſchǎng (Schränke), ſchdǎmbf (Strumpf), ſchdǎmbf (Strümpfe).

Auslautendes r kommt, wie auslautendes nhb r, nur nach Selbſtlauten vor; es entſpricht auslautendem nhb r in vielen Wörtern, ſtets aber nur nach vor= ausgehendem einzelnen ə (ǎ) ober einem mit ə gebildeten Doppelſelbſtlaut, wie in ber ober dǎr (ber), in ben Vorſilben ər= ober ǎr= (er=), fər ober fǎr (ver=, vor=), zər= ober zǎr= (zer=), in ben mit ber Endſilbe =ər gebildeten Wörtern, z. B. fǎngər (Finger), fèdər (Vetter), hǎlər (Holler, Hollunder), und in ben Wörtern, beren Stammvokal ǎə, ōə, nə, ūə, iə und ōə lautet, z. B. bǎər (Bär), wǎər (Wehr, Mühlenwehr), ſchmǎər (Schneer), bōər (bar, Paar, paar), gōər (gar), hōər (Haar), wōər (war, wahr, Ware), flūər (Flur), ſchwūər (Schwur), rūər (Rohr), dūər (Thor), flūər (für), dūər (Thür), biər (Bier), diər (Tier), fiər (vier), schwōər (ſchwer), sǎər (ſehr).

Auslautendes r ſteht auch häufig für nhb ſtammauslautendes, in ben be= züglichen Formen aber inlautendes r ober rr, z. B. fərschbǎr (verſperren), gǎər (gären b. i. langweilig ſchwatzen), ſchbūər (ſparen), fōər (fahren), gəwūər (gewahren), būər (bohren), ſchmūər (ſchmoren), flūər (führen), ſchnūər (Schnure), rüər (rühren), frɪər (frieren), wɪər (wiehern), leər (Lehre, lehren, leeren), eər (Ehre, ehren). Im Gegensatz zum Nhd fehlt auslautendes r in einigen Wör=tern, wie diə (dir), miə (mir).

Das auslautende r bleibt auch dann bestehen, wenn fein zugehöriges Wort mit einem andern verbunden wird; treten in solchem Fall zwei r an einander, so wird nur ein r gesprochen und zwar zur nächsten Silbe gezogen, z. B. nidərɪs (niederreißen), fuəröt (Vorrat).

l.

l kommt, wie das lautlich genau entsprechende nhd l, im An=, In= und Auslaut vor.

Völlig uneingeschränkt und niemals mit ł wechselnd findet sich l nur im Anlaut. Hier steht es, wie nhb l, vor den meisten Selbstlauten, z. B. lach (lachen), lächə (Lauge), lärchə (Lerche), lüdər (Leber), lågə (Locke), lüt (Leute), lork („Lork" b. i. Tropf, dummer Mensch), lɔ̄k (locken), luɪsch („Luſche" b. i. liederliche, unsittliche Weibsperson), luft (Luft), luɪdər (Luder), lüs (Läuſe), lisdich (listig), lidə (Leite, Bergwand), lening (Löhnung), lēnə (Linde). Dasselbe gilt, wenn ein mit l beginnendes Wort Bestandteil einer Zusammen=setzung ist und nicht das erste Glied derselben bildet, oder wenn die Stammerweite=rungsſilben -lɑɪ (=lei), -lich (=lich) und -lə oder -lä (=lein) an ein Wort treten. Nur darf in all diesen Fällen vor dem wort= oder silbenanlautendem l kein ł=Laut stehen (vergl. die Bemerkungen am Schluſſe dieses Abschnittes).

Im In= und Auslaut behauptet l gegenüber dem ł zunächst nur dann die alleinige Herrschaft, sobald es auf einen Mitlaut folgt.

Daher steht es, wie nhb l in den entsprechenden Verbindungen bl (oder pl), pfl, ſl und schl, vor allem nach anlautendem b, f und sch, z. B. blaz (Platz), bläch (blechen, bezahlen), bläch (Blech), blöə (blau), blöəlich (bläulich), bluət (Blut), blödər (Blätter), blēn (blind), fladlər (flattieren, schmeicheln), fläuzə (Pflanze), fläk (Flecken), flämisch („flämisch" b. i. verdroſſen), fläⱪk (pflöcken), flök (Floh), flödə (Flöte), fluər (Flur; Flor), flunsch („Flunsch" b. i. Hänge=maul, finsteres Gesicht), flichə (Fliege), fligərich (gefleckt), flek (flicken), flächt (flechten), schlaɪcht (Schlacht, schlachten), schlaf (schlaff), schläf (schlafen), schläf (Schlaf), schläfər (Schläfer), schlängə (Schlinge), schlä (Schläge), schlös (Schloß), schlöət (Schlot), schlöm (schlimm), schlich (schleichen), schlidə (Schlitten), schlech (Schlüche).

Und aus demselben Grunde steht l, niemals ł, im In= oder Auslaut nach vorausgehendem r, z. B. ärlə (Erle), fərləfanz (Firlefanz), kärlə und kärl (Kerl), Karl (Karl), Karlinə (Karoline), Karlɪ (Karolin, ehemalige Goldmünze, nach welcher jetzt noch beim Viehhandel gerechnet zu werden pflegt), Bärlin (Berlin), gwérl (Quirl).

Ferner steht in= oder auslautendes l regelmäßig, d. h. nie mit ł abwech=ſelnd, nach vorausgehendem ⱪ, ö, ö, u, ü, ɛ̈ü, ɪ, i, äɪ (ai), uɪ und uɪ, e, ē, z. B. Bⱪl, Hambⱪl (Paul, Hannpaul), hⱪl (Hagel), hⱪlrⱪuch (Herauch), nⱪl (Nagel), nⱪlər (Nagler, Nagelschmied), zⱪl (Zagel, Schwanz), kölər (Köhler), wölər (wohler, die Steigerungsform von wohl), hölzə (Hülſe), schölzlə (Schülz=lein), sölwər (Silber), gölə (gülden, golden, Gulden), höləf (Hülfe), möln (Mühle), muljch und wuljch („Molch", „Wulch" b. i. ein dickes, wohlgenährtes Kind), dulch oder duljch („dulchen" b. i. mit den Händen kneten, drücken), davon nidulch („hineindulchen" b. i. eine Speise gierig verschlingen), füln (Fohlen), küln (Kenle), sæülə (Säule), schdıl (Stiel), dər gwilər (die Quelle), dil (Dill), fıl (viel), grilə (Grille), Wilhälm (Wilhelm), fäil (feil), sail (Seil), fuļl (faul), fuļlänz (faulenzen, Faulenzer), guļl (Gaul), muļl (Maul), muļlə (Mulde), suļln (Sohle), Juļl (Julie), əl (Elle), gwel (quälen), schel (schälen), zel (zählen), wel (wild), weln (Wille), schelu (Schale).

Inlautendes l steht regelmäßig nach kurzem æ, wenn demselben kein m, ferner nach kurzem ô, sobald dem l-Laut noch ein Selbstlaut folgt, z. B. fælgər (Völker), fælglə (Völklein), huælzər (Hölzer), hölzern), huælzlə (Hölzlein), gəluælz (Gehölz), gnuælichlə (Knöllchen), ruælichlə und ruælulə (Röllchen), wuælglə (Wölfchen), dôlər (toller, z. B. ä dôlər häint b. i. ein toller Hund), mi wölə (wir wollen), su schwolə (sie schwollen), su golə (sie galten); wôləf (Wolf), hôləf (half), holə! (holla!), kölər (Koller, kollern), kölərä (Cholera).

Inlautendes l steht nach kurzem a regelmäßig in den Fremdwörtern altə (Alaun), galäinə (Kaldaunen), alinggsl (allons!), bálon (Ballon), balangsə (Ballance), halungk (Hallunke, Lump), kalop (Galopp), kalobiər (galoppieren), malôər (Malheur), baläst (Palast), gala (Galla), balədot (Palelot), ferner in den mit alə zusammengesetzten Wörtern aləbaidə (allebeide), alərhant (allerhand), alərläi (allerlei), alərhöchst (allerhöchst), aləmöäl allemal, älänə (aller Enden, überall) mit dem Ton auf der zweiten Silbe.

Inlautendes l findet sich nach aə in faalsch (falsch), ferner nach ə in aläi oder äläi (allein); außerdem aber als stammlautendes l in zusammengesetzten Wörtern, wenn ə im Auslaut eines Bestimmungswortes oder einer Vorsilbe, und l im Anlaut des Grund- oder Stammwortes steht, z. B. wächeluə (Wochenlohn), galäng (gelingen), bəllch (belügen).

Schwankend, weil hier statt l auch ł gesprochen wird, ist der Gebrauch des l nach vorausgehendem a in den Wörtern al (alle; alt), Albrächt (Albrecht), bal (bald), balgə (Ballen), balmə (Palme), balz (Balz, balzen), Balzər (Balthasar), fal (Fall, fallen), falə (Falle; Falte), Faldə, Faldin (Valentin), falk (Falle), falz (Falz, falzen), galchə (Galgen), galə? (gelt?), galn (Galle), gnal (knallen), gralə (Kralle), gwalm (Qualm), hal (hallen), haln (Halle), imfallt (Invalide), kal (kalben; kalt), kalwə (Kalbe), kalchəs (Kauderwelsch), kalk (Kalk), malər (Malter), malfə (Malve), malz (Malz), salwə (Salbe), salbəädər (Salpeter), salfäədə (Serviette), schbal (spalten), schbalt (Spalte), schnalə (Schnalle), walzə (Walze), walzər (Walzer); doch walten hier überall (vielleicht mit Ausnahme von gralə) die Formen mit ł vor.

ferner nach langem ä in den Wörtern ält (alt), kält (kalt), fäl (fehlen), gäl (gelb), hälz (Hals), sälz (Salz), gəschdält (Gestalt), gəwalt (Gewalt), walt (Wald), ərzält (erzählt);

ferner nach kurzem ä, und zwar vorwiegend l, wenn ein Selbstlaut folgt, wie in den Wörtern hälər (Hollunder), sälät (Salat); und weniger häufig als ł, wenn dem l-Laut ein Mitlaut folgt, wie in den Wörtern älwər (albern), älwärt (Albert), bäln (Ball, ballen), fälk (Volk), gnäln (Knolle), hälz (Holz), kälməs (Kalmus), räln (Rolle), säldät (Soldat), schäln (Schale b. i. Umschlag), schwälmə (Schwalbe), wälk (Wolke), wäln (Wolle);

desgleichen nach langem å, aber seltener als l, z. B. in brål („Brüller"
b. l. Schrei), dål (Thal), dålər (Thaler), gålt (Gold), gwål (Qual), kål (kahl),
Målər (Mahler, Familienname), sål (Saal), schdål (Stall), schdålz (Stolz,
stolz), schmål (schmal), bəzål (bezahlen);

schließlich nach kurzem ä̇, wenn dem l=Laut ein m folgt, z. B. bä̇lmlə
(Bällchen), hä̇lmlə (Hälmchen), schwä̇lmlə (Schwälbchen).

Tritt wort= oder silbenanlautendes l in Zusammensetzungen an voraus=
gehendes l, so geht es im letzteren auf; z. B. Ångəlant (England) aus Ångəl-
länt, sichəlak (Siegellack) aus sichəl-lak, ådəlich (adelig, eigentlich: adelich,
denn das Wort hieß althochdeutsch adallîh, mittelhochdeutsch adellich), entstanden
aus ådəl-lich, schnä̇wələ (Schnäbelchen), entstanden aus schnä̇wəllə, gä̇vələ
(Gäbelchen), entstanden aus gä̇vəllə.

Das l der Silbe -lich wird ferner zu l, wenn -lich an ein Wort gefügt
wird, das auf einen in ə ausklingenden Doppelselbstlaut endigt, z. B.
blä̇əlich (bläulich) von blöə (blau).

Auch wird die Verkleinerungssilbe -lə zu -lə, sobald ein Wort, das auf
einen in ə ausklingenden Doppellaut endigt, mittels derselben zu einer Verklei=
nerungsform umgebildet wird, z. B. hüələ (Hühnlein), küələ (Stühlein).

l.

l, das ebenso wie l für nhd l steht, findet sich nur nach Selbstlauten, da=
her niemals im Anlaut, und niemals an zweiter Stelle eines Wortes, wenn das=
selbe mit einem Mitlaut beginnt. Auch sonst ist sein Vorkommen nur an einige
wenige Selbstlaute geknüpft; innerhalb der Grenzen aber, die ihm durch den
Sprachgebrauch gezogen sind, tritt es sehr zahlreich auf.

l findet sich regelmäßig nach kurzem ä und ə, sowie nach langem ö, ferner
nach kurzem ö, wenn letzteres vor einem Mitlaut, oder im Auslaut steht.
Beispiele:

schdä̇läschə (Stellage), gəfä̇lich (gefällig), fä̇lisə (Felleisen), gä̇lə (Gelte,
Schöpf= oder Mellgefäß), fä̇lər (Felber), zä̇lər (Sellerie), fä̇l̇m (Fell), wä̇lt
(Welt), fä̇lch (felgen), Hä̇lp (Helba), gəsä̇lschaft (Gesellschaft), hä̇l̇m (Helm),
ä̇lf (elf), mä̇lk (melken), bä̇lz (pelzen, pfropfen), sä̇lwər (selber), hä̇l̇ (hell),
brä̇l̇ (prellen), ä̇lbö und ä̇lnbö (Ellenbogen);

örchələ (Orgelchen), orchəlist (Organist), küələr (kühler), schüələr
(Schüler), orchəl (Orgel), flä̇əl (Flegel), schlä̇əl (Schlegel), rä̇dsəl (Rätsel), döbəl
(doppelt), schdä̇əl (stehlen), öəl (Aal), schüəl (Schule), schdüəl (Stuhl), küəl
(kühl), füəl (fühlen), sööl (Seel), bä̇əlz (Pelz); eine Ausnahme bildet faəlsch,
faəldsch (falsch);

fölə (volle, als Mehrzahl), föl (voll), wöl (wohl), fölk (Volk), Sölz (Solz,
Ortsname).

schdölbər (stolpern), schölt (Schuld), schölz (Schulz), bölfər (Pulver),
wölf neben wöləf (Wolf), ådolf neben ådoləf (Adolf), Ruıdolf neben Ruıdoləf
(Rudolf), bölz (Puls), zöl (Zoll).

Schwankend, weil dann auch l gesprochen wird, ist das Vorkommen des l
nach langem ä, kurzem å und langem å, z. B. in den Wörtern

ä̇lt (alt), fä̇l (fehlen), gä̇l (gelb), hä̇lz (Hals), kä̇lt (kalt), sä̇lz (Salz),
geschdä̇lt (Gestalt), gəwä̇lt (Gewalt), wä̇lt (Wald), ərzä̇lt (erzählt);

hålər (Hollunder), sålåt (Salat), ålwər (albern), ålwårt (Albert), båln (Ball, ballen), fålk (Bolt), gnåln (Knolle), gålmər (Goldammer), hålz (Holz), håłm (Halm), kålmas (Kalmus), råłn (Rolle), sål (soll), såldåt (Soldat), schåln (Schale b. i. Umschlag), schwålma (Schwalbe), wålk (Wolke), wåln (Wolle); bråł („Brüller" b. i. Schrei"), dåł (Thal), dåłər (Thaler), gåłt (Gold), gåłdər (golden), gwåł (Qual), kåł (kahl), Måłər (Mahler, Familienname), såł (Saal), schdåł (Stall), schdåłz (Stolz, stolz), schmåł (schmal), bazåł (bezahlen). Auch nach kurzem a und æ in denjenigen Wörtern, in denen nicht ausschließ= lich l vorkommt (vergl. den Abschnitt l) wird neben l auch ł, und jedenfalls häufiger als l gesprochen, z. B.

ał (alle; alt), ałdər (Alter), Ałbrăcht (Albrecht), bał (bald), bałga (Ballen), bałma (Balme), bałz (Balz, balzen), Bałzər (Balthasar), fał (Fall, fallen), fała (Falle, Falte), Fałda, Fałdin (Balentin), fałk (Falke), fałz (Falz, falzen), gałcha (Galgen), gała? (gelt?), gałn (Galle), gnałn (knallen), grała (Kralle), gwałm (Qualm), hał (hallen), hałn (Halle), hałwər (halber, wegen), -hałwa (=halben, =wegen), hałwər, hał, hałwas (halber, halbe, halbes), imfałt (Inva= lide, invalid), kał (kalben; Kalb), kałwa (Kalbe), kałchas (Kauderwelsch), kałk (Kalk), małər (Malter), małfa (Malve), małz (Malz), nała (Nadel), sałwa (Salbe), sałböədər (Salpeter), sałföəda (Serviette), schał (schallen), schbał (spalten), schbała (Spalte), schnała (Schnalle), wałza (Walze), wałzər (Walzer). bæłmla und bæůmla (Bällchen), hæłmla und hæůmla (Hälmchen), schwæłmla und schwæůmla (Schwälbchen).

Daß die Berkleinerungssilbe -la nach vorausgehendem a zu -ła, und die Endsilbe -lich nach a zu -łich wird, ist bereits im vorigen Abschnitt gesagt.

Ursprünglich vorhandenes ł hat sich verflüchtigt in den Wörtern hap (halb, als Umstandswort, sowie als Eigenschaftswort ohne Beugungsendung) und kap (Kalb), b. h. in der mit langem a gebildeten Form der bezüglichen Stämme (in den mit kurzem Selbstlaut gebildeten Formen derselben Stämme kommt das ł zum Vorschein); ferner in mi oder süa wôn (wir oder sie wollen).

In Betreff der Aussprache des ł ist zu bemerken, daß es am deutlichsten zur Geltung kommt nach den kurzen Selbstlauten a, å, å und ô, sowie nach a, wenn letzteres zur Stammerweiterungssilbe -ał (nhd. =el) gehört. Biel weniger tritt der ł=Laut nach einem a als dem Bestandteil eines Doppellautes, sowie nach æ, langem ā, å und ō zu Tage, so daß schon viel Übung erforderlich ist, um in allen bezüglichen Wörtern das ł überhaupt wahrzunehmen, und dem Unge= übten dasselbe oft als ein l erscheint. Eine scharfe Unterscheidung der in Be= tracht kommenden ł=Laute ist um so schwieriger, als dem Wasunger, der sie spricht, die Verschiedenheit des l und ł gemeinhin gar nicht zum Bewußtsein kommt, er deshalb gewöhnlich auch gar nicht in der Lage sich befindet, in stri= tigen Fällen, d. h. wenn der eigentümliche Ton des ł=Lautes nur ganz schwach vernehmbar ist, ein eigenes Urteil abzugeben. Von den Wasungern wird überhaupt jedes ł je nach der angeborenen Redeweise bald schwächer bald kräftiger gesprochen; denn auch abgesehen von den zweifelhaften Punkten kommt es sehr auf die Sprach= werkzeuge der einzelnen Wasunger an, ob das ł mehr oder weniger zur Gel= tung gelangt.

C. Gaumen- und Kehllaute.

k.

k kommt im An- und Auslaut vor, im Anlaut nur vor Selbſtlauten, im Auslaut auch nach Mitlauten. Im erſteren Falle wird es genau wie nhb an-lautendes k vor Selbſtlauten, b. h. eigentlich wie kh, im leßteren Fall wird es wie nhb auslautendes k, b. h. mit dem ſchwachen Hauchlaut, der auch auslauten-dem p und t (gleich nhb auslautendem p und t) eigen iſt, geſprochen.

Anlautendes k entſpricht nhb inlautendem k in vielen Wörtern, z. B. kan (Kanne), kävər (Käfer), kaisər (Kaiſer), käi (kein), kärdlə (Kärichen, halbes Liter), Kådəri (Katharina), kål (kahl), käinst (Kunſt), käum (kaum), käü (kauen), käbf („köpfen" b. i. ins Schwanken geraten, umfallen), kérməs (Kirmes), kédə (Kette), kisdə (Kiſte), ki (Kien), Koch (Koch, als Familienname), küch (Koch, als Gattungsname), kör (kirre, zahm), kôm (kommen), kôzə („Küße"), kuchəwélchər („Kuchenwelger" b. i. die kleine Holzwalze, die zum Aufrollen des Kuchenteiges dient), kübəl (Küppchen), küə (Kühe).

Für das wie k ausgeſprochene anlautende ch der Fremdwörter ſteht eben-falls k, z. B. karagdər und kåragdər (Charakter), korål (Choral), kolərå (Cholera), küər (Chor).

Für nhb g ſteht auslautendes k in bem Fremdwort kalop (Galopp) und ben davon abgeleiteten Zeitwörtern kaloblər (galoppieren, reiten, eiligſt laufen), sich fərkalobiər („ſich vergaloppieren" b. i. ſich verſprechen, unbedacht reden).

Für nhb qu ſteht k in bem Fremdwort kardər (Quart, ein Flüſſigkeits-maß von etwa ⅛ Liter Inhalt).

Anlautendes nhb k vor Mitlauten, ſowie inlautendes nhb k wird in der WM zu g (ſ. unter g). Für anlautendes nhb k vor einem Selbſtlaut ſteht g in guguk (Kuckuck).

Auslautendes k entſpricht nach langen Selbſtlauten, ſowie nach l, ł, r und ng bem nhb auslautenden k oder ck, z. B. in schbūk (Spuk), dəwåk (Tabak) mit dem Ton auf der zweiten Silbe, såk (Sack), bōk (Bock), schdōk (Stock), schōk (Schock), gugūk (Kuckuck), flōk (Pflock), kalk und kałk (Kalk), wåłk (welk), fåłk und fołk (Volk), mark (Mark als Münze und als Knochenmark), schdark (ſtark), mörk neben mark (Mark, nämlich Knochen-mark), bångk (Bank), dångk (Dank), flångk (flink), fångk (Funk), schdrångk (Strunk). Nach vorausgehendem kurzen Selbſtlaut entſpricht k dem nhb auslautenden ck, z. B. in flåk (Fleck), blik (Blick), dek (dick), zwåk (Zweck), schdōk (Stück).

Desgleichen entſpricht k bem nhb ſtammauslautenden, in den bezüglichen Wortformen aber inlautenden k oder ck in vielen Wörtern, z. B. måłk (melken), falk und fałk (Falke), mårk (merken), schdårk (Stärke, ſtärken), wérk (wirken), schork (Schurke), Dörk (Türke), dångk (banken), düngk und dängk (benken), schångk (ſchenken), fångk (Funke), hak (hacken), båk (Bäcker), zåk (zucken), drök (bruden), drök (brüden), guk (guden), gluk (Gluke, Gluchenne), gnék (tniden), schék (ſchiden).'

Auslautendes k ſteht ferner in manchen Wörtern für nhb auslautendes, zum Teil ebenfalls wie auslautendes k geſprochenes g, z. B. schlåk (Schlag), fər-

dråk (Vertrag), dåk (Tag), dsik (Teig), wäk (Weg), wåg, əwäk (weg, hin=
weg), grådəwäk (gerabeweg, gerabe weg; von einer Speise: nach nichts
schmeckend, namentlich ungesalzen), grok (Grog), drök (Trog), flůk (Pflug),
grůk (Krug), schdrègəzůk (Strickzeug), schdrȉgəzůk ("Streuzeug" b. i. Streu),
gənungk (genug), wȁrk (Werg b. i. Abgang vom gehechelten Flachs), bȁrk
(Berg) und in den mit bȁrk zusammengesetzten Wörtern, wie z. B. Kölbȁrk,
Schlösbȁrk (Kohlberg, Schloßberg, beides Berge bei Wasungen), sowie in den
verkürzten Formen Rubərk (Rupperg, Berg und Wüstung bei Wasungen) und
Hȕmərk (Hümberg, Berg bei Wasungen).

So steht auch k nach vorausgehendem Nasenlaut ng für nhb auslautendes,
zum Teil ebenfalls wie ngk gesprochenes ng, z. B. hȁngk (Hang), glȁngk
(Klang), gȁngk (Gang), lȁngk (lang), schdrȁngk (Strang), jȁngk (jung),
dȁngk (Ding).

Ebenso steht auslautendes k in einigen Wörtern für stammauslautendes,
wenngleich in den betreffenden Formen wortinlautendes g oder ng, z. B.
schdík (steigen), sůk (saugen und säugen), hȁngk (hängen).

Für nhb auslautendes, im guten Deutsch wie welches ch gesprochenes g der
Endsilbe =ig steht k in fərläsk ("verlässig" b. i. verläßlich), zůəfərläsk (zuver=
lässig), dråzk (trotzig), gizk (geizig), ȁidərbȕizk ("eiterbeißig" b. i. hißig,
streitsüchtig), wȁngk (wenig), zwȁnzk (zwanzig), drisk (dreißig), fȅrzk (vierzig),
fȁuchzk (fünfzig), sȁchzk (sechzig), sibzk (siebzig), ȁchzk (achtzig), nünzk
(neunzig), ȕsk (Essig), kȕngk (König), buṇgk (Honig).

Für nhb auslautendes h steht auslautendes k in flök (Floh) und
schůk (Schuh).

In Zusammensetzungen wird auslautendes k von Wörtern, die nicht an
letzter Stelle stehen, zu g, falls nicht der folgende Teil der Zusammensetzung mit
einem Selbstlaut beginnt. Dies gilt auch vom Auslaut selbständiger Wörter,
wenn das nächste Wort mit einem Mitlaut beginnt und im Redefluß die
Wörter rasch aufeinander folgen.

Ursprünglich auslautendes k verflüchtigt sich bisweilen vor darauffolgendem
Mitlaut in Zusammensetzungen, wie z. B. in wårschət (Werkstatt), entstanden
aus wȁrgschdət für wȁrk-schdȅt.

Stößt ferner in Zusammensetzungen auslautendes k mit anlautendem k
oder g zusammen, so wird aus kk einfaches k, aus kg einfaches g, z. B.
dèköbf (Dickopf) aus dèk-köbf, schdrègəzůk (Strickzeug) aus schdrèggəzůk
für schdrèkgəzůk. Im übrigen bleibt anlautendes k auch in Zusammen=
setzungen unverändert.

g.

g kommt im allgemeinen nur im An= und Inlaut vor, im Auslaut nur bann,
wenn in zusammenhängender rascher Rede auslautendes k vor den mit einem Mit=
laut beginnenden Wörtern zu g wird, oder wenn mit k auslautende Wörter in Zu=
sammensetzungen vor einem mit einem Mitlaut beginnenden Wortteil stehen.

Anlautendes g vor folgendem Selbstlaut oder vor l, n und r entspricht nhb
anlautendem g in vielen Wörtern, z. B. gänz (Gans, ganz), garwə (Garbe),
gȁəlt (Gelb), gȁrschdə (Gerste, Graupen), gȁlt (Gold), gȍər (gar), got (Gott),

gōlə (gûlben, Gulben), görchəl (gurgeln), gūət (gut), guk (guđen), Gūnggəl (Gûnĸel, Familienname), gīz (Gelz), gift (Gift), gāchət (Gegenb), namentlich auch in der Vorſilbe gə- (ge=), wie gəwant (Gewanb, gewanbt), gəwèn (ge= winnen), gəschāsə (geſchoſſen); glāgə (Gloĸe), gnādə (Gnabe), grās (Gras).

Für nhb anlautendes ĸ vor Selbſtlauten ſteht anlautendes g in gugūk (Kuđuĸ), ſowie in Frembwörtern, wie galāinə (Kalbaunen), gəhanəlzōgər (Kan= belzuĸer ober Kanbiszuĸer), gōmI unb gumI (Kommis, Hanblungsbiener), galā (Kalla, eine Zimmerpflanze).

Für nhb anlautendes ĸ vor Mitlauten (l, n, r) ſteht anlautendes g in vielen Wörtern, ba bie nhb anlautenben Verbinbungen ĸl, ĸn, ĸr überhaupt ben anlautenben Verbinbungen gl, gn, gr ber WM entſprechen, z. B. gladər (ĸlet= tern), glābfəl (Klöpfel), gnūf (ĸnuffen), gnak (ĸnaĸen), gnāln (Knolle), grūbəl (Krüppel), grāft (Kraft).

Für nhb anlautendes qu ſteht bie anlautenbe Verbinbung gw z. B. in di gwIl, dər gwīlər (bie Quelle), gwēl (quālen), gwiding (Quittung).

Für nhb anlautendes, wie ĸ geſprochenes ch vor r ſteht anlautendes g in grīst (Chriſt), Grisdjān (Chriſtian).

Für nhb anlautendes j ſteht anlautendes g in ben mit Gəhanəs- (Jo= hannis=) zuſammengeſetzten Wörtern, wie gəhanəsdāk (Johannistag), gəhanəs- brōt (Johannisbrot), besgleichen in gəhanI (Johannis, 24. Juni), ſowie in Gərūzəlām (Jeruſalem).

Inlautendes g ſteht oft für nhb ĸ, wenn ſelbiges zwiſchen zwei Selbſt= lauten, beren erſter lang iſt, ober zwiſchen vorausgehenbem l, r ober ng unb nachfolgenbem Selbſtlaut, ober in Frembwörtern ſteht, z. B. hāgə (Haĸen), hāgəl (hāĸeln), nālgə (Nelke), mālgə (Molke), wālgə (Wolke), dānggəl (bunĸel), dānggəl (Dünĸel), ranggə (Ranĸe), drānggər (Trinĸer), bērgə (Birĸe), zērgəl (Zirĸel), gorgə (Gurĸe), mōərgich (marĸig), āgələ (Alĸel), Amērigā (Amerika), Afrigā (Afrika), harmonigā (Harmonika), muıschgādə (Muskate), muıschgēədə (Muskete), di schdagēədə neben schdachēədə (Staĸet), sēguŋdə (Sekunbe).

Inlautendes g ſteht für nhb đ, wenn ſich letzteres zwiſchen zwei Selbſt= lauten befinbet, beren erſter ĸurz iſt, ober zwiſchen vorausgehenbem ĸurzen Selbſt= laut unb nachfolgenbem ſ=Laut, z. B. agər (Aĸer), bāgərāi (Bāĸerei), dāgə (Doĸe, Puppe), dēgər (biĸer), mōgə (Müĸe), glēgs (Kleĸs). So ſteht gə auch für nhb z, z. B. hāgs (Hexe), Mags (Max).

Inlautendes g ſteht für nhb inlautendes ch zwiſchen Selbſtlauten wohl nur in wasərdūgər („Waſſertaucher"). Für nhb inlautendes weiches ch zwiſchen vor= ausgehenbem Selbſtlaut unb nachfolgenbem ſ, bas nicht zum Stamme gehört, finbet ſich inlautendes g in nāgst (nāchſt, nāchſte), zənāgst (zunāchſt). Zahl= reicher ſinb bie Fālle, in benen inlautendes g für nhb inlautendes, thatſächlich wie ĸ geſprochenes ch zwiſchen vorausgehenbem Selbſtlaut unb nachfolgenbem, zur gleichen Stammſilbe gehörenben ſ=Laut ſich finbet, z. B. Sāgs (Sachſe), wāgs (Wachs), fugs (Fuchs), wēgs (Wichſe, wichſen). Doch ſteht für nhb wort= ober ſtammauslautendes chs, chſ in ber WM burchaus nicht immer gs, viel= mehr hat ſich g nicht ſelten verflüchtigt, wie in sās (ſechs), wāsəl (Wechſel, wechſeln); in einigen Wörtern iſt bann ber urſprüngliche Stammſelbſtlaut zu einem Doppellaut geworben, z. B. gəwaəsə (gewachſen), flōəs (Flachs), oəs (Ochs).

Verein für Meiningiſche Geſchichte
und Landeskunde. Heft 17.

4

Für nhb inlautendes b steht g in dem Ortsnamen Frigəlshüsə (Friebelshausen, Sitz des ehemaligen Amtes Sand).

Das g, welches inlautendem g zwischen Selbstlauten entsprechen müßte, hat sich in vielen Wörtern der WM teils ohne, teils mit dem nachfolgenden ə verflüchtigt, z. B. kääl (Kegel), fläəl (Flegel), häl (Hagel), näl (Nagel), zääl (Zagel, Schwanz), so auch in wänər (Wagner, ursprünglich Wagener), määt (Magd, ursprünglich Maget). Außer dem g=Laut hat sich nicht selten auch der an nachfolgendes kurzes e ursprünglich noch angeschlossene n=Laut mitsamt dem e=Laut verflüchtigt, z. B. wä (wägen), sää (sagen), sä (sägen, Säge), lä (legen), läi (liegen), rä (regen, Regen), fä (fegen), änggä (entgegen), glä (klagen), jää (jagen), drää (tragen), wö (Wagen), schrö (Schragen), mö (Magen), grö (Kragen), bö (Bogen), gəzö (gezogen).

Ferner findet sich in der WM zwischen vorausgehendem Nasenlaut und nachfolgendem Selbst= oder auch Mitlaut bisweilen kein g, wo doch das Nhb ein entsprechendes k aufweist, z. B. hängəl (Henkel), glängə (Klinke), drängt (trinkt).

Auch in schdiəliz, der Nebenform von schdichəléz (Stieglitz) hat sich der einstige g=Laut verloren. Desgleichen ist in mart (Markt) der ursprüngliche l=Laut (für den man g erwarten müßte, der aber wahrscheinlich, statt zu g, zu ch geworden war) verschwunden.

Im übrigen ist nhb in= und auslautendes g zu ch, auslautendes g zum Teil auch zu k geworden (vergl. die Abschnitte über k und ch).

ch (hart).

Das harte ch kommt, wie nhb hartes ch, nur im In= und Auslaut vor, und zwar ausschließlich nach den nicht umgelauteten a=, o=, u= und au=Lauten (a, ä, å, ā, o, ō, u, ū, au, åu), den sogenannten dunkeln Lauten.

Inlautendes hartes ch entspricht nhb inlautendem harten ch z. B. in schachər (Schacher), kachəl (Kachel), gnåchə (Knochen), schdåchə (stachen), kuchə (Kuchen), fluchər (Flucher), bachdər (Pachter), bədrächt (betrachtet), flucht (Flucht); so auch in Fremdwörtern, wie åchåt (Achat).

Inlautendes hartes ch steht für nhb inlautendes, vielfach ebenfalls wie ch gesprochenes g, z. B. in åchə (Augen), åuchə (Augen), lächə, läuchə (Lauge), lächər (Lager), schwächər (Schwager), fərwöchə („verwogen" b. i. verwegen), wöchə (Wogen), júchət, júchənt (Jugend), fúchə (Fuge), Húchō (Hugo), jächt neben jäät (Jagd); so auch in Fremdwörtern, wie åchådə (Agathe), åuchuıst mit dem Ton auf der ersten Silbe (August als Taufname), oder mit dem Ton auf der zweiten Silbe (August als Monat), machisdər (Magister), fachot (Fagott).

Auslautendes hartes ch entspricht nhb auslautendem harten ch in nicht wenig Wörtern, z. B. åch! (ach!), bräch (brach), dåch (Dach), löch (Loch), doch (doch), flüch (Fluch). Ebenso entspricht es nhb stammauslautendem, wenngleich in den bezüglichen Wortformen inlautendem harten ch, z. B. in drach (Drache), grach (krachen), gnåch (Knochen), schbräch (Sprache), bruch (brauchen), råuch (rauchen).

Auslautendes hartes ch steht nicht selten für nhb wort= oder stammauslautendes, meist ebenfalls wie hartes ch gesprochenes g, z. B. Bräch (Prag), lāch (Lage), råch (ragen), wöch (Woge, wogen).

Für nhb h steht auslautendes hartes ch in sāch (sah) und gəschäch (geschah).

Auslautendes hartes ch wird gemeinhin auch dann beibehalten, wenn es in Zusammensetzungen inlautend wird; nur in ho̲chzich (Hochzeit) ist das harte ch des einfachen Wortes hoch durch Umwandlung des vorhergehenden Selbstlautes zu weichem ch geworden.

Zu ganz kurzem i hat sich auslautendes ch des Wortes būch (Buch) in der Zusammensetzung bu̲schdȧp (Buchstabe) verflüchtigt.

ch (weich).

Das weiche ch kommt, wie n̄b welches ꜯ, im An-, In- und Auslaut vor, und zwar im erstgenannten Fall vor i- und e-Lauten, im In- und Auslaut nach i-, e- und Umlauten (ī, i, ai, ȧi, i̯, ai̯, ȯi̯, ē, ė, ȧ, ä, ä̇, ȧ̈, ȫ, ȱ, ū, ü, i̇ü, den sogenannten hellen Selbstlauten), sowie nach l, ḻ, n und r.

Anlautendes weiches ch findet sich nur in Fremdwörtern, es entspricht ursprünglichem ꜯ z. B. in chėmī (Chemie) und steht für g z. B. in chėogrȧfī (Geographie).

Inlautendes weiches ch entspricht n̄b stamminlautendem weichen ꜯ, z. B. in zichȧ (Zieche, Bettüberzug), schmȧichȧl (schmeicheln), schmȧichlȧr (Schmeichler), schbȧichȧ (Speiche), sȧchȧr (sicher), sȧchȧl (Sichel), schdȧchȧl (sticheln), di blėchȧ („die Bleiche" b. i. eine aus Planken gebildete Umzäunung), bȧchȧr (Becher), blȧchȧr (blechern), hȧchȧl (Hechel, hecheln), rȧchning (Rechnung), sȧchzȧ (sechzehn), kȧchȧ (Köchin), gnȧ̈chȧl (Knöchel), lȧ̈chȧr (Löcher), blȧ̈chȧr (Blöcher), kȫchȧ (Küche), būchȧr (Bücher), grūchȧr (Kriecher), kūchlȧ (Küchlein), hȧ̈üchȧl (heucheln), hȧ̈üchlȧr (Heuchler), Mėlchȧr (Melchior), mėlchȧr (Milchner, vom Hering), fȧnchȧl (Fenchel), manchȧr (mancher), horchȧr (Horcher), kėrchȧ (Kirche), kėrchnȧr (Kirchner), lȧrchȧ (Lärche), schnarchȧr (Schnarcher), licht (Licht), dichdȧr (Dichter), fichdȧ (Fichte; der Wasunger versteht hierunter gewöhnlich die Kiefer), bicht (Beichte), flȧcht (flechten), fȧcht (fechten), drȧchdich (trächtig), schȧ̈chdȧlȧ (Schächtelchen), ich möcht (ich möchte), lūcht (leuchten), lūchdȧr (Leuchter), schūchdȧr (schüchtern), forcht (Furcht), förchdȧrlich (fürchterlich). Auch die dem n̄b -chen entsprechende Verkleinerungsendung -ichȧ hat weiches ch, z. B. fīlichȧ oder fīlichȧ (Feilchen), sȧilichȧ (Seilchen), schdȧ̈lichȧ (Stühlchen), schdȧ̈lichȧ (Stühlchen).

Inlautendes weiches ch steht, wegen Verschiedenheit der vorausgehenden Selbstlaute, für n̄b hartes ꜯ in einer Reihe von Wörtern und Wortformen, z. B. hȧ̈chȧl (Hagel), schdȧ̈chȧr (stochern), dȯi̯cht (Docht), dȯcht (Dochte, Mehrzahl von Docht), fȫchȧl (Vogel), ai̯cht (acht, Acht, achten), fȧrai̯cht (verachten), ai̯chdȧl (Achtel), ai̯chzȧ (achtzehn), ai̯chzk (achtzig), ai̯chzgt (achtzigste), dai̯chdȧl (Dachtel, Ohrfeige), hai̯cht (Habicht), mai̯cht (Macht), lai̯chdȧr (Lachter, altes Längenmaß), nai̯cht (Nacht), nai̯chdigȧl (Nachtigall), schai̯cht (Schacht, schachten), schai̯chdȧl (Schachtel), schlai̯cht (Schlacht, schlachten), wai̯chdȧl (Wachtel).

Inlautendes weiches ch steht in einigen Fremdwörtern für j oder i, z. B. ilichȧ (Lilie), bȧ̈dȧrsilichȧ (Petersilie), madȧ̈rchȧ („Materie" b. i. Eiter).

Inlautendes weiches ch steht für n̄b h in hȫchȧr (höher).

Inlautendes weiches ch steht für n̄b inlautendes g ebenfalls in vielen Wörtern, z. B. gīchȧ (Geige), fīchȧ (Feige), flīchȧ (Fliege), zīchȧ (Ziege), zīchȧl (Ziegel), zīchlȧr (Ziegler), rīchȧl (Riegel), schdrīchȧl (Striegel, striegeln),

4*

wichə (Wiege, wiegen), dichəl (Tiegel), dichər (Tiger), ichəl (Igel), schbichəl (Spiegel, spiegeln), sichəl (Siegel, siegeln), sichər (Sieger), grichər (Krieger), schwichər (Schwieger, Schwiegermutter), zaichər (Zeiger), aichə (eigen), aichəsén (Eigensinn), aichədūm (Eigentum), naiching (Neigung), sich wāichər (sich weigern), wāichəring (Weigerung), bāicht (beugte), dōįcht (taugte), frōįcht (fragte), rāchəl (Regel, regeln), flāchəl (Flegel als Scheltwort, dem Nhd entlehnt), nāchər (Neger), dāchə (Degen), jāchər (Jäger), nāchələ („Näglein" b. i. Gewürznelken), schwāchərə (Schwägerin), sāchə (Segen, segnen), wāchə (wegen), frāchər (Frager), flāchər (Pfleger), drāchər (Träger b. i. Tragbalken), fūchəl (Vogel), néəsdöchər („Nichtstauger" b. i. Taugenichts), lūchnər (Lügner), būchəl (Bügel, bügeln), flūchəl (Flügel), brūchəl (Prügel, prügeln), zūchəl (Zügel, zügeln), Galchəbärk (Galgenberg, ein Berg bei Wasungen), schwālchər (Schwelger), archə (arge, Mehrzahl von arg), ārchər (Ärger, ärger, ärgern), ārchərlich (ärgerlich), mārchəl (Mergel), uįsgəmārchəlt (ausgemergelt), morchə (Morgen), orchəl (Orgel), gorchəl (Gurgel), görchəl (gurgeln), börchər (Bürger), nörchəl (nörgeln). In Fremdwörtern entspricht inlautendes weiches ch inlautendem g beispielsweise in fichūər (Figur), Grēchöər (Gregor), échāl (egal), léchāt (Legat), réchānt (Regent), réchəmānt (Regiment), réchiər (regieren), réchiəring (Regierung), Rēchinə (Regine, Taufname), réchisdər (Register), réchəliər (regulieren), bārchəmānt (Pergament), borchiər (purgieren), borchanz (Purganz). Inlautendes weiches ch findet sich in āūchəl (Eule), während ber nhb Form des Wortes ber entsprechende Mitlaut gänzlich fehlt. Dagegen hat sich, im Gegensatz zu den entsprechenden nhb Formen, inlautendes weiches ch verflüchtigt in den Wörtern fört, sich fört (fürchten, sich fürchten), nét (nicht), néəst (nichts). Auslautendes weiches ch entspricht vielfach dem nhb wort= ober stammauslautenben weichen ch, z. B. in Ich, ich (ich), mich, mich (mich), dich, dich (dich), sich, sich (sich), schdrich (Strich), rich (reich), namentlich auch in ber Endung -lich (=lich), wie glöglich (glücklich), frölich (fröhlich), glāich (gleich b. i. sofort), schdrāich (Streich), wāich (weich), blāich (bleich), hā schdrēch (er strich), ich wēch (ich wich), schlēch (schlich), glēch (glich), blāch (Blech), bāch (Pech), frāch (frech), āūch (euch), kélch (Kelch), mölich (Molch), drilich, drilch (Drillich, Drell), münch, mūnich (Mönch), Zörich (Zürich), dorch unb dūərch (burch), bfārch (Pferch), schdūərch (Storch); schdrich (streichen), lich (Leiche), blāich (bleichen, Bleiche), rāich (reichen), schāich (scheuchen), schdēch (Stiche), schdrēch (Striche), blāch (blechen, bezahlen), rāch (rächen; Rechen), flāch (Fläche), brāch (bräche), schwāch (Schwäche), būch (Bäuche), brūch (Brüche), flūch (Flüche), grūch (kriechen), schdrūch (Sträuche), sūch (Seuche), horch (horchen), forch (Furche, furchen), ber lārch (Lerche), schnarch (schnarchen). Auslautendes weiches ch steht für nhb stammauslautendes h in gəschēch (geschäch), sāch (sähe). Auslautendes weiches ch steht oft für nhb wort= ober stammauslautendes g, z. B. sich (Sieg), zwāich (Zweig), fāich (feig), schrēch (schräg), schwēch (schwieg), gich (gelgen), wich (wiegen), sich (siegen), zāich (zeigen), bāich (beugen, biegen), nāich (neigen), frāch (fragen), hāch neben bem älteren, echt wasungischen hā (hegen), flāch (pflegen, Pflege), brāch (prägen), gəbrāch

(Gepräge), drāch (träge), lōch (löge), flōch (flöge), mōch (mögen), wōch (wöge), zōch (zöge), hārzōch (Herzöge), dōch (taugen), zūch (Zeuge; zeugen), lūch (Lüge, lügen), drūch (trügen, auch: trüge von tragen), schlūch (schlüge), rūch (Rüge, rügen), flūch (Pflüge, pflügen; fliegen), fūch (fügen).

In der Endung -ich (=ig) entspricht auslautendes weiches ch genau dem auch in gutem Deutsch wie weiches ch gesprochenen auslautenden g, wie z. B. in dūchdich (tüchtig), fēich (fähig).

Für nhd t steht auslautendes weiches ch in dem Worte hoichzich (Hoch= zeit), eine Lautverschiebenheit, die sich auch in anderen Munbarten eingebürgert hat; ferner noch in ūnschlich (Unschlitt).

Die auf weiches ch auslautenden Wörter behalten, wenn das ch in Zu= sammensetzungen inlautend wird, dasselbe unverändert bei, z. B. dorchūrs (durch= aus), dūərchschlāk (Durchschlag), dorchsūch (durchsuchen), dūərchdrēwə (durchtrieben), dūərchflāk („durchflecken" b. i. prügeln).

j.

j kommt meist nur im Anlaut, selten im Inlaut vor.

Anlautendes j entspricht nhd anlautendem j z. B. in folgenden Wörtern: jā (ja, als Antwort), auch in den Verbindungen jāwōl (jawohl), āijāwōl („ei ja wohl!" b. i. burchaus nicht, entschieden nicht!), jāwūərt (Jawort), jā, jə (zustimmendes ja), jūə (bekräftigendes ja), jagə (Jacke), jāchər (Jäger), jā (jagen), jāt unb jācht (Jagb), jāngk unb jāng (jung), jāng (Junge, Knabe, Sohn), jāmbfər (Jungfer), jōər (Jahr), jāərich (jährig), jāərlich (jährlich), jāt (jäten), Jāgop (Jakob), jāgəsdāk (Jakobitag, 25. Juli), jāgəsbērn (Jakobi= birnen b. i. Birnen, die um Jakobi reifen), jāgəsābfāl (Jakobiäpfel), jōmər (Jammer, jammern), jāmərlich (jämmerlich), jōmərschāt (jammerschabe), jōch (Joch), Jōhan (Johann) mit dem Ton auf ber ersten Silbe, jōk (jucken), Juıl unb Julə (Julie), jūlı (Juli), jūmi (Juni), jūt (Jube), jūdəschūəl (Juben= schule, Synagoge), jaıst (just, jetzt eben), jugs (Jur, Scherz), jūwəl (Jubel, jubeln), jō (je), jēdər (jeber), jāəsəwit (Jesuit), Jāəsəs, hārjēəsəs! (Jesus! Herr Jesus!, Schreckensrufe), Jēdə (Jette, Henriette).

Für nhd g steht j in jēər (gähren), jūər (Gährung), jāst (Gischt).

Inlautendes j findet sich in āijāijāi (ei, ei, ei!, Ausruf höchster Verwunde= rung), sowie in etlichen Frembwörtern, wie badalja (Bataille, Schlägerei), kar= naljə (Canaille), brēdulja (Brebouille, üble Lage), badaljön (Bataillon), bosdiljön (Postillon), kujön (Kujon, Schelm), kujənıər (kujonieren, quälen).

h.

h kommt nur im Anlaut von Wörtern unb in zusammengesetzten Wörtern vor.

Wortanlautendes h entspricht nhd wortanlautendem h z. B. in hak (hacken), hāłz (Hals), hāi (Halbe), hā (Habe, haben), hāgə (Hecke), hōər (Haar), hōməł (Hummel), hōm (Hemb), hā (Heu), hārt (Hürde), hūıs (Haus), hui! (hui!), hērn (Hirn), biməł (Himmel), hı (hin).

Als Beispiele für h in Zusammensetzungen seien erwähnt: wachhāłər (Wachholder) mit dem Ton auf ber ersten Silbe, rədshār (Ratsherr), unb be= sonders bie Wörter auf -hait, wie dōmhait (Dummheit), fāichhait (Feigheit), dānggəlhait (Dunkelheit).

ng.

Der Nasenlaut ng kommt wie der nhd Nasenlaut ng (n) im allgemeinen nur im In- und Auslaut vor.

Inlautendes ng entspricht nhd inlautendem ng zwischen zwei Selbstlauten ober zwischen vorausgehendem Selbstlaut und nachfolgendem t ober ſ (s), ferner dem gleichwertigen nhd inlautenden n vor k, z. B. angəl (Angel, angeln), brangər (Pranger), bängəl (Bengel), dängəl (bengeln), ängərling (Engerling), Ängəlant (England), fångər (Fänger; Finger, fingern), gängər (Gänger), gängəl (gängeln), glängə (Klinge), hångər (Hunger, hungern), lǔngə (Lunge), schlüngəl (Schlingel); langt (langt, holt), brångt (bringt), hångst (Hengst), bfüngsdə (Pfingsten); fånggə (Funken), schünggə (Schinken), bångk (Bank), dångk (Dank), wångk (wanken).

Auslautendes ng entspricht nhd wort- ober stammauslautendem ng z. B. in bang (bang), üng (eng), gərüng (gering); lang (langen, holen), fang (fangen), däng (bingen), gläng (klingen), läng (Länge), mäng (Menge, mengen), räng (ringen), säng (sengen; singen), schläng (schlingen), schwäng (schwingen), zwäng (zwängen, zwingen).

Auslautendes ng bleibt, auch wenn es in Zusammensetzungen inlautend wird, z. B. länglich (länglich), längsəm (langsam), sångjängə (Singsungen b. i. Chorknaben).

Die WM läßt ng gern für auslautendes n und nt (nd) bann eintreten, wenn die letzteren Laute in Zusammensetzungen vor g ober k zu stehen kommen, z. B. Kanggéəsər statt Kan-gèəsər (Kannengießer, Benennung einer Wasunger Familie), Hangkásbər, Hangkäbər (Johann Kaspar), schénggräwə statt schéndgräwə (Schindgraben, ein Graben bei Wasungen), sänggräwə für säntgräwə (Sandgraben), Langgräf (Landgraf, Familienname), schdönggäslt für schdôn-gäslt (Stunbengelb); dieser Lautwandlung unterzieht sich unter den gegebenen Bebingungen regelmäßig die Vorsilbe änt- (ent-), z. B. änggä (entgegen), änggréft (entkräften). Selbst auslautendes m wird in Zusammensetzungen vor darauffolgendem Mitlaut bisweilen zu ng, z. B. bangkävər statt bämkävər („Baumküfer" b. i. Baumschröter, Hirschküfer), hångbäər für hämbäər (Himbeere). Auch das seltsame fångst (vollends) gehört jebenfalls hierher, wenn es sich auch hier nicht um eine Zusammensetzung, sondern um völlig inlautendes -nd- handelt.

Ein Teil der Wasunger spricht für anlautendes g vor n ben Nasenlaut ng, z. B. ngnöwəlich (Knoblauch), ngnädə (Gnade). Als die ausschlaggebende und bessere Redeweise ist in solchen Fällen g, statt ng, anzusehen.

III.
Von der Wortbildung.

1. Die Ableitungssilben.

-ăi (=ei).

Die Ableitungssilbe -ăi entspricht dem nhd =ei; sie kommt in der WM häufig vor. Fast aus jedem Zeitwort läßt sich ein auf -ăi auslautendes Haupt= wort bilden, indem es bei benen auf -əl unb -ər unmittelbar an diese Endung, bei ben übrigen mittels vorgesetzten -ər- an ben Stamm tritt, z. B. bimbolăi („Bimbelei", Gepimpel b. i. übertriebene Empfinblichkeit), dŭɽdəlăi (Dubelei, Gebubel b. i. schlechtes Tönen von Musikwerkzeugen), bæsəlăi (Bosselei b. i. Schnitzen, Ausbessern von Holzgegenständen), grĕzəlăi (Kritzelei, Gekritzel), glimbərăi (Klimperei, Geklimper), fnidərăi (Gekicher), schachərăi (Schacherei, Geschacher), mŏələrăi (Malerei, Malerkunst), măisərăi („Mauserei", bas Stehlen), kŭⱥŭərăi („Kauerei" b. i. Geschwätz), machərăi („Macherei" b. i. umständliche, ungeschickte Art zu arbeiten). Doch kommen, wie im Nhb, auch Hauptwörter vor, bie nicht aus Zeitwörtern gebilbet wurden, z. B. Dörgăi (Türkei), bardăi (Partei), măisdərăi (Meisterei, Wohnung des Scharfrichters), kĕnərăi (Kinberei), lănərăi (Länderei), flŏchəlăi (Flegelei), förschdərăi (Försterei, Wohnung bes Försters), schrinərăi (bas Schreinerhanbwerk). Dem nhb Narretei entspricht narəḋăi, während zu bem auf gleiche Weise gebilbeten armədăi (Armut) bas Nhb ein Seitenstück nicht besitzt.

-ănz (=enz).

Die Ableitungssilbe -ănz entspricht ber nhb Ableitungssilbe =enz unb finbet sich nur in fŭlănz (faulenzen), sowie in ben bavon abgeleiteten Wörtern fŭlănzər (Faulenzer), fŭlănzərăi (Faulenzerei).

-bŏər, -bər (=bar).

Die Ableitungssilbe -bŏər, bisweilen auch in -bər verkürzt, entspricht ber nhb Ableitungssilbe =bar; sie wird, wie =bar, zur Bilbung von Eigenschafts= wörtern verwanbt, ist jeboch in ber WM nicht so häufig als im Nhb. Man sagt dănggbŏər unb dănggbər (bankbar), fruchdbŏər (fruchtbar), ĕrbŏər (ehr= bar), aҫhdbŏər (achtbar), wanəlbŏər (wanbelbar), ŭrbŏər (urbar), wŏnərbŏər (wunberbar), ăsbŏər (eßbar), drănggbŏər (trinkbar), aber biese Wörter scheinen erst ben entsprechenben bes Nhb nachgebilbet zu sein unb werben überhaupt lieber burch anbere Wörter ober Wenbungen ersetzt.

-chə (=chen).

Die Verkleinerungsfilbe -chə entfpricht der nhb Verkleinerungsfilbe =chen, kommt aber nur bei benjenigen Wörtern vor, deren Stamm auf -l oder -l mit vorausgehendem vollen Vokal auslautet; fie wird gewöhnlich durch ein einge= fchobenes i mit dem Wort verbunden, z. B. bfälichə (Pfählchen) von bfål, fchdälichə und fchdälche (Stühlchen) von fchdûəl, fchdälichə (Ställchen) von fchdål, gəfchdälichə (Geftellchen) von gəfchdål, gälichə (Geltchen) von gålə, nälichə (Nägelchen) von nål, sailichə (Seilchen) von sail, gûlichə (Gäulchen) von gûl, kilichə (Keilchen) von kil, älichə (Älchen) von öəl, mü= lichə (Mulbchen) von mujlə, Karlichə (Karlchen) von Karl. Nur von mul (Maul) heißt die Verkleinerungsform regelmäßig mülə fowohl in der Bedeutung Mäulchen, als in der von Kuß. Da Wörter, die im Gegenfatz zum 1. Fall der Einzahl in der Mehrzahl kurzen Stammvokal befitzen und dabei den auslautenden Kon= fonant des urfprünglichen Stammes verloren haben, ihre Verkleinerungsform regelmäßig von der fo verkürzten Stammform bilden (vergl. den Abfchnitt über -lə), fo nehmen diejenigen Wörter, deren Mehrzahlftamm auf einen l=Laut endigt, bei der Verkleinerung die Endung -ichə an, z. B. wälichə (Wäldchen) von wält, Mehrzahl wälər. Außerdem dient -chə zur Bildung von Verkleine= rungsformen derjenigen Wörter, deren Stamm urfprünglich auf einen l=Laut endigte, infolge feiner fchwachen Beugung jedoch um auslautendes n erweitert wurde, z. B. rälichə (Röllchen) von råln, gnälichə (Knöllchen) von gnåln, fälichə (Fellchen) von fåln, wälichə (Wellchen) von wåln, dälichə (kleine Delle, Vertiefung) von dåln, badälichə (Bouteillchen, Fläfchchen) von badåln, bölichə (kleine Bohle) von böln, fchbölichə (Spulchen) von fchböln, mölichə (Mühlchen) von möln, sülichə (Söhlchen) von sujln, filichə und filichə (Feilchen) von fln.

Bisweilen vernimmt man neben den Verkleinerungsformen auf -ichə auch folche auf -ichlə oder -chlə, wie z. B. gälichlə (Geltchen) neben gälichə, å wälchlə risich (ein Wellchen Reifig) neben å wälichə risich. Derartige Formen find aber inmitten der nicht nur von dem jungen Gefchlecht, fondern auch von den alten und älteften Leuten gefprochenen Formen auf -ichə nur feltene Ausnahmen und wahrfcheinlich erft in die WM verfchleppt.

Sonft findet fich -chə noch in den urfprünglichen Verkleinerungsformen mächə (Mädchen) und nälchə (Gewürznäglein, eigentlich Nägelchen), die aber in der WM gar nicht als folche empfunden werden, fo daß von mächə die für das Nhb unnachahmbare Verkleinerungsform mächlə (kleines Mädchen, Töch= terchen) gebildet wird. Hierher gehört auch das Wort fäichələ (Veilchen), das nur in diefer doppelten Verkleinerungsform vorkommt.

-də (=be).

Die dem nhb =be entfprechende Ableitungsfilbe -də findet fich in gəbärdə (Geberde), bəgiardə (Begierde), bəfchwöərdə (Befchwerde), außerdem aber noch in einigen Wörtern, deren entfprechende nhb Formen nicht mit =be gebildet find: åidə (Egge), di wöədə (die Menge, eigentlich ein zufammengewehter Haufe), di mufchədə (Mafche), brämədəböər (Brombeere).

-də entfpricht aber auch der nhb Ableitungsfilbe =te, z. B. gəfchichdə (Gefchichte).

-ds.

Die Ableitungsſilbe -ds findet ſich in fərgǟwəds (vergebens).

-dūm-, -dəm (=tum).

-dūm, ſelten -dəm, entſpricht dem nhb =tum. Nur wenige Wörter ſind in der WM bamit gebildet, z. B. richdūm (Reichtum), ērdūm unb ērdəm (Irrtum); aus bem Nhb entlehnt ſind fŏrschdədūm (Fürſtentum), käisərdūm (Kaiſertum), grisdədūm (Chriſtentum), bǟbsdūm (Papſttum).

-ə (=e).

-ə entſpricht bem nhb =e unb findet ſich gleich letzterem in vielen, nament= lich welblichen Hauptwörtern, z. B. blumə (Blume), būərschdə (Borſte), būərschdə (Bürſte), būļdə (Bube), dūwə (Taube), dǟində (Tinte), ǟgə (Ecke), äsbə (Eſpe), falə (Falle; Falte), gǟrdə (Gerte), kabə (Kappe, Mütze), sīdə (Seide), sidə (Sitte), säidə (Saite). Doch zeigen viele Wörter, benen im Nhb Wörter auf =e gegenüberſtehen, in ber WM ben reinen Stamm ohne bie Ablei= tungsſilbe -ə, z. B. männliche: af (Affe), börch (Bürge), Brǟūs (Preuße), Dān (Däne), Dörk (Türke), Franzōs (Franzoſe), Hās (Heſſe), häs (Haſe), jāng (Junge), Sägs (Sachſe), Schwēt (Schwebe), dər ǟngk (bie Unke); welb= liche: bērn (Birne), brō (Probe), burn (Bohne), ōl (Elle), fūər (Fuhre), gas (Gaſſe), grōt (Kröte), ll (Elle), kaz (Katze), lǟch (Lage), mǟng (Menge), nǟs (Näſſe), rēt (Rebe), schban (Spanne), schdrǟf (Strafe), wǟch (Wage), wēgs (Wichſe), zǟch (Zeche); ſächlich: äūch (Auge). Namentlich entſprechen ben nhb Eigenſchaftswörtern auf =e nur Wörter ohne -ə, z. B. būəs (böſe), drǟch (träge), līs (leiſe).

Für nhb =en findet ſich -ə z. B. in brōədə (Braten), dǟchə (Degen), dūmə (Daumen), fādə (Faden), grāwə (Graben), hāufə (Haufen), hūəsdə (Huſten), kuchə (Kuchen), labə (Lappen), morchə (Morgen), nōzə (Nutzen), riəmə (Riemen), schädə (Schaben), sǟchə (Segen), zabfə (Zapfen), zäichə (Zeichen), ōwə (eben), gōlə (gülben), sīdə (ſeiben), līnə (leinen), wōlə (wollen), haənəfə (hanfen), būchə (buchen, von Buchenholz), äichə (eichen, von Eichen= holz). Manchen nhb Wörtern auf =en entſprechen in ber WM Wörter ohne -ə, z. B. brōn (Brunnen), baz (Batzen), bō (Bogen), grō (Kragen), mō (Magen), rǟ (Regen). Balb mit balb ohne -ə werben geſprochen balgə unb balk (Balken), galchə unb galch (Galgen), fānggə unb fāngk (Funke), hägə unb häk (Haken), nōmə unb nōm (Name), drǟbfə unb drǟbf (Tropfen), ōf unb ōvə (Ofen).

-ə findet ſich, im Gegenſatz zum Nhb, in dǟs dŏbfə (ber Topf).

-ə findet ſich auch für nhb =in. So ſpricht man z. B. bägə (Bäckerin), bäūərə (Bäuerin), diənərə (Dienerin), drǟschərə (Dreſcherin), könichə (Königin), mäisdərə (Meiſterin), wērdə (Wirtin), sängərə (Sängerin), schmīdə (Schmiebin), bǟrə (Bärin), fügsə (Füchſin), wōləfə (Wölfin). Da, wo es über= haupt angeht, bedient ſich ber Waſunger bafür jetzt auch ber mit frā (Frau) zu= ſammengeſetzten Wörter, z. B. bägəfrā (Bäckerfrau, Bäckerin), mäisdərschfrā (Meiſtersfrau, Meiſterin), wērdsfrā (Wirtin), wǟschfrā (Wäſcherin), bäūərschfrā (Bauersfrau, Bäuerin).

Im Gegenſatz zum Rhb, wo die entſprechenden Formen auf -in jetzt ver-
ſchwunden ſind, iſt -ə als Ableitungsſilbe weiblicher Familiennamen zum Unter-
ſchied von den männlichen Formen dieſer Namen im Gebrauch und zwar, außer
in der Anrede, ſtets mit vorgeſetztem beſtimmten Geſchlechtswort, z. B. di Blåuə
(„Blauin“, Frau Blau), von Blåu (Blau), di Danərə („Tannerin“) von Danər
(Tanner), di Fugələ („Fuchelin“) von Fugəl (Fuchel), di Ardəsə („Artuſin“)
von Ardəs (Artus), di Glåinə („Kleinin“) von Glåin (Klein), di Grösə
(„Großin“) von Grös (Groß), di Günggələ („Günkelin“) von Günggəl
(Günkel). Aber auch von den männlichen Taufnamen werden durch Anhängung
von -ə oder -ərə weibliche gebildet, um damit die Ehefrau des nach ſeinem
Vornamen genannten Mannes, bisweilen auch, um deſſen Tochter zu bezeichnen;
auch dieſen Wörtern wird, außer in der Anrede, ſtets das beſtimmte Geſchlechts-
wort vorgeſetzt, z. B. di Bæsdərə („Baſtianin“) von Bæst (Sebaſtian), di
Båsdiånə („Baſtianin“, Baſtians Frau oder Tochter) von Båsdiån (Sebaſtian),
di Haméchələ („Hannmichelin“) von Haméchəl (Johann Michael), di Schdôfələ
(„Stoffelin“) von Schdôfəl (Chriſtoph), di Balzərə („Balthaſarin“) von Balzər
(Balthaſar), di Båmərə („Benjaminin“) von Båmə (Benjamin), di Bårn-
hardərə („Bernharbin“) von Bårnhart (Bernharb), di Fålərə („Valentinin“)
von Fålə (Valentin), di Fårdnandərə („Ferbinanbin“) von Fårdnant (Ferbi-
nanb), di Franzərə („Franzin“) von Franz (Franz), di Hamfaldərə („Hann-
valentinin“) von Hamfaldə (Johann Valentin), di Hamfridərə („Hannfrieb-
richin“) von Hamfrit (Johann Friebrich), di Fridhåinərə („Friebheinrichin“)
von Fridhåinər (Friebrich Heinrich), di Hanhåinərə („Hannheinrichin“) von
Hanhåinər (Johann Heinrich), di Hanjörchərə („Hannjörgin“) von Hanjörch
(Johann Georg), di Kæbərə („Kaſparin“) von Kæbər (Kaſpar), di Luərånzərə
(„Lorenzin“) von Luərånz (Lorenz), di Måzərə („Matzin“) von Måz (Mat-
thäus), di Wiləbaldərə („Willibalbin“) von Wiləbalt (Willibalb), di Dôməsə
(„Thomaſin“) von Dôməs (Thomas). Eine berartige, auf einen weiblichen
Taufnamen zurückgehende Ableitung liegt vor in Kuɱərə („Kunigunbin“) b. i.
Tochter der Kunigunbe.

Für nhb -el ſteht -ə in ſågrisdə (Sakriſtei) mit bem Ton auf ber
zweiten Silbe, ſowie in ågələ (Akelei).

-əl (-el).

-əl entſpricht ber nhb Ableitungsſilbe -el, z. B. in abſəl (Abſel), aəsəl
(Achſel), ådəl (Abel), babəl (Pappel), bängəl (Bengel), bûdəl (Beutel), disdəl
(Deichſel), fagəl (Ferkel), gäischəl (Geißel, Peitſche), giwəl (Giebel), gördəl
(Gürtel), gåvəl (Gabel), gnôdəl (Knittel), grûbəl (Krüppel), håchəl (Hechel),
himəl (Himmel), hûgəl (Hügel), ichəl (Igel), kachəl (Kachel), kässəl (Keſſel),
kidəl (Kittel), kûməl (Kümmel), läfəl (Löffel), mangəl (Mangel), märchəl
(Mergel), mäisəl (Meißel), nåwəl (Nabel), näwəl (Nebel), manəl (Mandel),
ônsbəl (Amſel), richəl (Riegel), ræsəl (Rüſſel), schådəl (Schäbel), schénəl
(Schinbel), schlôsəl (Schlüſſel), schôsəl (Schüſſel), schûvəl (Schaufel), schdängəl
(Stengel), schdôməl (Stummel), waichdəl (Wachtel), wånggəl (Winkel),
wörfəl (Würfel), zûchəl (Zügel); ferner in ben Eigenſchaftswörtern dånggəl
(bunkel), ôdəl (ebel), ûwəl (übel); in bem Umſtanbswort idəl und idəls (eitel
b. i. burchaus); in Zeitwörtern wie angəl (angeln), bûdəl (betteln), dångəl

(bengeln), dōməł (tummeln), drängəł (brängeln), fāsəł (faseln), fərūwəł (ver-
übeln), grūwəł (grübeln), hanəł (handeln), kützəł (kitzeln), māisəł (meißeln),
raməł (rammeln), sādəł (satteln), wēgəł (wickeln).

In einigen Hauptwörtern, deren unerweiterter Stamm ursprünglich auf -ag
auslautete, ist das ə der Ableitungssilbe -əł nach Verflüchtigung des voran=
gehenden g mit dem Stammlaut a zu ā verschmolzen, so daß nur der l-Laut
als Rest der Ableitungssilbe zurückbleibt, z. B. hāl (Hagel), nāl (Nagel), zāl
(Zagel, Schwanz). Auch in den Mehrzahlformen nāəł (Nägel) und zāəł (Schwänze)
ist das ə nicht als Teil der Ableitungssilbe -əł, sondern als zu ā gehörend auf=
zufassen, und das Gleiche gilt von den Wörtern fāəł (Flegel), kāəł (Kegel),
schlāəł (Schlegel), in denen die ursprünglichen Laute -ege- zu āə, oder auch zu
bloßem ā verschmolzen sind.

Anderer Art, als das bisher besprochene -əł ist wohl das -əł in Wörtern
wie bānəł (Band, in Zusammensetzungen, z. B. schüəbānəł b. i. Schuhband),
bōnəł (Bündel), kübəł (Küppel b. i. Küppchen). Hier liegen wohl ursprüng=
liche Verkleinerungsformen vor, die mittels der in der WM nicht gebräuchlichen
Verkleinerungssilbe -əl gebildet und wahrscheinlich von auswärts in die WM ge=
drungen sind, wo sie indessen gleich den ebenfalls eingebürgerten Wörtern māchə
(Mädchen) und nāłchə (Nelke) nie als Verkleinerungsformen empfunden werden.

-əm (-em, -am).

Die Ableitungssilbe -əm entspricht der nhd. Silbe -em in ōdəm (Odem),
und der nhd. Silbe -am in āidəm (Eidam).

-ər (-er).

-ər kommt, wie im Nhd. -er, in der WM sehr häufig vor und zwar eben=
sowohl in Haupt- und Eigenschaftswörtern, wie in Zeitwörtern und Verhältnis=
wörtern. Hauptwörter männlichen Geschlechts sind z. B. agər (Acker), brüədər
(Bruder), fāłər (Fehler), fāngər (Finger), dūnər (Donner), hōmər (Hammer),
jāchər (Jäger), mōlər (Müller), sumər (Sommer), fādər (Vater), wāindər
(Winter), zōgər (Zucker); weiblichen Geschlechts sind z. B. aədər (Otter), buidər
(Butter), döchdər (Tochter), fādər (Feder), kōmər (Kammer), ōədər (Ader),
schwāsdər (Schwester), schwichər (Schwiegermutter); sächliche z. B. fūər
(Feuer), fuədər (Fuder), foədər (Futter), köbfər und kubfər (Kupfer),
lāchər (Lager), lādər (Leder), malər (Malter), sölwər (Silber), wasər (Wasser),
sowie alle mit der Vorsilbe gə- gebildeten Hauptwörter, wie gəwidər (Gewitter),
gəjōmər (Gejammer). Auch die von Zeitwörtern auf -ər abgeleiteten Haupt=
wörter auf -ər sind, wie im Nhd. die Hauptwörter auf -erer, nicht selten, z. B.
āifərər (Eiferer), glimbərər (Klimperer), schachərər (Schacherer), wuchərər
(Wucherer); aus dem Nhd. entlehnt ist kāmərər (Kämmerer).

Tritt die Ableitungssilbe -ər an Stämme, die auf -əł auslauten, so wird
das ə der Ableitungssilbe -əł gewöhnlich ausgestoßen und ł verwandelt sich dann,
da es nunmehr regelmäßig nach einem Mitlaut zu stehen kommt, in l, z. B.
ādlər (Adler), büdlər (Beutler), drāslər (Drechsler), drōməłər und drōmlər
(Trommler), fāslər (Faßler, Faselhans), grüwlər (Grübler), hāndlər (Händler),
kāslər (Keßler, Familienname), sādlər (Sattler).

Wie im Nhd, so findet sich auch in der WM eine Reihe von Wörtern auf
-ər, bei benen zwischen Stamm und Ableitungssilbe ein -n- als Zwischenglied
eingeschoben ist, z. B. būdnər (Büttner), glāisnər (Gleisner), kūərschnər
(Kürschner), lūchnər (Lügner), rāchnər (Rechner), rēdnər (Redner).

Im Gegensatz zum Nhd fehlt -ər in bäk (Bäcker) und bfar (Pfarrer).

Beispiele für Zeitwörter mit Stämmen auf -ər sind ānər (ändern), blēdər
(blättern), buịdər (buttern), dūmər (bonnern), äifər (eifern, eifersüchtig sein),
flimər (flimmern), fēdər (füttern), glimbər (flimpern), hōmər (hämmern),
jōmər (jammern), sich kōmər (sich kümmern), lēsdər (läftern), dərōwər (erobern),
schachər (schachern), wēsər (wässern), zōmər (zimmern). Nach Bedürfen bildet
der Wasunger unperfönliche Zeitwörter auf ər, z. B. əs dēgərt (es tagt, der
Tag bricht an), əs brāinzərt mich („es brunzert mich", ich habe Drang zum
harnen), əs dānzərt mich („es tanzert mich", ich habe Luft zu tanzen), əs
dörschərt mich (es burstet mich), əs hāngərt mich (es hungert mich), əs
hōbfərt mich („es hüpfert mich", ich habe Luft zu hüpfen), əs lāchərt mich
(es lächert mich), əs schāmərt mich (ich schäme mich), əs brōnərt (es riecht
nach Brand), əs zichərt (es schmeckt oder riecht nach Ziege).

Eigenschaftswörter auf -ər sind z. B. bēdər (bitter), dabfər (tapfer),
fūinsdər (finster), haidər (heiter), māindər (munter), luịdər (lauter), lāgər
(leder), schwangər (schwanger), sēchər (sicher), wagər (wacker). In mehreren
von Stoffnamen abgeleiteten Eigenschaftswörtern steht -ər für nhb =en, =ern,
z. B. haanəfər (hanfen), Isər (eifern), gūldər (golden), kōbfər und kubfər
(kupfern), bainər (beinern), līnər (leinen), lākuchər (lebkuchen), hāzər (höl=
zern), sōlwər (filbern), blāchər (blechern), glēsər (gläsern); auch in nüchdər
(nüchtern) steht -ər für nhb =ern.

Verhältniswörter auf -ər sind hēnər (hinter), widər (wider), önər (unter),
ōwər (ober), ūwər (über).

In den Fremdwörtern dogdər (Doktor), kandər (Kantor), rūgdər (Rektor)
u. bergl. steht -ər für =or.

-ərt.

Die Ableitungssilbe -ərt entspricht ber nhb Silbe =ert in hōnərt (hun=
bert); für nhb =er steht sie in dūwərt (Tauber), kafərt (Koffer).

Das -ərt in Personennamen ist nicht Ableitungssilbe, sondern Verkürzung aus
-hart, wie in Āwərt (Ebert, ursprünglich Eberhart), Burgərt (Burkhart), ober
aus -frit, wie in Säifərt (Seifert, ursprünglich Siegfried).

-ərə f. unter -ə.

-əs, -s.

Die Ableitungssilbe -əs, ber im Nhb etwas Entsprechendes nicht gegenüber
steht, findet sich in Hauptwörtern, die von Zeitwörtern abgeleitet und sicher aus
dem zweiten Fall ihrer Nennform entstanden sind, z. B. bədörfəs (Bedürfen,
Bebürfnis), bədānggəs (Bedenken), bəgāwəs (Begebenheit, Umstände; Aufwand),
drögədānggəs („Daran=Gebenken", nur in Wendungen wie: s is kāi drö=
gədānggəs b. h. niemand benkt baran), ıkōməs (Einkommen), ısēəns (Ein=
sehen), ödānggəs (Anbenken), ögəwērgəs („Angewirktes" b. i. Wohlbeleibtheit),

schrīwəs (Schreiben), zīdfərdrīwəs (Zeitvertreib), ũfhēwəs (Aufhebens), ũwər-
ãikōməs (Übereinkommen). Dies -əs tritt namentlich auch bei Bezeichnungen
von Spielen auf, sobald benselben ein Zeitwort zugrunde liegt, z. B.
sũchəs schbĭl (Suchens spielen), ebenso grichəs ober grichəlǝs schbĭl (Kriegens,
Haschens spielen), s:ũdrīwəs schbĭl ("Sautreibens" spielen).

Sonst findet sich -əs noch in hũədəs ("Hütes" b. i. Kloß, besonders Kar-
toffelkloß) und in rīwəs (Back- ober Bratpfanne).

Der Ableitungslaut -s kommt vor in dem veralteten idəls (eitel b. i.
durchaus, ganz und gar; z. B. idəls rõm b. i. überall herum).

-ət.

Die Nachsilbe -ət entspricht ber nhd Ableitungssilbe -et, verkürzt in -t, in
ben Wörtern grumət (Grummet, Grunnt), kõmət (Kummet, Kumt), sõmət
(Sammet, Samt), zimət (Zimmet, Zimt), ferner ber Silbe -at in haimət
(Heimat), ber Silbe -eit in ãrwət (Arbeit). Dies -ət findet sich auch in einigen
Hauptwörtern, für bie bas Nhd entsprechende Ausbrücke nicht besitzt, wie di hõgət
(soviel man auf einmal aufhocken und tragen kann), dãs kãchət (soviel auf
einmal gekocht werden kann, eine Mahlzeit, ein Gericht), ferner in etlichen Wör-
tern, benen im Nhd wenigstens solche von gleichem Stamm und gleicher Bedeu-
tung gegenüberstehen, wie hīgãwət ("Hingabe" b. i. Verlobung, dãufət (Taufe),
ēwət (Ebene), nãchət (nach, nachher), dərnãchət (barnach), nãwət (neben), dər-
nãwət (barneben). In būəsət (Bosheit), fũĭlət (Faulheit), wõərət (Wahr-
heit), gəwõnət (Gewohnheit), granggət (Krankheit) steht -ət für nhb -heit
(vergl. -hãit).

In jũchət (Jugend) und dũchət (Tugend) steht -ət für nhb -end.

-hãft, -hãfdich (-haft).

Die ber nhb Nachsilbe -haft entsprechende Nachsilbe -hãft ist in ber WM
weniger gebräuchlich als bie burch -ich (-ig) erweiterte uneigentliche Ableitung
-hãfdich (-haftig).

Mit beiben Nachsilben werben nur Eigenschaftswörter gebilbet, bie aber fast
alle bem Nhb entlehnt sind. Man sagt wohl fãələrhãft, fãələrhãfdich (fehler-
haft), hãrzəhãft, hãrzəhãfdich (herzhaft), manhãft, manhãfdich (mannhaft),
mãisdərhãft, mãisdərhãfdich (meisterhaft), nõmhãft (namhaft), nõərhãft (nahr-
haft) u. bergl., jeboch setzt man bafür lieber sinnverwandte Wörter.

-hãit (-heit).

-hãit entspricht ber nhb Nachsilbe -heit und kommt in ber WM häufig vor,
so z. B. in dõmhãit (Dummheit), frãihãit (Freiheit), fũĭlhãit (Faulheit), gə-
schãidhãit (Gescheidheit), gəsãindhãit und gəsuĭndhãit (Gesundheit), schũəhãit
(Schönheit), schwãchhãit (Schwachheit), dõlhãit (Tollheit), bəsõfəhãit (Be-
soffenheit), aichəhãit (Eigenheit), õfəhãit (Offenheit), drãgəhãit (Trockenheit),
ãlwərhãit (Albernheit), lũsdərhãit (Lüsternheit), nũchdərhãit (Nüchternheit),
schũchdərhãit (Schüchternheit).

Über bie Verkürzung ber Vorsilbe -hãit in -ət vergl. bie Nachsilbe -ət.

-i.

Die Ableitungsſilbe -i kommt rein mundartlich nur in üməri (immer; der Hauptton von üməri liegt auf dem ü, i hat den Nebenton) vor und ſteht nur vor der zweiten Steigerungsſtufe eines Eigenſchafts- oder Umſtandswortes, z. B. üməri bäsər (immer beſſer), üməri schæənər (immer ſchöner), üməri särnər („immer ſehrer" b. i. immer mehr, größer). Dies -i in üməri iſt wahrſcheinlich aus iə, der altdeutſchen Form unſeres „je" vor Komparativen, entſtanden. Sonſt ſteht -i als betonte Nachſilbe nur in Fremdwörtern für nhb betontes -ie oder auch -in, z. B. kombani (Kompanie), imfandəri (Jnfanterie), gawaʲəri (Kavallerie), deməgrädi (Demokratie), maəschinəri (Maſchinerie), karli (Karolin, eine ehemalige Goldmünze), dürbədi (Terpentin). Bisweilen hört man Bärli (Berlin) ſtatt des gewöhnlicheren Bärlin.

-ich (-ich, -icht, -ig).

-ich entſpricht der nhb Nachſilbe -ich in bödich (Bottich), drilich (Drillich), zwilich (Zwillich), däbich (Teppich), fidich (Fittich), rädich (Rettich).

Ferner ſteht -ich für die nhb Nachſilbe -icht (-igt) in dégich (Dickicht), kəərich (Kehricht), rüərich (Röhricht), schbüəlich (Spülicht), brēdich (Predigt) und in dem aus dem Nhb entlehnten, wenig gebräuchlichen dōrich (thöricht).

Außerdem entſpricht -ich der nhb Ableitungsſilbe -ig zunächſt in einigen Hauptwörtern, wie risich (Reiſig) und den aus dem Nhb entlehnten Wörtern könich (König), zäisich (Zeiſig), dann aber in vielen Eigenſchaftswörtern, z. B. afich (affig), blūədich (blutig), dornich (bornig), əəwich (ewig), färdich (fertig), frōsdich (froſtig), fūərich (feurig; vorig), girich (gierig), hōərich (harig), hängərich (hungrig), gəhüərich (gehörig), hiəsich (hieſig), hüdich (heutig), järich und jērich (jährig), körnich (körnig), kärnich (kernig), lēdich (ledig), luısdich (luſtig), mäsich (mäßig), mūədich (mutig), nüədich (nötig), rüich (ruhig), schämərich (ſchamhaft), schmīrich (ſchmierig), sönich (ſonnig), wasərich (wäſſerig), übich (üppig), zidich (zeitig b. i. reif), züchdich (züchtig). Ferner werden auch, entſprechend den nhb Zeitwortſtämmen auf -ig, Zeitwörter auf -ich gebildet, wie bəənich (beendigen), bərüich (beruhigen), dərmūədich (ermutigen), sich bədailich (ſich beteiligen), fərdaidich (verteidigen), bəgnädich (begnadigen), rainich (reinigen), nödich (nötigen), dərlēdich (erledigen); doch umſchreibt lieber der Waſunger derartige Wörter oder erſetzt ſie durch andere. (Vergl. auch -k.)

-icha ſ. -cha.

-ər (-ier).

Die Ableitungsſilbe -ər entſpricht der nhb Ableitungsſilbe -ier und kommt faſt nur in Fremdwörtern (Haupt- und Zeitwörtern) vor, z. B. bälwiər (Barbier), glafiər (Klavier), gwardiər (Quartier), öfəziər (Offizier), brōwiər (probieren), bärschwadiər (perſuabieren, überreden), bräsiər (preſſieren, brängen, eilen), bälwiər (barbieren), dēbədiər (deputieren, beſtimmen), difədiər (bivibieren), dragdiər (traktieren), fisədiər (viſitieren), ägsəgwiər (exekutieren, auspfänden), hönəriər (honorieren), juwæliər (jubilieren), kōmədiər (kommanbieren, befehlen), kuıdschiər (kutſchieren), harməniər (harmonieren, einig ſein), lawəriər (an etwas leiben), lådiər (lådieren, verleßen), mordsagəriər (massakrieren), obəriər (operieren), rêsaniər (råsonnieren, zanken), réchiər (regieren), sēgadiər (sekundieren b. i. die Begleitstimme spielen), sumiər (summieren, zusammenzählen); an deutsche Stämme ist -iər angehängt z. B. in nariər narrieren, jemanden zum besten haben), rainaviər (renovieren, reinigen), amdiər (amtieren). Durch Anhängung von -ər an das -iər der Zeitwörter werden Hauptwörter gebildet, wie z. B. Ägsəgwiərər (Exekutor), bålwiərər (Barbier), bosəmåndiərər (Posamentier), dabəziərər (Tapezier), kasiərər (Kassier).

-inə (-ine).

Die Endung -inə kommt, entsprechend der neuhochdeutschen, dem Französischen entlehnten Endung -ine, in weiblichen Taufnamen vor, die meist von männlichen Taufnamen abgeleitet sind, z. B. Alwårdinə (Albertine), Bårnhardinə (Bernhardine), Karlinə (Karoline), Wilhålminə, gewöhnlich verkürzt in Minə (Wilhelmine), Grisdinə (Christine).

-ing (-ing, -ung).

Die Nachsilbe -ing kommt in der WM sehr häufig vor und entspricht nhd den Nachsilben -ing und -ung. Es werden, wie im Nhd, nur Hauptwörter damit gebildet, z. B. håring (Hering), måsing (Messing), zwiling (Zwilling), aichding (Achtung), blōing (Blähung), dēning (Dehnung), åiniching (Einigung), fordəring (Forderung), gålding (Geltung), gwiding (Quittung), halding (Haltung), glaiding (Kleibung), låwing (Labung), målding (Meldung), mirsching (Wirsing), nōəring (Nahrung), ordning (Ordnung), réding (Rettung), sèzing (Sißung), drūəwing (Trübung), fərfasing (Verfassung), warning (Warnung), zēring (Zehrung); in bfåning (Pfennig, ursprünglich Pfenning) steht -ing für nhd -ig. Tritt -ing an einen mittels der Ableitungssilbe -əl erweiterten Stamm, so wird das ə vor l gewöhnlich ausgestoßen und letzteres wandelt sich dann zu l, z. B. handling (Handlung), fərsamling (Versammlung), fərzwäifəling (Verzweiflung); derartige Wörter sind jedoch erst aus dem Nhd entlehnt.

-ingə (-ingen, -ungen).

Die aus -ing (-ing, -ung) erweiterte Endung -ingə kommt in mehreren Ortsnamen vor und entspricht der nhd Endung -ingen in Måiningə (Meiningen), Schdåədlingə (Stedtlingen), sonst aber der Endung -ungen, z. B. Wōəsingə (Wasungen), Schwalingə (Schwallungen), Braidingə (Breitungen), Salzingə (Salzungen), Båringə (Behrungen), Flōədingə (Flabungen). Nur, wenn der Wasunger Hochdeutsch redet, kommt der Stammlaut u zur Geltung; dann sagt er aber auch Måinungən statt Måiningə.

-isch (-isch).

Die Nachsilbe -isch entspricht der nhd Nachsilbe -isch, kommt aber in der WM weniger vor als im Nhd. Allerdings bleiben die von Volks-, Orts- oder Ländernamen abgeleiteten derartigen Wörter meist auch in der WM bestehen,

z. B. jüdisch (jübifch), ängəlisch (englifch), französisch (franzöfifch), mäiningisch (meiningifch), sägsisch (fächfifch), hässisch (heffifch), lädinisch (lateinifch); nur düdsch (beutfch) hat, wie bas nhb Wort, bas i ber Enbung verloren, ferner wirb bräüsisch (preußifch) in ben fleltierten Formen oft zu bräüsch, unb ftatt bes unregelmäßig mit n gebilbeten nhb polnifch fagt man regelrecht bölisch; wo es aber angeht, fetzt man, wie im Nhb, lieber ftatt bes Eigenfchaftswortes auf -isch bas entfprechenbe Hauptwort auf -ər, wie dər Mäiningər härzōch (ber Meininger Herzog), di Bärlinər Uısschdäling (bie Berliner Ausstellung). Von anbern Eigenfchaftswörtern auf -isch mögen hier noch genannt fein: bäürisch (bäurifch), bfäüsch (pfäffifch), bolidisch „politifch" b. i. flug, gefchelt); diərisch (tierifch), dügisch (tückifch), ērdisch (irbifch), fərschwänərisch (verfchwenberifch), hälisch (höllifch), härisch (herrifch), himlisch (himmlifch), läifisch (läufifch), mordälisch (marttalifch), mörisch (mürrifch), närisch unb närsch (närrifch), säüisch (fäuifch), schdägisch (ftöcfifch), schdädisch (ftäbtifch), schnübisch (wählerifch im Effen), schbizbüwisch (fpitzbübifch), Uıslänisch (ausländifch); in hüsch ift, wie im Nhb, von ber Enbung ber altbeutfchen Wortform höäisch nur noch bas sch erhalten. Wenn ber Wafunger ber Wörter auf -isch nicht entraten kann, fo gebraucht er biefelben unbebenflich; im übrigen jeboch umfchreibt er bie in ben nhb Eigenfchaftswörtern auf -ifch liegenben Begriffe, ober er be= bient fich ber vom gleichen Wortftamm gebilbeten Formen auf -ich unb -lich.

-ıcht (-icht).

Die Ableitungsfilbe -ıcht finbet fich nur in haıcht (Habicht).

-k (-ig).

Der Ableitungslaut -k fteht für bie nhb Enbung -ig in ben Wörtern bumgk (Honig), küngk (König), äsk (Effig), schölk (fchulbig), wängk (wenig).

-käit (-feit).

Die Nachfilbe -käit entfpricht ber nhb Nachfilbe -feit unb wirb, wie im Nhb, zur Bilbung von weiblichen Hauptwörtern verwanbt, inbem fie an Eigen= fchaftswörter tritt, bie fich auf -əl, -ər, -bōər (-bər), -ich, -lich, -səm enbigen, z. B. Uwəlkäit (Übelfeit), haidərkäit (Heiterfeit), bēdərkäit (Bitterfeit), dabfər= käit (Tapferfeit), fruchdbərkäit (Fruchtbarfeit), danggbərkäit (Danfbarfeit), səwichkäit (Ewigfeit), hailichkäit (Heiligfeit), barmhärzichkäit (Barmherzig= feit), luısdichkäit (Luftigfeit), glainichkäit (Kleinigfeit), gərächdichkäit (Ge= rechtigfeit), haimlichkäit (Heimlichfeit), rainichkäit (Reinlichfeit), ufmärgsəm= käit (Aufmerffamfeit).

-läi (-lei).

Die uneigentliche Nachfilbe -läi entfpricht bem nhb -lei (urfprünglich ein Hauptwort in ber Bebeutung von „Art") in unbeftimmten unb beftimmten Zahl= wörtern unb einigen Fürwörtern, z. B. alərläi (allerlei), filərläi (vielerlei), manchərläi (mancherlei), äinərläi (einerlei), zwäərläi (zweierlei), dräiərläi (breierlei) u. f. w., in därläi (berlei, berart), unb bem aus bem Nhb ent= nommenen sölchərläi (folcherlei).

-lə (-lein).

-lə entspricht der nhd Verkleinerungssilbe -lein und kommt fast durchgehends da zur Anwendung, wo im Nhd die Verkleinerungssilbe -chen gebräuchlich ist (vergl. -chə). Wie nhd -lein oder -chen tritt -lə für gewöhnlich an den Ein= zahlstamm des Wortes, wie derselbe im 1. Fall erscheint, mag der Stamm ein= fach oder erweitert sein, nur der Stammerweiterungslaut -ə wird dann, wie im Nhd auslautendes -e, stets abgeworfen. Umlautfähiger Selbstlaut des Stammes erleidet dabei, wie im Nhd, meistenteils Umlaut; hinsichtlich des Stammvokales å gilt hier die Regel, daß er in der Verkleinerungsform sich in ä verwandelt, sobald die Mehrheit des nicht verkleinerten Wortes den Laut ä als Umlaut von å bietet, im übrigen wird er zu æ. Nicht an den 1. Fall der Einzahl tritt -lə, wenn dieser Fall im Gegensatz zur ursprünglichen (aus dem 3. Fall der Einzahl oder aus der Mehrzahl noch erschließbaren) Wortform, gedehnten Stammselbst= laut enthält; bei derartigen Wörtern wird die Verkleinerungssilbe an diejenige Stammform gefügt, wie sie aus dem 3. Fall der Einzahl oder, wenn auch hier die Dehnung des Stammselbstlautes Platz gegriffen hat, aus der Mehrheit sich ergibt, wobei jedoch zu berücksichtigen ist, daß die in der Mehrheitsform etwa eintretende Stammerweiterungssilbe -ər nicht zu der eigentlichen Stammform ge= hört und darum nicht in die Verkleinerungsform gezogen werden darf; umlaut= fähiger Selbstlaut des Stammes erleidet dann regelmäßig Umlaut. Beispiele: äglə (Eckchen) von ågə, jäglə (Jäckchen) von jagə, ägərlə (Äckerchen) von agər, bänglə (Bänkchen) von bängk (Mehrzahl bängk), wänlə (Wännchen) von wanə, näsdlə (Nestchen) von näst (Mehrzahl: näst), fädərlə (Väterchen) von fådər (Mehrzahl: fådər), fädərlə (Federchen) von fådər, schbäslə (Späßchen) von schbäs, bräglə (Bröckchen) von brågə, gräslə, teilweise aber auch gräslə (Gräschen) von grås, käsdlə (Kästchen) von käsdə (Mehrzahl: käsdə und käsdə), fläschlə (Fläschchen) von fläschə, blädlə (Blättchen) von blåt (Mehr= zahl: blädər), fädlə (Fädchen) von fådə (Mehrzahl: fådə), äsdlə (Ästchen) von åst (Mehrzahl: äst), zälə (Zähnchen) von zö (Mehrzahl: zä), börschlə (Bürschchen) von borsch, grönlə (Krönchen) von grönə, öflə (Öfchen) von öf, grölə (Krägelchen) von grö (Kragen), wölə (Wägelchen) von wö (Wagen), schdöglə (Stückchen) von schdök, kömərlə (Kämmerchen) von kömər (Mehr= zahl: kömər), küchlə (kleiner Kuchen) von kuchə, düwlə (Täubchen) von düwə, schrüwlə (Schräubchen) von schrüwə, hüslə (Häuschen) von hüĭs, küzlə (Käuzchen) von küĭz, grüdlə (Kräutchen) von grüĭt, rislə (Reislein) von ris, fädərlə (Vetterchen) · von fädər, äilə (Eilein, Eichen) von äi, æəslə und öəslə (Öchslein) von oəs, häŭflə (Häufchen) von håuf oder håufə, bäŭərlə (Bäuerlein) von båuər, böərdlə (Bärtchen) von böərt, blöəslə, blæəslə und bläslə (Bläschen) von blöəsə, höərlə (Härchen) von höər, flöəsdərlə (Pflästerchen) von flöəsdər, môĭdərlə (Mütterchen) von môĭdər (Mehrzahl: môĭdər), füərlə (Führchen) von füər, rüəslə (Röschen) von rüəsə, brüədərlə (Brüderchen) von brüədər (Mehrzahl: brüədər); lämlə (Lämmchen) von läm (3. Fall: läm, Mehrzahl: lämər), dänglə (Dingchen) von dängk (3. Fall: dängk, Mehrzahl: dängər), schdänlə (Ständchen) von schdänt (3. Fall: schdänt, Mehrzahl: schdän), wänlə (Wändchen) von wänt (3. Fall: wänt, Mehrzahl: wän), körlə (Körbchen) von küərp oder kurp (3. Fall: korə neben küərp oder kurp, Mehrzahl regelmäßig: körə), hönlə (Hündchen) von häint (3. Fall: häint, Mehr=

ʒahl: hôn), büchlə (Büchlein) von bûch (3. Fall: bûch, Mehrzahl: bûchər), dûchlə (Tüchlein) von dûch (3. Fall: dûch, Mehrzahl: dûchər), fèschlə (Fischchen) von fïsch (3. Fall: fèsch, Mehrzahl: fèsch), dèschlə (Tischchen) von dïsch (3. Fall: dïsch, Mehrzahl: dèsch), wèschlə (Wischchen) von wïsch (3. Fall: wïsch, Mehrzahl: wèsch), kénlə (Kindchen) von kåint (3. Fall: kèn, Mehrzahl: kénər).

Tritt -lə an ein Wort, das auf -əl auslautet, so wird aus ll ein einfaches l, indem das l in dem voranstehenden l aufgeht; auch diese Wörter sind meistenteils der Regel des Umlautes unterworfen, z. B. åbfələ (Äpfelchen) von abfəl, åicholə (Eichelchen) von åicholə (Eichel), årmbfələ (ein Ärmchen voll) von armbfəl, hämbfələ (ein Händchen voll) von hambfəl, bûdələ (Beutelchen) von bûdəl, bûidələ (Pudelchen) von bûidəl, dævələ (Täfelchen) von dåvəl, ēsələ (Eselchen) von ēsəl, gævələ (Gäbelchen) von gåvəl, Grisdələ (Christelchen) von Grisdəl, der Verkleinerungsform von Grisdjänə (Christiane), hövələ (Hobelchen) von hövəl, græmbələ (Krümchen) von græmbəl, glängələ (Klingelchen) von glängəl, mändələ (Mäntelchen) von mändəl, nörwələ ("Nörbelchen" b. i. Ziegenmist) von norwəl, ûrchələ (Orgelchen, Drehörgelchen) von orchəl, ræəsələ (Rüsselchen) von ræəsəl, schösələ (Schüsselchen) von schösəl, sèchələ (Sichelchen) von sèchəl (Sichel), zæsbələ (Zaspelchen, Garngebindchen) von zåsbəl.

Bei den auf l und l auslautenden eigentlichen b. h. nicht erweiterten Stämmen wird jedoch statt -lə die Verkleinerungsilbe -chə mittels eines i oder ı als Zwischengliedes angesetzt, ausnahmsweise wohl auch an die so entstehende Form auf -ichə noch ein -lə, und zwar mit Ausstoßung des in -ichə befindlichen -ə, angehängt, so daß die auf letztere Art gebildeten Wörter eine der echten WM fremde doppelte Verkleinerungsilbe aufweisen. Man sehe hierüber den Abschnitt über -chə!

Während im Nhd die Verkleinerungsilbe fast nur an solche Wörter gesetzt wird, die faßbare Dinge bezeichnen, und höchstens in der Redewendung „sein Mütchen kühlen" eine Ausnahme davon bildet, so kommt es in der WM häufiger vor, daß von sogenannten abstrakten Begriffen Verkleinerungsformen gebildet werden. So sagt man z. B. außer „sï müədlə küəl" (sein Mütlein kühlen), auch ə frædlə mach (ein „Freublein" machen), ferner ə schmärzlə (ein „Schmerzlein"), ə drüəsdlə (ein „Tröstlein"), ə wörədlə (ein „Wahrheitchen") u. a. m. Ja sogar das Fürwort „bu" wird mitunter in düələ verwandelt, z. B. wart, düələ! (warte, bu'chen!) oder du, düələ! (bu, bu'chen!); ebenso läßt das Empfindungswort åch! (ach!) es sich gefallen, in åchələ verwandelt zu werden. Überhaupt ist der Wasunger zur Bildung von Koseformen sehr geneigt, und die Verkleinerungsilben -lə und -chə finden deshalb in der WM eine weit ausgedehnte Verwendung.

-lər (-ler) s. -ər.

-lich (-lich).

-lich entspricht der nhd Endsilbe -lich und wird, wie im Nhd, zur Bildung von Eigenschafts- und Umstandswörtern verwandt, z. B. åldlich (ältlich), ärmlich (ärmlich), bänglich (bänglich), briəflich (brieflich), dæchlich (täglich), dränglich (dringlich), ērlich (ehrlich), ərschræglich (erschrecklich), flădərlich (vâterlĭch), fŏlchlich (folglĭch), grāslich (grǟßlĭch), grisdlich (chrĭstlĭch), hārlich (herrlĭch), jēərlich unb jāərlich (jǟhrlĭch), künsdlich (fünfilĭch), länglich (lânglĭch), mānlich (mânnlĭch), mŏdərlich (mütterlĭch), nɪədlich (nieblĭch), orndlich (orbentlĭch), bŭnggdlich (pünftlĭch), rēbədɪərlich (reputterlĭch, anftânbĭg), rŭmlich (rühmlĭch), sææslich (füßlĭch), schdŏnlich (ftŭnblĭch), ŭfərschdänlich (unverftânblĭch), wérglich (wirflĭch), zɪərlich (zierlĭch), frālich (freilĭch), gəbŭərlich (gebührlĭch, gebührenb), gɪzlich („geizlĭch“ b. i. haftĭg, gierĭg, vom Freffen ber Tiere gefagt), indɪərlich (inftânbĭg) mĭt bem Ton auf ber zweiten Silbe, nārlich (annähernb, ungefähr), ŏərdlich („artlĭch“ b. i. unwohl, befonberß in ber Wenbung əs ɪsmə sŏ ŏərdlich b. h. eß ĭft mĭr fo elgen, mĭr ĭft übel, ĭch befĭnbe mĭch unwohl).

Dieſe Enbfilbe wĭrb auch anberen Enbfilben angefügt, boch jetzt viel weniger, alß eß fonft geſchah, z. B. ērbŏərlich (ehrbarlĭch), gəhæŭərlich (ge= heuerlĭch) u. ſ. w.

-ling (-lĭng).

Die Enbfilbe -ling entſpricht ber nhb Enbfilbe ≠lĭng unb kommt, wie im Nhb, nur in männlichen Hauptwörtern vor, z. B. bügling (Bücflĭng), dŭmling (Dâumlĭng), Ångərling (Engerlĭng), fĭngərling (Fingerlĭng), frŭəling (Frühlĭng), hägərling (Häderlĭng), hänəfling (Hänflĭng), jængling (Jünglĭng), jārling (Jährlĭng, ein einjährigeß Jungvieh), lērling (Lehrlĭng), lɪəbling (Lieb= lĭng), mɪədling (Mietlĭng), næŭling (Neulĭng), schɪərling (Schierlĭng), schbēədling (Spätlĭng), fɪərling (Bierlĭng, auch Familienname), wŭəsdling (Wüftlĭng), zŭchdling (Züchtlĭng). (Bergl. auch bie Ableitungßfilbe -ing.)

-m.

Der Ableitungßlaut -m finbet fĭch in bȧm, auch bȧum geſprochen (Ball).

-mə.

Die Ableitungßfilbe -mə kommt vor in rȧdmə (Rabe, Kornrabe) unb schȧdmə (Schatten).

-n.

-n kommt alß eigentlicher Ableitungßlaut nur vor in forn (vorn) unb ber bei Zuſammenſetzungen verwenbeten Partikel gleichen Stammeß fürn-, fün-, z. B. fürnjēərich ober fünjēərich (vorjährig), außerbem in morn (morgen).

Der uneigentliche Ableitungßlaut -n, welcher burch Übertragung ber ſchwachen Beugungßenbung -n auf ben 1. Fall ber bezüglichen Wörter fĭch eingebürgert hat, finbet fĭch in mehreren Hauptwörtern, beren eigentlicher Stamm auf l, l unb r außlautet, z. B. gȧln (Galle), hȧln (Halle), dȧln (Delle, Bertlefung), fȧln (Fell), gəsȧln (Gefell), kabȧln (Kapelle), kȧln (Kelle), schȧln (Schelle), schdȧln (Stelle), schwȧln (Schwelle), wȧln (Welle am Rab, unb alß Reifig= bünbel), zȧln (Zelle), zwȧln ober hänzwȧln (Zwehle, Hanbzwehle b. i. Hanb= tuch), gnȧln (Knolle), rȧln (Rolle), schȧln (Schale, Rinbe), wȧln (Wolle), bŏln (Bohle), dŏln (Dohle b. i. ein mit einem Brett verbecfter Abzugßgraben), hŏln (Hohle, Höhle), kŏln (Kohle), schbŏln (Spule), bŭln (Beule), kŭln (Reule), fŭln (Feile), mŏln (Mühle), suṭln (Sohle), wéln (Wille), schdarn (Star), schŏrn (Scheuer, Scheune), rŏrn (Röhre).

-nis (=nis).

Die Endung -nis bei Hauptwörtern kommt in der WM, ebenso wie im Nhd, häufig vor. Es liegen ihnen meist Zeitwörter mit den Vorsilben bə-, fər- und ər-, jedoch auch Eigenschaftswörter zugrunde, z. B. bədrängnis (Bedrängnis), bədrüəbnis (Betrübnis), bəkändnis (Bekenntnis), fərdamnis (Verdammnis), fərzäichnis (Verzeichnis), ərläubnis (Erlaubnis), ərschböərnis (Ersparnis), fäinsdərnis (Finsternis), wélnis (Wildnis), gəhäimnis (Geheimnis).

-rich (=rich).

Die uneigentliche Ableitungssilbe -rich findet sich wie die nhb Endung =rich in Hauptwörtern, z. B. fänərich (Fähnrich), ändərich (Enterich), hädərich (Heberich), wüədərich (Wüterich), schwädərich (Schwäberich, eine Vorrichtung zum Fischfangen im Mühlgraben), Erich (Erich), Fridərich (Friedrich), Hainərich (Heinrich).

-säl (=sal).

Die Nachsilbe -säl entspricht dem nhb =sal und kommt in Hauptwörtern vor, die wohl meist dem Nhb entnommen sind; es sind dies drangsäl (Drangsal), drüəbsäl (Trübsal), läbsäl (Labsal), schigsäl (Schicksal), schäüsäl (Scheusal), müəsäl (Mühsal).

-səl (=sel).

Die aus -säl verkürzte Ableitungssilbe -səl entspricht dem nhb =sel und findet sich nur in wenig Wörtern, wie rädsəl (Rätsel), öhängsəl (Anhängsel), gəmängsəl (Gemengsel).

-sēəlich (=selig).

Die aus der Ableitungssilbe -säl erweiterte Ableitung -sēəlich entspricht der Ableitung =selig und kommt in Eigenschaftswörtern vor, wie z. B. drüəb- sēəlich), rēdsēəlich (redselig), müəsēəlich (mühselig); aus diesen werden, wie im Nhb, durch Anfügung der Endsilbe -käit (=keit) Hauptwörter gebildet: drüəbsēəlichkäit (Trübseligkeit), rēdsēəlichkäit (Redseligkeit), müəsēəlich- käit (Mühseligkeit).

-schäft (=schaft).

Die uneigentliche Ableitungssilbe -schäft entspricht dem nhb =schaft und dient, wie im Nhb, zur Bildung vieler Hauptwörter, von denen dann mittels der Endung -lich wieder Eigenschaftswörter abgeleitet werden, z. B. böərschäft (Barschaft), brüədərschäft (Brüderschaft), börchərschäft (Bürgerschaft), brief- schäfdə (Briefschaften), diənərschäft (Dienerschaft), ärbschäft (Erbschaft), fäindschäft (Feindschaft), fräündschäft (Freundschaft), gräfschäft (Grafschaft), gəfangəschäft (Gefangenschaft), gəsälschäft (Gesellschaft), gərädschäft (Gerät- schaft), gəwärgschäft (Gewerkschaft), härschäft (Herrschaft), jüdəschäft (Juden- schaft), landschäft (Landschaft), kumdschäft (Kundschaft), kindschäft (Kind- schaft), manschäft (Mannschaft), nåchbərschäft (Nachbarschaft), ordschäft (Ortschaft), flächschäft (Pflegschaft), rächəschäft (Rechenschaft), schwangərschäft

(Schwangerschaft), wanərschàft (Wanderschaft), wèrdschàft (Wirtschaft); fräündschàfdlich (freundschaftlich), bàrschàfdlich (herrschaftlich), lanschàfdlich (landschaftlich), nàchbərschàfdlich (nachbarschaftlich), wèrdschàfdlich (wirtschaftlich).

-səm, -schəm, -sōm (=sam).

Die Ableitungssilbe -səm, nach vorausgehendem r meist zu -schəm verändert und in Wörtern mit zweisilbigem Stamm -sōm lautend, entspricht dem nhb =sam, kommt aber viel seltener als im Rhb vor. Es finden sich folgende Beispiele: mūəsəm (mühsam), sàldsəm (seltsam), rōədsəm (ratsam), fōlchsəm (folgsam), gəhorchsəm (gehorsam), gəlōərsəm („gelehrsam", gelehrig); wōnərsōm (wundersam), dūchədsōm (tugendsam), ərschəm (Ehrsam, als Familienname), schbōrschəm (sparsam), dər gəhōrschəm und gəhōrsəm („Gehorsam" b. i. Gewahrsam, Gefängnis).
Alle vorgenannten Wörter kommen sehr selten zur Anwendung.

-t (=t, =d).

Der Ableitungslaut -t entspricht dem nhb Ableitungslaut =t oder =d und findet sich in Hauptwörtern wie gəbūərt (Geburt), fōərt (Fahrt), nōət (Naht), drōət (Draht), gəsicht (Gesicht), gəwicht ˙(Gewicht), gift (Gift), fröst (Frost), brànt (Brand), jàt (Jagd), drèt neben dem aus dem Rhb entlehnten dracht (Tracht).
Für nhb =be steht -t. in gədrüit (Getreide).

---

2. Von der Zusammensetzung.

A. Zusammensetzung mittels Partikeln.

Die WM hat nicht alle Partikeln des Rhb, und wo solche, sonst ihr fehlende, in Zusammensetzungen vorkommen, sind sie mit dem Worte dem Rhb nur entlehnt. Dagegen wird in der WM manches Umstandswort als Partikel bei Zusammensetzungen verwendet, das im Rhb seine Eigenschaft bewahrt und nicht zum Teil einer Zusammensetzung wird. Es finden sich überhaupt folgende Partikeln in Zusammensetzungen vor:

àfdər- (after=).

àfdər- ist das nhb after=, und die damit gebildeten Wörter sind dem Rhb entlehnt. Es kommen nur vor die Hauptwörter àfdərkorn (Afterkorn), àfdərlüdər (Afterleder), àfdərmäl (Aftermehl), àfdərmiət (Aftermiete), àfdərzènz (Afterzins), und das Zeitwort àfdərèt (afterreden).

àwər- (aber=).

àwər- ist das nhb aber= und findet sich nur in dem aus dem Rhb entlehnten àwərglāüwə (Aberglaube).

àm- (ant=).

àm- entspricht der nhb Silbe ant= und kommt nur vor in àmbərt (Antwort; antworten).

Ant- oder ənt-, Ån- oder ən-, Åm- oder əm-, Åmb- oder əmb-, Ång- oder əng- (ent-, emp-).

Die untrennbare Silbe Ant- oder ənt- entspricht der nhb Silbe ent-, z. B. åndöərt (entartet, entarten), åndöər (entehren), åndårp (enterben), åndhåł und ånthåł (enthalten), åndlaəs (entlaſſen), åndlå (entlegen), åndwån (entwenden).

Vor s, sch, t und z verliert Ant- das t und wird zu Ån- oder ən-, z. B. ånså (entſagen), ånsåz (entſetzen), ånsåzə (Entſetzen), ånschåit (entſcheiden), sich ånschłéəs (ſich entſchließen), ånschbråch (entſprechen), ånschbräng (entſpringen), ånschdåə (entſtehen), åndåk (entdecken), ånziə (entziehen).

Vor den Lippenlauten b und f wird Ant- zu Åm- (əm-), z. B. åmbår (entbehren), åmbårlich (entbehrlich), åmbèn (entbinden), åmfåł (entfallen), åmfårn (entfernen). Vor f wird mitunter ein b nach dem m eingeſchoben, ſo daß z. B. neben åmfåł auch åmbfåł (entfallen) vernommen wird. Regelmäßig tritt vor den mit f anlautenden Wortſtämmen die Vorſilbe åmb- oder əmb- für Ant- ein, wenn es ſich um Wörter handelt, denen nhb mit emp- (ſtatt ent-) beginnende Formen gegenüberſtehen, z. B. åmbfang (empfangen), åmbfångk (Empfang), åmbfångər (Empfänger), åmbfåəł (empfehlen), åmbfåəłing (Empfehlung), åmbfèn (empfinden), åmbfènlich (empfindlich).

Vor g und k wird Ant- zu Ång-, z. B. ånggå (entgegen), ånggåł (entgelten), ånggråft (entkräften), ångkôm (entkommen).

Ar- oder ər- (er-).

Die untrennbare Silbe Ar- (ər-) entspricht nhb der Silbe er-, findet ſich aber faſt nur in Haupt- und Eigenſchaftswörtern, z. B. årbårmlich (erbärmlich), århézt (erhitzt), årkorn (erkoren), årdråch (Ertrag), årdråchlich (erträglich). Vergl. auch dår- oder dər- (er-).

Å- und åb- (ab-).

Å- entſpricht nhb der Partikel ab- und behält wie dieſe den Haupton, läßt ſich daher auch von den Zeitwörtern trennen, mit denen es verbunden iſt. Hierher gehören z. B. die Zeitwörter åås (abeſſen), åfas (abfaſſen, verfaſſen, abfangen), åfərlang (abverlangen), åföər (abfahren), åfrås (abfreſſen), åfang (abfangen), åbis (abbeißen), åbəschdåł (abbeſtellen), åbèn (abbinden, ein Kalb von der Kuh entwöhnen), åbit (abbitten), åblåt (abblatten; gewöhnlicher iſt das einfache blåt, blatten), sich åbłåk (ſich abblöſen, ſich abbrüllen b. i. ſich abſchreien, durch ſchreien ermüden), åbłöə (abblühen, verblühen), åbrægəł (abbröckeln), åbräch (abbrechen, herabbrechen; plötzlich aufhören), åbæəs (abbüßen), ådångk (abbanken), ådrəə (abbrechen, brehend löſen), ågå (abgeben), sich ågå (ſich abgeben, ſich einlaſſen), ågəə (abgehen, Abſatz finden; ſelten in der Bedeutung von ſterben), ågrås (abgraſen), ågraz (abkratzen), åhak (abhacken), åhåł (abhalten), åkart (abkarten, heimlich verabreden, ausmachen), åkåif (ablaufen), åłå (ablegen), ålögər (ablocken, abſchwatzen), sich åmåł (ſich abmeiben), ånåm (abnehmen), sich åragər (ſich abrackern b. i. ſich abmühen, quälen), åröət (abraten), åsåz (abſetzen, ablegen), åschaf (abſchaffen), sich åschèn (ſich abſchinden b. i. abmühen), åschłöə (abſchlagen), åschrī (abſchreiben), åschwångk (abſchwenken), **åschbråch** (abſprechen), **åschdöm** (abſtimmen), **åschdrīt** (abſtreiten), **åwæ** (abwägen, abwiegen), **åwæn** (abwenden, verhüten), **åzēl** (abzählen, zählend abteilen), **åzūk** (abziehen, beſonders beim Rechnen), **åzwak** (abzwacken b. i. abziehen, am Lohn verkürzen).

Mit **å** gebildete Hauptwörter ſind z. B. **åfūǝr** (Abfuhre), **dås ånāmǝ** (das Abnehmen, eine abzehrende Krankheit), **ågångk** (Abgang), **åwænt** (Abwand b. i. die zwei Äckerſtücke trennende Äckerfurche).

Ab- entſpricht ebenfalls nhd. der Vorſilbe **ab-**, kommt jedoch nur in ſolchen Hauptwörtern und den von dieſen gebildeten Ableitungen vor, die dem Nhd. entlehnt, aber jetzt in der WM. ſehr gebräuchlich ſind, z. B. **åbsicht** (Abſicht), **åbsichdlich** (abſichtlich), Ton auf sichd, ſelten auf **åb**), **åböǝrt** (Abart), **åbgå** (Abgabe; meiſt nur in der Mehrheit gebräuchlich: di **åbgåwǝ**), **åbgot** (Abgott), **dås åbkōmǝ** (das Abkommen), **åbsåz** (Abſatz), **åbschīǝt** (Abſchied), **åbschæū** (Abſcheu), **abschæūlich** (abſcheulich, Ton auf schæū), **åbschlåk** (Abſchlag), **åbschlåchlich** (abſchläglich), **åbschdånt** (Abſtand), **åbdailing** (Abteilung; bisweilen dail betont), **åbworf** (Abwurf, die Zinſen eines Kapitals, Ertrag eines Grundſtücks), **åbzåichǝ** (Abzeichen, Kennzeichen).

bǝ- (be-).

Die untrennbare Vorſilbe **bǝ-** entſpricht nhd. der Silbe **be-**, und zahlreich ſind die mit derſelben gebildeten Wörter, die der Waſunger jederzeit nach Belieben vermehrt. Dem Nhd. entſprechen z. B. die Zeitwörter **bǝbåu** (bebauen), sich **bǝdångk** (ſich bedanken), **bǝfråch** (befragen), **bǝgæn** (begegnen), **bǝglōk** (beglücken), **bǝhågs** (behexen), sich **bǝglæ** (ſich beklagen), sich **bǝnæm** (ſich benehmen), **bǝruf** (berufen), **bǝschlōǝ** (beſchlagen), **bǝschrī** (beſchreiben), **beschwēr** (beſchweren; beſchwören), **bǝwērk** (bewirken), **bǝwērt** (bewirten), **bezwäng** (bezwingen); desgleichen die Hauptwörter **bǝamdǝr** (Beamter), **bǝdaicht** (Bedacht), **bǝdrūch** (Betrug), **bǝgær** (Begehr), **bǝgīǝrdǝ** (Begierde), **bǝglåidǝr** (Begleiter), **bǝkåndǝr** (Bekannter), **bǝlang** (Belang), **bǝrōǝdǝr** (Berater, gewöhnlicher iſt **rōǝdgǝwǝr** b. i. Ratgeber), **bǝsåz** (Beſatz an Kleidern), **bǝsēz** (Beſitz), **bǝschait** (Beſcheid), **bǝschlåk** (Beſchlag), **beschwērdǝ** (Beſchwerde), **bǝzērk** (Bezirk), ſowie die meiſten auf ing (ung), wie **bǝschēring** (Beſcherung), **bǝlåsding** (Belaſtung) u. ſ. w.; ferner die Eigenſchafts- und Umſtandswörter **bǝdaicht** (bedacht), **bǝdaichdsǝm** (bedachtſam), **ūbǝdångt** (unbedingt), **bǝfūcht** (befugt), **bǝgærlich** (begehrlich), **bǝhårzt** (beherzt), **bǝhōlǝßlich** (behülflich), **bǝjōǝrt** (bejahrt), **bǝkånt** (bekannt), **bǝnōmt** (benannt), **beräit** (bereit), **bǝsōfǝ** (beſoffen), **bǝschdōmt** (beſtimmt), **bǝwōst** (bewußt).

Außerdem können in der WM. mittels eines beliebigen Hauptwortes und der Vorſilbe **bǝ-** nach Bedürfnis Wortgebilde geſchaffen werden, die augenblicklichen Stimmungen entſpringen und zumeiſt eine höhnende Bedeutung in ſich ſchließen.

båi- (bei-).

Die Vorſilbe **båi-** entſpricht nhd. der Vorſilbe **bei-** und wird, wie letztere, zur Bildung von Zeit- und Hauptwörtern verwandt; bei erſteren iſt ſie, wie im Nhd., trennbar; z. B. **båibǝhal** (beibehalten), **båibräng** (beibringen), **båikōm** (beikommen), **båilæ** (beilegen), **båischaf** (beiſchaffen), **båischbräng** (beiſpringen), bäischdǎk (beiſtecken), bäischdǟ (beiſtehen), bǎidrǟ (beitragen), bǎidrǎt (beitreten), bǎibrǎngər (Beibringer b. i. Saugſpritze), bǎifǎl (Beifall), bǎigəschmǎk (Beigeſchmack), bǎinȫm (Beiname, Spitzname; gewöhnlich ſagt man dafür: ən ufgəhangənər nȫm, wörtlich: ein „aufgehangener" b. i. aufgehängter Name).

Anderer Art, als das eben beſprochene bǎi iſt das bǎi in bǎinȫə (beinahe), bǎiənant (beieinander), bǎizɪt (beizeiten); während es dort die Eigenſchaft eines Umſtandswortes beſitzt, iſt es hier Verhältniswort.

də-, d- (da-, br-).

də- ſteht unbetont für nhb unbetontes da- in den Umſtandswörtern dəbǎi (dabei), dəhǎm (daheim), dəfūlər (dafür). Zu bloßem d verfürzt erſcheint də in dȫnə (da unten, brunten), dȫwə (da oben, droben), dén (da innen, brin), dūwə (drüben), dupßə (da außen, braußen). Vergl. auch dər- und das betonte dȫə-.

dər- oder dǎr-, dr- (er-, zer-; ba-, bar-, br-).

dər-, auch dǎr- ſteht zunächſt für nhb er- meiſt in Zeitwörtern, ſehr ſelten in Haupt- und Eigenſchaftswörtern, auch wenn dieſe von mit ǎr- (ər-) gebildeten Zeitwörtern abgeleitet ſind, z. B. sich dərbarm (ſich erbarmen), aber ərbarmə (Erbarmen), ərbǎrmlich (erbärmlich), dərbēə (erbeben), dərfȫər (erfahren), aber ərfȫəring (Erfahrung), dərfriər (erfrieren), dərfrorn (erfroren), sich dərgǎ (ſich ergeben), aber ərgɪwich (ergiebig), dərhǎl (erhalten), dərkǎn (erkennen), aber ərkǎndlich (erkenntlich), sich dərkǎl (ſich erkälten), dərlǎ (erleben), dərlǎ (erlaben), dərlȫəs (erlöſen), dərét (erretten), dərschrǎk (erſchrecken), dərschdǎch (erſtechen), dərwǎsch (erwiſchen), dərzǎl (erzählen), dərzwǎng (erzwingen b. i. 1. im Ringen überwinden; 2. fertig werden mit arbeiten, eſſen). Sonſt gibt es noch dərgram (erfaſſen, ergreifen, packen), sich dərschǎm (ſich ſehr ſchämen), dərsǟə (erſehen b. i. anſehen, betrachten, gewöhnlich verneinend gebraucht, z. B. nét dərsǟə kȫn b. i. etwas nicht erſehen können, entweder, weil es ein Gegenſtand des Abſcheus und größten Ekels, oder ein ſolcher höchſten Begehrens iſt), dərworch (erwürgen b. i. erſticken).

In dərnǎcht oder dernǎchət (barnach, hernach) vertritt dər- die nhb Silbe bar-, in dərgnāədsch (zerknetſchen b. i. zerquetſchen), dərlǎch (zerlechzen, von Holzgefäßen, die infolge großer Trockenheit auseinanderfallen), dərblaz (zerplatzen) die nhb Vorſilbe zer-.

In nachbenannten Umſtandswörtern ſteht dər- für nhb da- oder bar-, in denen beiden das hinweiſende Fürwort bas enthalten iſt, z. B. dərfȫ (davon), dərhǎm, auch dəhǎm (baheim), dərmit (bamit), dərnǎch, dərnǎchət (banach, hernach), dərzūə (bazu), dərbǎi (babei), dərfȫ (davon), dərfūlər (bafür), dərgǎ (bagegen), dərwidər (batwiber), dərmit (bamit), dərnǎwət (baneben). Beginnt das auf dər- folgende Verhältniswort, bas ſolchen Umſtandswörtern zugrunde liegt, mit einem Selbſtlaut, ſo wird das ə ausgeſtoßen, z. B. drȫ (baran), drū (barüber), druf (barauf), druf ȫn drɪ (brauf und brein), drūɪs (baraus), drȫm (barum).

dōə-, doə- (ba≠).

dōə- unb doə- entſprechen der nhb Partikel ba≠ unb ſind im Grunbe ge≠ nommen baß Umſtanbßwort dōə (ba). Eß finbet ſich dōə-, wie nhb betonteß unb trennbareß ba≠, betont unb trennbar in Zeitwörtern, z. B. dōəblī (ba≠ bleiben), dōəßchdēə (baſtehen), dōəßāi (baſein), ſonſt noch in ben Umſtanbßwör≠ tern dōəbāi (babei), dōədūərch (baburch), dōəfārn (bafern), dōəfūər (bafūr), dōəgā (bagegen), dōəhār (baher), dōəhī (bahin), dōəhénə (bahinten), dōəhén (bahier innen), dōəbuɪɜe (bahier außen), dōəhōwə (bahier oben), dōəhōnə (bahier unten), dōəhūwə (bahüben), dōəmit (bamit), dōənāch (banach), dōə≠ nāwət (baneben), dōənī (bahinein), dōənū (bahinüber), dōənuf (bahinauf), dōə≠ nūɪɜ (bahinauß), dōərī (baherein), dōərū (baherüber), dōəruf (baherauf), dōə≠ rūɪɜ (baherauß); in bieſen Wörtern wirb bie in dōə liegenbe hinweiſenbe Rich≠ tung hervorgehoben. Außerbem aber beſitzt ber Waſunger für einige ber be≠ treffenben Umſtanbßwörter ganz eigentümliche Formen, inbem er auf bie bem nhb ba ober bar entſprechenbe Silbe dōə noch ein dər folgen läßt. So ſagt er dōədərbāi (babei), dōədərfūər (bafūr), dōədərgā (bagegen), dōədərmit (ba≠ mit), dōədərnāch (barnach), dōədərnāwət (baneben), ferner mit Hinweglaſſung beß ə: dōədruf (barauf), dōədrūɪɜ (barauß), dōədrī (barein), dōədrū (barüber), dōədrōnt (barunter), dōədrōm (barum); enblich mit Außſtoßung von ər: dōə≠ dén (barin), dōədōnə (ba unten), dōədōwə (ba oben), dōədūwə (ba brüben), dōəduɪɜə (ba braußen). Auch in bieſen Wörtern hat dōə, genau wie baß Wort „ba“ in ben entſprechenben nhb Formen ben Hauptton; benn dōə wirb eben meiſt nur beß Rachbrucks wegen geſetzt; für gewöhnlich genügt in vorgenannten Fällen baß betreffenbe Wort ohne dōə. Man unterſcheibet bie Umſtanbßwörter beß Orteß dōərū (baherüber) unb dōədrū, eigentlich dōədrūnū, auch bloß drū (bahinüber); alß Umſtanbßwort beß Grunbeß haben jeboch dōərū unb dōədrū genau ein unb bieſelbe Bebeutung: man würbe alſo ebenſo richtig ſagen dōədrū gids kān ſchdrīt wie dōərū gids kān ſchdrīt (barüber gibtß keinen Streit).

Daß unbetonte doə- entſpricht bem unbetonten nhb ba≠ in ben Umſtanbß≠ wörtern doəbāi (babei), doədūərch (baburch), doəfārn (bafern), doəfūər (ba≠ fūr), doəgā (bagegen), doəhār (baher), doəhén (bahier innen), doəhénə (ba≠ hinten), doəhī (bahin), doəhōnə („bahunten“, bahier unten), doəhōwə (ba oben), doəhūwə (ba hüben), doəbuɪɜe (ba außen), doəmit (bamit), doənāwət (ba≠ neben), doənāch (banach), doənī (bahinein), doənuf (bahinauf), doənūɪɜ (ba≠ hinauß), doənū (bahinüber), doərī (baherein), doəruf (baherauf), doərūɪɜ (ba≠ herauß), doərū (baherüber, barüber, unb zwar vom Ort wie auch von ber Ur≠ ſache). In all bieſen Wörtern liegt, wie in ben entſprechenben nhb Formen, ber Rachbruck auf bem zweiten Teil ber Zuſammenſetzung, unb bie hinweiſenbe Bebeutung beß doə- iſt nur nebenſächlicher Art.

dōər- (bar≠).

Die trennbare Vorſilbe dōər-, bie bem nhb bar≠ entſpricht, bietet nur wenige Zuſammenſetzungen, z. B. dōərbīət (barbieten), dōərbräng (barbringen), dōərlā (barlegen), dōərāich (barreichen), dōərſchdāl (barſtellen), dōərdūə (barthun). Alle bieſe Wörter ſinb bem Rhb entlehnt.

dūərch- unb dorch- (burĉᵊ).

Für bie nhb Partikel burĉᵊ find zwei Formen vorhanden, dūərch- unb dorch-. In ben mit dūərch- gebilbeten Wörtern hat biefeß ben Hauptton, läßt ſich auĉ von ben Zeitwörtern, zu benen eß gehört, trennen, während dorch- ben Nebenton hat unb mit Zeitwörtern untrennbar verbunben ift.

Zu ben mit dūərch- gebilbeten Zeitwörtern gehören dūərchbis (burĉᵊ beißen), dūərchblæū (burĉbleuen, burĉprügeln), dūərchbrǟch (burĉbreĉen), dūərchbrǒn (burĉbrennen), dūərchfōər (burĉfahren), dūərchgēə (burĉgehen), dūərchhæchəl (burĉheĉeln b. i. verfpotten, verläftern), dūərchkōm (burĉᵊ kommen), dūərchgrǖch (burĉkrieĉen), dūərchlaəs (burĉlaffen), dūərchlæs (burĉlefen, zu Enbe lefen), dūərchschlōə (burĉfĉlagen), dūərchsǟi (burĉᵊ fein, fertig fein, überftanben haben), dūərchsǟz (burĉfeßen), dūərchséz (burĉfißen), dūərchschdæch (burĉfteĉen), dūərchschdæk (burĉfteĉen), dūərchzǟl (burĉzählen).

An Hauptwörtern find zu nennen: dūərchfōərt (Durĉfahrt), dūərchgǟngk (Durĉgang), dūərchlaəs (Durĉlaß), dūərchfǟl (Durĉfall), dūərchschlæk (Durĉfĉlag), dūərchbrǒnər (Durĉbrenner, Außreißer), dūərchgēər, dūərchgǟngər (Durĉgänger). Auĉ baß Eigenĉaftswort dūərchsichdich (burĉfiĉtig) gehört hierher.

Die mit dorch- gebilbeten Zeitwörter haben fämtliĉ ben Ton auf ihrer Stammfilbe unb entfpreĉen nhb ben mit unbetontem burĉᵊ gebilbeten Wörtern, z. B. dorchblēdər (burĉblättern), dorchdrǟng (burĉbringen, nach allen Riĉtungen hin gelangen), dorchfōər (burĉfahren), dorchflūch (burĉfliegen; burĉpflügen), dorchfrǟs (burĉfreffen), dorchgēə (burĉgehen), dorchjæ (burĉjagen), dorchér (burĉirren), dorchlǟuf (burĉlaufen), dorchrit (burĉreiten), dorchrǟiĉər (burĉräuĉern), dorchsǟ (burĉfägen), dorchschdæch (burĉfteĉen), dorchschdæk (burĉfteĉen), dorchsūch (burĉfuĉen), dorchwach (burĉwaĉen), dorchwǟrm (burĉwärmen), dorchwǖəl (burĉwühlen), dorchwénər (burĉwintern).

Mit dorch- gebilbete Hauptwörter find niĉt vorhanben; unb von Eigenᵊ ĉaftswörtern ift nur dorchdrēwə (burĉtrieben) zu nennen. Dagegen find folᵊ genbe Umftanbswörter anzuführen: dorchǖs (burĉauß), dorchənant (burĉeinᵊ anber), dorchhi („burĉhin").

ērz- (erzᵊ).

ērz- fteht wie nhb erzᵊ nur in Hauptwörtern; wie im Nhb hat eß ben Haupton in ērzfǟdər (Erzvater), ērzbischōf (Erzbiĉof), ērzschdōfəl (Erzᵊ ftoffel, Ĉimpfname für einen einfältigen Menĉen), ben Nebenton aber in ērzschbizbū (Erzfpißbube), ērzschæfkǒbf (Erzĉaffopf).

èn- ober énə- (inneᵊ, inᵊ).

èn- entfpriĉt zunäĉft bem nhb Umftanbswort inne (in) unb hat, wie baß leßtere, in Zufammenfeßungen ben Haupton, z. B. ènwǟr (inne werben), ènhǟ (innehaben), ènlǟnt (Inlanb), ènlænisch (inlänbiĉ), ènlænər (Inlänber), énᵊ wǟnich unb énəwǟnich (inwenbig), énschdǟnich (inftänbig).

Ferner entfpriĉt èn- bem nhb Verhältniswort in b. i. während unb ift bann unbetont: éndǟs ober éndǟsə (inbeffen).

əbåi- (herbei-).

əbåi- entfpricht bem nhb herbei- und wird zur Bildung von Zeitwörtern verwandt, in benen es ben Haupton erhält und barum trennbar ift, z. B. əbåibräng (herbeibringen), əbåidråt (herbeitreten, beitreten), əbåiköm (herbeitommen), əbåischaf (herbeifchaffen).

əfüər-, əfüərə- (hervor).

əfüər- ober əfüərə- entfpricht bem nhb hervor- (veraltet herfür-) unb bient, wie letzteres, zur Bildung neuer Zeitwörter, in benen es ben Haupton erhält unb barum trennbar ift, z. B. əfüərbräng (hervorbringen), əfüərhä (hervorheben), sich əfüərdüə (fich hervorthun), əfüərköm (hervorkommen), əfüərüf (hervorrufen).

əni- f. ni-.

əwåk- (hinweg-).

əwåk- entfpricht bem nhb hinweg- unb finbet fich als Beftanbteil zufammen-gefetzter Zeitwörter, in benen es ben Haupton befitzt unb fich trennen läßt, z. B. əwågdüə (hinwegthun, wegthun), əwågwärf (hinweg-, wegwerfen).

fər- ober får- (ver-, vor-, er-).

Die untrennbare Vorfilbe fər- (får-) entfpricht ber nhb Vorfilbe ver- unb wird, wie letztere, zur Bildung von vielen Wörtern verwenbet, z. B. fərarm (ver-armen), fərbåsər (verbeffern), fərbiət (verbieten), fərbit (verbitten), fərbédər (verbittern), fərbrön (verbrennen), fərdåü (verbauen), fərdår (verberben), fər-dréəs (verbrießen), fərear (verehren), fərgeə (vergehen), fərglich (vergleichen), fərlaəs (verlaffen), fərmüət (vermuten), fərböt (Verbot), fərbråchə (Ver-brechen), fərdaicht (Verbacht), fərdärwə (Verberben), fərgåsəhäit (Vergeffen-heit), fərkäüf (Verlauf), fərschdänt (Verftanb), fərdråch (Vertrag), fərschbråchə (Verfprechen), dər fərlaəs (Verlaß b. i. Zuverläffigteit), fərläüp (nur in ber Wenbung mét fərläüp, mit Verlaub, man möge geftatten), fərschbrüch (Ver-fpruch, Verlöbnis, fommt nur noch felten vor), fərdüəwər, fərdüər (Verthuer, Verfchwenber), fəräinzəlt (vereinzelt), fərbésə (verbiffen), fərdåchdich (ver-bächtig), fərdrieslich (verbrießlich), fərfänglich (verfänglich, z. B. Reben), fər-hast (verhaßt), fərlö (verlogen), fərmüədlich (vermutlich), fərögt unb fərögt (verrüdt), fərschämt (verfchämt), fərschmézt (verfchmitzt), fərwért (verwirrt, z. B. bas Kopfhaar, bas Garn), fərworn (verworren, unfähig, flar zu benten), fərzwégt (verzwidt, verwidelt); fərgåwəz (vergebens), fərgléchə (verglichen, vergleichsweife).

Für nhb vor fteht fər in fərbåi (vorbei), fərhanə (vorhanben).

In fərschdäin (erftaunen), sich fərkåüt (fich erfälten) unb fərzält (er-zählt, als Mittelwort ber Vergangenheit; bie übrigen Formen werben mit ər- ober dər- gebilbet) fteht fər- für nhb er-.

fil- (viel-).

fil- entfpricht bem nhb viel unb tommt nur in wenigen Wörtern vor, betont in filfräs (Vielfraß), filwésər (Vielwiffer), filwésərüi (Vielwifferei), filfälldich (vielfältig), filmöəl (vielmals), unbetont in filicht neben fəlicht (vielleicht).

fŏl- (voll-).

fŏl- ist das nhd voll= und kommt vor betont in fŏlmönt (Vollmond), fŏl=
maicht (Vollmacht), fŏlblüədich und fŏlgəblüədich (vollblütig), fŏljēərich
(volljährig), fŏlschdănich (vollständig), fŏlzēlich (vollzählig); unbetont, darum
auch untrennbar, in den Zeitwörtern fŏlbrăng (vollbringen), fŏlĕn (vollenden),
fŏlfüər (vollführen), fŏlschdrăk (vollstrecken), fŏlzīə (vollziehen).

for- (vor=).

Die dem nhd vor= (mit kurzem o) lautlich genau entsprechende Silbe for-
hat sich nur in dem Worte fordəl (Vorteil) und den davon gebildeten Wörtern,
wie üwərfordəl (übervorteilen), erhalten, wobei sie jedoch ihre ursprünglich
untergeordnete Eigenschaft einbüßte und förmlich zur Stammsilbe geworden ist,
während das Stammwort die Eigenschaft einer Nebensilbe erhielt; so konnte
die Verkleinerungsform fördələ (Vorteilchen) entstehen, was sonst nicht möglich
gewesen wäre.

Für nhd vor= (mit langem o) steht sonst fūər-.

forn- (vorn=, vor=).

forn- ist das nhd vorn= und dient zur Bildung von Umstandswörtern, wie
fornō („vorne an" d. i. voran), fŏm fornō (von vorne an), fornhī (vornehin),
fŏm fornhī (von vornhin), fornī (vornhinein), fornü (vorne über). Der Haupton
ist schwankend; gewöhnlich liegt er auf forn.

fort- (fort=).

fort-, das nhd fort=, hat, wenn es mit einem Haupt= oder Zeitwort ver=
bunden ist, den Haupton und ist in Zeitwörtern trennbar. Hierher gehören
fordbrăng (fortbringen), fordfŏər (fortfahren), fordgēə (fortgehen), fordhēləf
und forthēləf (forthelfen), fordkŏm (fortkommen), fordlăuf (fortlaufen), ford-
schrit (Fortschritt).

In den äußerst selten gebrauchten, wahrscheinlich dem Nhd entlehnten Um=
standswörtern fordō (fortan), forthī und fordhī (forthin) hat fort- den Nebenton.

fūər- (für=, vor=).

Die meist betonte und darum in Zeitwörtern trennbare Vorsilbe fūər- ent=
spricht zunächst dem nhd für=, das jedoch nur in wenig Wörtern noch gebräuch=
lich ist, z. B. fūərbit (fürbitten), fūərbit (Fürbitte), fūərsorch (Fürsorge, Vor=
sorge), fūərsorchlich (fürsorglich, vorsorglich).

Viel häufiger entspricht fūər- dem betonten nhd vor=, das in den meisten
hier in Betracht kommenden Wörtern die alte Nebenform für= völlig verdrängt
hat, z. B. fūərărwət (vorarbeiten), fūərbău (vorbauen, zuvorkommen, verhüten),
sich fūərbəhal (sich vorbehalten), fūərbrăng (vorbringen), fūərdrăng (vor=
bringen, vordrängen), fūərfal (vorfallen, geschehen, sich ereignen), fūərfĕn (vor=
finden, antreffen), fūərgă (vorgeben), fūərgēə (vorgehen), fūərgrif (vorgreifen),
fūərhă (vorhaben, beabsichtigen), fūərhal (vorhalten), fūərkŏm (vorkommen,
geschehen; zuvorkommen; hervorkommen); fūərlăt (vorladen), fūərlĕs (vorlesen),

fůərnĕm (vornehmen, beginnen), fůərsēə (vorsehen), fůərsŝ (vorsagen), fůər-
schlōə (vorschlagen), fůərschmĕk (vorschmeden), fůərschnit (vorschneiden),
fůərschri (vorschreiben), fůərschēəs (vorschließen), fůərschban (vorspannen),
fůərschbrĕch (vorsprechen b. i. einem etwas vorsagen; für einen sprechen, sich
für einen verwenden; besuchend einkehren), fůərschdül (vorstellen), fůərschūə
(vorschußen), fůərwĕn (vorwenden), fůərwĕrəf (vorwerfen), fůərziə (vorziehen),
fůərbău (Vorbau, Vorhalle am Hause), fůərbəhält (Vorbehalt), fůərbĕlt (Vor-
bild), fůərdrĕk (Vortrag), fůərfŏər (Vorfahre), fůərfal (Vorfall, Ereignis),
fůərgängk (Vorgang), fůərbĕlt (Vorhalt, Vorhaltung), fůərhängk (Vorhang),
fůərkēəring (Vorkehrung), fůərlĕch (Vorlage), fůərmunt, fůərmundər (Vor-
mund), fůərōət (Vorrat), fůərĕcht (Vorrecht), fůərsŝz (Vorsatz, Absicht, Ent-
schluß), fůərschlĕk (Vorschlag), fůərschrift (Vorschrift), fůərschŭis (Vorschuß),
di fůərschban (Vorspanne), fůərschdĕt (Vorstadt), fůərschdänt (Vorstand),
fůərwĕnt (Vorwand), fůərworf (Vorwurf), fůərzŭk (Vorzug; ein bevorzugtes
Kind); fůərbəmĕlt (vorbemeldet), fůərgängich (vorgängig), fůərich (vorig),
fůərsĕzlich (vorsätzlich), fůərsichdich (vorsichtig), fůərnĕchdə (vorgestern), fůər-
nĕmlich (vornehmlich), fůərwĕrds (vorwärts) und seine Steigerungsform fůər-
wĕrdərsch (weiter vorwärts).

Während in den bis jetzt aufgeführten Wörtern fůər-, ganz wie nhd für-
oder vor-, den Hauptton besitzt, hat, ebenfalls wie die entsprechenden nhd Wörter,
fůər- gewöhnlich den Nebenton in folgenden Umstandswörtern: fůərō (voran),
tůərdĕm (vordem), fůərbanə (vorhanden), fůrhĕr (vorher), fůərthinə (vorhin),
fůərliəp (vorlieb). Werden derartige Zusammensetzungen zur Bildung von Zeit-
wörtern verwandt, so gibt fůər- regelmäßig, wie es auch mit vor- in den ent-
sprechenden nhd Formen der Fall ist, den Hauptton an die nächste Silbe ab,
z. B. fůərōgēə (vorangehen), fůərŭislŭəf (vorauslaufen), fůərŭis (voraus), aber bei
imfůərŭis liegt der Ton auf fůər, wie bei nhd „imvoraus" auf „vor".

fůrn-, fůn- (vor-).

Außer der Vorsilbe fůər- findet sich noch die vom gleichen Stamm gebildete
Vorsilbe fůrn-, fůn- für nhb vor-, wenn auch nur in wenigen Beispielen: fůrn-
jŏər und fůnjŏər (Vorjahr b. i. das vorige Jahr), fůrnjēərich und fůn-
jēərich (vorjährig).

gə-, g- (ge-).

Die Vorsilbe gə- entspricht dem nhb ge- und findet sich, wie diese, in vielen
Wörtern, z. B. gədĕngk (gedenken), gəbiət (gebieten), gəfal (gefallen), gə-
horch (gehorchen), gəlĕng (gelingen), gərōət (geraten), gəschēə (geschehen),
gəschdēə (gestehen), gəwĕn (gewinnen), gəwĕn (gewöhnen), gəsĕln (Geselle),
gəsang (Gesang), gərŭch (Geruch), gəschmĕk (Geschmack), gəfaln (Gefallen);
gəbŭərt (Geburt), gəschichdə (Geschichte), gəfŏər (Gefahr), gəlĕchəhĕit (Ge-
legenheit), gəmĕi (Gemeinde, gemein), gəschdĕlt (Gestalt), gəwĕər (Gewähr),
gəbĕlk (Gebälk), gəbĕt (Gebet), gəbĕrch (Gebirge), gəbŭ (Gebiß), gədicht
(Gedicht), gəfĕəs (Gefäß), gəhĕrn (Gehirn), gəsĕn (Gesinde), gəbŏrdich (ge-
bürtig), gəfast (gefaßt), gəhĕim (geheim), gərĕcht (gerecht), gəsŭnt (gesund),
gənungk (genug), gəwŭs (gewiß als Umstandswort).

In gəhanəlzŏgər (Kandiszucker), sowie in Gəhanəs (Johannes) und Gərŭsəlăm (Jerusalem) ist gə- nicht die deutsche Vorsilbe gə-.

Mitunter wird gə- durch Abwerfung des ə zu bloßem g, z. B. gnégfängər (Genickfänger), glăis (Geleise), glăngk (Gelenk in der Kette), grăt (gerade), grădŭis (gerade aus), grădəwăk, grădəwăchs, grădəwăs (gerabeweg), grădră (gerabeherab), grădnŭis (gerabehinaus), grădnă (gerabehinab), ŏfz grădəwŏl (aufs Geratewohl), gromélich (geronnene Milch). Dies gilt auch von den Wörtern, denen im Nhd ganz ähnlich verkürzte Formen entsprechen, wie in glŏk (Glück), gliət (Glied), glăiwə (Glaube), gnădə (Gnade).

Abweichend vom Nhb tritt in der WM die Vorsilbe gə- zu der Nennform der Zeitwörter, aber nur dann, wenn dieselben in Verbindung mit den Hülfs-zeitwörtern „können" und „mögen" treten; nur dürfen sie nicht mit untrennbaren Vorsilben oder Verhältniswörtern gebildet sein, z. B. ich kŏn gəmach (ich kann machen), dăs kŏn mə gəlaəs (das kann man lassen), hă mŏchs nét gəschbräch (er mags nicht sprechen), du kŭnzdəs nét gədăngk (du kannst es dir nicht denken), mə mŏchdəs gärn gəschdəə (wir möchten es gerne gestehen), dăr ŏərt lŭt kŏndəmə gəbruch (derartige Leute könnte man brauchen), ich kŏndən ŭisgəlach (ich konnte ihn auslachen), ich mŏchdsən năchgəmach (ich mŏchte es ihm nachmachen), ich mŏch nét widər gəschbräch (ich mag nicht wieder sprechen), băr mŏch sö ăbəs mit ŏgəsəə! (wer mag so etwas mit an-sehen!). Dagegen sagt man: du kŏnzdmə ăbəs fərmach (du könntest mir etwas vermachen), ich mŏchdə nét widərschbräch (ich mŏchte dir nicht wider-sprechen), băr kŏn dăs fərschdəə? (wer kann das verstehen?), bi kŏmə dŏəbăi bəschdəə? (wie kann man dabei bestehen?).

Häufig werden in der WM mit der Vorsilbe gə- von Zeitwörtern Haupt-wörter gebildet, für die man im Nhb lieber die zum Hauptwort erhobene Nenn-form des einfachen Zeitwortes anwendet. So sagt der Wasunger dăs gəăs für „das Essen" im Sinne von „das Schmausen, das Verzehren von Speisen", gərän (das Rennen, Gerenne), gərăs (das Gerase, Rasen), gəsăng (das Ge-singe, Singen), gəschdəə (das Gestehe, Stehen), gəschnit (das Geschneide, Schneiden). Solche Formen werden, um die betreffende Sache noch anschaulicher zu machen, dann wohl auch mit Umstandswörtern verbunden, z. B. dăs hiŏn-härgərén (das Hin- und Her-Rennen), ə dŭərchənandgərăs (ein Durcheinander-Rasen), ə rŏm- oder ŏmhärgəschdəə (ein Herum- oder Umherstehen).

Die Vorsilbe gə- wird bisweilen in den Mittelformen mancher Zeitwörter weggelassen, z. B. statt gebracht sagt man bloß brächt: băs hasdən brächt? (was hast du benn gebracht?), ich hads fŏnə (ich hatte es gefunden), hă hadər grécht (er hatte ihrer gekriegt, bekommen), mi hŏnz langt (wir haben es ge-langt, geholt), ich biən kŏmə (ich bin gekommen), ich biən blăwə (ich bin geblieben). Bei anderen Zeitwörtern als vorgenannten kommt das weniger vor.

här- und hăr- (her-).

Die betonte, und deshalb in Zeitwörtern trennbare Partikel här- entspricht der nhb Partikel her- und dient hauptsächlich zur Bildung von Zeitwörtern, seltener zu der von Hauptwörtern, z. B. härbăbəl („herpapeln" b. i. her-plappern), härăichəl („heräugeln", herblicken), härhorch (herhorchen), härgəə (hergehen), hărdrät (hertreten), hărziïk (herziehen), hărgăngk (Hergang), hăr-kömə unb hărkömas (das Herkommen, bie Herkunft), hărläiding (Herleitung), hărăis (Herreise).

Die unbetonte Vorsilbe hăr- entspricht der nhd unbetonten Vorsilbe her- und ist sicher erst aus dem Nhd entlehnt; sie findet sich nur in Umstandswörtern, wie z. B. hărzüə (herzu), hărăin (herein), hărfüər (hervor).

Für die unbetonte nhd Vorsilbe her- gebraucht der Wasunger gewöhnlich die Verkürzung ə- vor darauffolgendem Mitlaut, sowie r- vor darauffolgendem Selbst-laut. Für bloßes ə- kommen die Verbindungen əbăi (herbei) und əfüər (hervor) in Betracht. Die Verkürzung r- findet sich in den Verbindungen ră (herab), ri (herein), rö (heran), röm (herum), ruf (herauf), rü (herüber), rüts (heraus); alle diese Formen (s. dieselben an ihrem zugehörigen Ort!) können als neue, und zwar bei Zeitwörtern trennbare, Vorsilben dienen.

hén- (hier innen).

hén- ist entstanden aus der unbetonten Nebenform des betonten Umstands-wortes hiə (hier), die hə lauten würde, aber für sich allein nicht vorkommt, und aus én (innen), entspricht demnach dem nhd Umstandsworte hierinnen („hinnen"). Es werden nur Zeitwörter damit gebildet; hén besitzt in denselben den Haupt-ton und ist trennbar, z. B. hénbli (hier innen b. i. hier in dem Raum, in wel-chem sich der Redende befindet, bleiben).

hénə- (hinten-).

hénə- entspricht dem nhd Umstandswort hinten; während aber letzteres nur selten bei Zusammensetzungen Verwendung findet, vermag hénə- zahlreiche Ver-bindungen einzugehen, zunächst Umstandswörter, die dann aber wieder zur Bil-dung von Zeitwörtern dienen. Die bezüglichen Formen nhd wiederzugeben, ist oft sehr schwer. Beispiele: hénədri (hintendrein), hénədruf („hintenbrauf", hinten darauf), hénədén („hintenbrin", hinten darin, im Hinterhause), hénədrü („hintenbrüber", hinten barüber), hénərőm (hinten herum), hénədrőm (hinten darum, da hinten herum), hénədrőmrőm (hinten darum herum), hénədrőnt (hinten darunter), hénədutsə (hinten draußen), hénədüərch (hintenburch, hinten hinburch), hénəhăr (hinten her), hénəră (hinten herab), hénəruf (hinten her-auf), hénərüts (hinten heraus), hénəri (hinten herein), hénərü (hinten herüber), hénədrürü („hinten barüber herüber"), hénədrünü („hinten barüber hinüber"), hénəəfüər unb hénəfüər (hinten hervor), fōn hénəəbăi unb hénəbăi (von hinten herzu), hénəră (hinten herab, hinten herunter), hénədrőră (hinten brau herab), hénəhi (hintenhin), hénədénhi (hinten darin hin), hénəră (hinten hinab), hénədénă (hinten darin hinab), hénənuf (hinten hinauf), hénədénuf (hinten darin hinauf), hénənüts (hinten hinaus), hénədénüts (hinten darin hin-aus), hénədüərch (hinten burch), hénəni (hinten hinein), hénədénhi (hinten brin hin), hénənü (hinten hinüber), hénənőm (hinten hinum), hénəă (hinten hinunter, hinab), hénədénă (hinten brin hinunter), hénəwăk (hinten hinweg), hénədénə-wăk (hinten brin weg). In all diesen Wörtern hat hénə- gewöhnlich den Hauptton; nur in den Fällen, in denen es dem Sprechenden darauf ankommt, das Grundwort zu betonen, hat es ausnahmsweise den Nebenton.

hènər- (hinter-).

hènər- entspricht dem nhb hinter- und wird, wie letzteres, mit Zeit-, Haupt-
und Umstandswörtern verbunden, deren Betonung sich ganz wie im Nhd verhält,
so daß es in den Zeitwörtern den Nebenton bekommt und darum untrennbar ist,
z. B. hènərbräng (hinterbringen), hènərgēə (hintergehen), hènərlaəs (hinter-
lassen), hènərlä (hinterlegen), hènəraəsə (Hinterachse), hènərbäi (Hinterbeln),
hènərdräfə (Hintertreffen), hènərgəbäü (Hintergebäude), hènərhält (Hinterhalt),
hènərhūs (Hinterhaus), hènərköbf (Hinterkopf), hènərlädər (Hinterleber),
hènərlist (Hinterlist), hènərmō (Hintermann), hènərschdūwə (Hinterstube),
hènərdäil (Hinterteil), hènərdräfə (Hintertreffen), hènərfèrdəl (Hinterviertel),
hènərät (Hinterrab); hènərdri (hinterbreln), hènərhär (hinterher), hènərōgs
(hinterrücks), hènərənant (hintereinander), hènərwärds, seltener hènərwär-
dərsch (hinterwärts) und hènərschich (hinter sich, rückwärts). Die beiden
letztgenannten Wörter haben, wie die Hauptwörter, auf hènər- den Hauptton.

hi- (hin-).

hi- entspricht dem nhb betonten hin- und wird, wie letzteres, zur Bildung
von Zeit-, Haupt- und Eigenschaftswörtern verwandt, in denen es immer den
Hauptton besitzt, z. B. hibäu (hinbauen), hibräng (hinbringen), hidängk (hin-
denken), hifōər (hinfahren), higēə (hingehen), hiflücht (hinflüchten), hisäi (hin-
sein b. i. verloren sein, erschrocken sein, auch umgekommen, tot sein); hifōərt
(Hinfahrt), di higäwət (Hingabe b. i. Verlobung), hiräis (Hinreise), hiwäk
(Hinweg); hiwärds (hin), hiwärdərsch (hinwärts), biōhär (hin und her, umher).

Dem nhb unbetonten hin- entspricht in der WM ein bloßes ə, wenn ein
Mitlaut, und bloßes n, wenn ein Selbstlaut darauf folgt; derartige Formen
kommen, wie es auch mit dem nhb hin- der Fall ist, nur in Verbindung mit
Umstandswörtern vor, und diese Verbindungen finden dann bei Neubildungen von
Wörtern, namentlich Zeitwörtern, ihre Verwendung. Es kommen die Vorsilben
əwäk- (hinweg-), nä- (hinab), ni- (hinein), nō- (hinan-), nōm- (hinum-), nōnt-
(hinunter-), nuf- (hinauf-), nūs (hinaus-), nū (hinüber-) in Betracht, die an
ihrem zugehörigen Ort besprochen sind.

hōwə- (hier oben).

hōwə- besteht aus h, d. i. dem Rest jenes Umstandswortes, das dem un-
betonten nhb hier entsprach (s. hèn-), und dem Umstandswort ōwə (oben), ent-
spricht also den nhb Umstandswörtern hier oben („hoben"), die indes nicht als
Vorsilben Verbindungen eingehen. Mit hōwə- werden Umstandswörter gebildet,
in denen es stets den Hauptton besitzt, z. B. hōwəbäi (hier oben bei), hōwədēn
(hier oben darin), hōwədénä (hier oben darin hinab), hōwədénhär (hier oben
darin her), hōwədénhi (hier oben darin hin), hōwədénuf (hier oben darin hinauf),
hōwədrūnū (hier oben darüber hinüber), hōwədrūhär (hier oben darüber her),
hōwədrūwäk (hier oben darüber hinweg), hōwədürych (hier oben durch), hōwə-
här (hier oben her), hōwəhi (hier oben hin), hōwənä (hier oben hinab), hōwəni
(hier oben hinein), hōwənō (hier oben hinan), hōwənōm (hier oben hinum),
hōwəri (hier oben herein), hōwərōm (hier oben herum), hōwədrōmrōm (hier
oben darum herum); überhaupt geht hōwə- die nämlichen Verbindungen ein, die
sich mit hōnə- bilden lassen, und umgekehrt.

hône- (hier unten).

hône- ist gebildet aus h, b. i. dem Reſt des unbetonten Umſtandswortes, das dem unbetonten nhd hier= entſprach (ſ. hèn-), und dem Umſtandswort ône (unten), es entſpricht bemnach den nhd Umſtandswörtern hier unten („hunten“), welch letztere jedoch nicht bei eigentlichen Zuſammenſetzungen Verwendung finden. Mit hône werden andere Umſtandswörter verbunden, z. B. hônehi (hier unten hin), hônehär (hier unten her), hônenâ (hier unten hinab), hônenuf (hier unten hinauf), hônedén (hier unten darin), hônedénhär (hier unten darin her), hônedénehär (hier unten darin einher), hônedénhi (hier unten darin hin), hônedénehi (hier unten darin einhin), hônedénâ (hier unten darin hinab), hônedénuf (hier unten darin hinauf), hônedrûnû (hier unten darin hinüber), hônedrûrû (hier unten darüber hinüber), hônedûrich (hier unten durch), hônedrûhär (hier unten darüber her), hônedrûwâk (hier unten darüber hinweg), hônehi (hier unten hinein), hônenû (hier unten hinan), hônenôm (hier unten hinum), hônebâi (hier unten bei), hônedrôm (hier unten drum), hônedrômrôm (hier unten drum herum), hônerôm (hier unten herum), hôneri (hier unten herein).

huise- (hier außen).

huise- iſt gebildet aus h, b. i. dem Reſt des einſtigen Umſtandswortes, das dem unbetonten nhd hier entſprach (ſ. hèn) und dem Umſtandswort uise (außen), entſpricht demnach den nhd Umſtandswörtern hier außen („haußen“), die aber zu wirklichen Zuſammenſetzungen nicht verwandt werden. Mit huise- werden Umſtands= wörter gebildet, z. B. huisebäi (hier außen bei), huisehär (hier außen her), huisehi (hier außen hin), huisenâ (hier außen hinab), huisenô (hier außen hinan), huise- nôm (hier außen hinum), huisenuf (hier außen hinauf), huiserôm (hier außen herum), huisedrôm (hier außen drum), huisedrômrôm (hier außen drum herum).

hûwe- (hûben).

hûwe- beſteht aus h, b. i. dem Reſt jenes ehemaligen Umſtandswortes, das dem unbetonten nhd hier entſprach (ſ. hèn), ſowie dem jetzt nicht mehr vorkommenden Umſtandswort ûwe, und entſpricht dem auf ganz gleiche Weiſe gebildeten nhd Umſtandswort hüben, das ſich aber nicht bei eigentlichen Zu= ſammenſetzungen findet. Mit hûwe- werden Umſtandswörter gebildet, wie hûwebâi (hüben bei), hûwedén (hüben brin), hûwedénâ (hüben brin hinab), hûwe- dénhi (hüben brin hin), hûwedénhär (hüben brin her), hûwedénuf (hüben brin hinauf), hûwehär (hüben her), hûwehi (hüben hin), hûwenâ (hüben hinab), hûweni (hüben hinein), hûwenô (hüben hinan), hûwenôm (hüben hinum), hûwenuf (hüben hinauf), hûweri (hüben herein), hûwerôm (hüben herum), hûwedrôm (hüben drum), hûwedrômrôm (hüben drum herum). In allen dieſen Verbindungen ruht der Hauptton gewöhnlich auf der letzten Silbe, wäh= rend hûwe den Nebenton trägt; wird aber der in hûwe liegende Begriff her= vorgehoben, ſo erhält es den Hauptton.

i- (ein=).

i- entſpricht dem nhd ein=, hat, wie letzteres, in den damit gebildeten Zu= ſammenſetzungen den Hauptton und läßt ſich daher von ſeinem zugehörigen Zeit= wort. trennen. Es werden viele Zeitwörter, auch einige Hauptwörter mit i- ge=

bilbet, z. B. ibèn (einbinden), iblåü (einbleuen), ibrång (einbringen), idrūk (einbrücken; die Wåſche einweichen), iſédəl (einfädeln), iſöər (einfahren), igå (eingeben, einflößen, einberichten), ûåſəl (einlöffeln, löffelweiſe einfüllen), iwègəl (einwickeln), iſöərt (Einfahrt, Thorweg), dər ûôl (die Einfülle d. i. die aus den Blattwinkeln der Tabakspflanze hervorbrechenden, minderwertigen Seitentriebe), igəwäit (Eingeweide), ikôməs (Einkommen, Gehalt), inōm (Einnahme), irēt (Einrede), iſéəns (Einſehen).

in-, im- (in»).

Mit in- (in») kommen nur wenig Zuſammenſetzungen vor, die überdies erſt dem Nhd entlehnt ſind; vor b-Laut verwandelt ſich das n in m. Beiſpiele: imbruınst (Inbrunſt), inhålt (Inhalt), inschrift (Inſchrift).

mèt- ſ. mit-.

mis- (miß»).

Auch die mit mis- (miß») gebildeten Wörter ſind dem Nhd entnommen, z. B. misgəbūərt (Mißgeburt), miswågs (Mißwachs), misgəschék (Mißgeſchick), misfal (mißfallen), misrōət (mißraten). Aber dieſe Wörter ſind wenig in Gebrauch und werden lieber durch andere Wörter erſetzt oder umſchrieben.

mit- und mèt- (mit»).

mit- entſpricht dem nhd betonten mit» und wird mit Haupt» und Zeitwörtern verbunden, von welch letzteren es ſich trennen läßt; Beiſpiele: midbrång (mitbringen), midōrəf (mitdürfen), midgēə (mitgehen), midſöər (mitfahren), midhål (mithalten), midhéləf (mithelfen), midkōm (mitkommen), midlåuf (mitlaufen), midmach (mitmachen), midnåm (mitnehmen), midschräi (mitſchreien), midwöl (mitwollen), midgliət (Mitglied), midläit (Mitleid), midgəſūəl (Mitgefühl).

mèt- entſpricht dem unbetonten nhd mit» und kommt, ebenfalls unbetont, nur in Umſtandswörtern vor, wie mèdnant (miteinander), mèdhi (mithin), mèzamt (mitſamt).

nåwət- (neben»).

nåwət- entſpricht dem nhd neben» und wird nur zur Bildung einiger Haupt» und Umſtandswörter verwendet. So erweitert, werden die letzteren alsdann wieder mit Zeitwörtern verbunden. Die mit nåwət- gebildeten Hauptwörter ſind ſämtlich dem Nhd entlehnt und haben nur waſungiſche Form angenommen, z. B. nåwədårwət (Nebenarbeit), nåwədmō (Nebenmann), nåwədūər (Nebenthür), nåwədwäk (Nebenweg). In all dieſen Wörtern ruht, dem Nhd entſprechend, der Haupton auf nåwət-.

Die mit nåwət- gebildeten Umſtandswörter ſind gut waſungiſch, z. B. nåwədō (nebenan), nåwedrō (nebenbaran), nåwədhi (nebenhin), nåwədhär (nebenher, nebenbei), nåwədūüs (nebenaus). In derartigen Formen liegt, ebenfalls dem Nhd entſprechend, der Haupton auf dem Grundwort des Umſtandswortes, und dies Grundwort behält, gerade wie im Nhd, auch dann noch den Haupton, wenn das ganze zuſammengeſetzte Umſtandswort mit einem Zeitwort verbunben wirb, z. B. nāwədŏlăi (nebenanliegen), nāwədhifŏər (nebenhinfahren), nāwədhārschbrăng (nebenherspringen), nāwədūŋgʒə (nebenausgehen, auf verbotenen Wegen gehen).

nă- (hinab»).

nă- entspricht bem nhb hinab, hat aber auch die Bedeutung von hinunter, für welches in der WM ein besonderes Wort nicht vorkommt; es besiht, wie die zweite Silbe in hinab, in ben mit ihm verbunbenen Wörtern stets ben Haupton. Außer bem Umstandswort nāwărds, seltener nāwărdərsch (hinab», hinunterwärts) werden nur Zeitwörter gebilbet, z. B. nāāichəl (hinabäugeln), nābrăng (hinabbringen; hinabschlucken), nāfaɫ (hinabfallen), nāflůch (hinabfliegen), nāgʒə (hinabgehen), nāguk (hinabgucken, hinunterschauen), nāhujdsch (hinab», hinunterrutschen), nālang (hinablangen, hinunterreichen), nāschlăp (hinab», hinunterschleppen), nāwărəf (hinabwerfen), nāwŏrch (hinab», hinunterwürgen), nāzăr (hinabzerren, hinabziehen).

Nicht selten wird nā- mit ruf zu ruf ô nā- (auf unb nieder) verbunben, z. B. ruf ô nābāich (von oben nach unten biegen), ruf ô nāgʒə (auf unb abgehen), ruf ô nāschdich (auf unb absteigen), ruf ô nālůcht (oben unb unten hin leuchten), ruf ô nāflůcht (hinauf unb hinabflüchten).

nāch- unb nāch- (nach»).

nāch- entspricht bem nhb betonten nach» unb besiht in ben bamit gebilbeten Wörtern ebenfalls ben Haupton, läßt sich baher von ben zugehörigen Zeitwörtern trennen. Beispiele: nāchmach (nachmachen, nachahmen, nachäffen, nachsprechen, nachspotten), nāchfŏər (nachfahren; nacharten, nachgeraten), nāchgā (nachgeben), nāchgʒə (nachgehen), nāchlaəs (nachlassen), nāchdrā (nachtragen), nāchwis (nachweisen), nāchkŏmə (Nachkomme), nāchrēt (Nachrebe), nāchricht (Nachricht), nāchdāil (Nachteil), nāchbodaicht (nachbebacht), nāchlāsich (nachlässig), nāchdāilich (nachteilig), nāchsichdich (nachsichtig).

Betontes nāch- mit kurzem ā entspricht bem betonten nhb nach» mit kurzem a (entstanben aus nahe) in nāchbər (Nachbar) unb ben bavon abgeleitteten Wörtern nāchbərschăft (Nachbarschaft), nāchbərlich (nachbarlich).

Unbetontes nāch- entspricht unbetontem nhb nach» (eigentlich bas Verhältniswort nach) in nāchānant (nacheinander) unb in bem erst aus bem Nhb entlehnten nāchhăr (nachher); bie echt wasungischen Formen für leteres sinb nāchət, worin aber nāch nicht Vor», sonbern Stammsilbe ist unb baher ben Ton besiht, unb bas bamit zusammengesete nāchthénə („nachherhin").

ni-, əni- (hinein»).

ni- (bisweilen sagt man auch əni-) entspricht bem nhb hinein unb besiht, wie bie zweite Silbe von hinein, in ben bamit gebilbeten Zusammensetzungen ben Haupton, läßt sich baher auch von ben zugehörigen Zeitwörtern trennen; es werden überhaupt nur Zeitwörter bamit gebilbet, z. B. nibrăng (hineinbringen), nifŏər (hineinfahren), nidulch (hineinbulchen b. i. gierig essen), nijā (hineinjagen), nigrūch (hineinkriechen), nilāůf (hineinlaufen), nischbrăng (hineinspringen), nizwăng (hineinzwingen).

6*

nɪədər- (nieder=).

Die mit nɪədər- (nieder=) gebildeten Zeit= und Hauptwörter find meift bem Nhd entnommen; man fagt baher wohl nɪədərgnɪən (niederknieen), aber wohl noch öfter bloß gnɪən (knieen), nɪədərfaɫ (niederfallen), aber auch hɪfaɫ (hin= fallen), nɪədəris (niederreißen), öfter jedoch ɪris (einreißen), nur nɪədərschlɵ̄ə (niederfchlagen) hat keinen befonderen echt munbartlichen Ausbruck, beßgleichen nɪədərlȧch (Niederlage), nɪədərdrȧchdich (niederträchtig).

Sonft findet fich nɪədər hauptfächlich in Eigennamen, wie Nɪədərlänt (Niederland), Nɪədərschmȧkaɫə unb Nɪədərschmȧkalə (Nieberfchmalkalben) mit bem Ton auf schmȧ unb mit filbenanlautenbem k, Nɪədərmȫln (Nieber= mühle in Wafungen).

nȫ- (hinan=).

nȫ-, baß bem nhb hinan= entfpricht unb, wie bie nhb Silbe an, in ben bamit gebilbeten Wörtern ben Ton befitzt, kommt nur in wenig Zufammenfetzungen vor: nȫkȫm (hinankommen), nȫlang („hinanlangen" b. i. außreichen, aber auch verabreichen, z. B. einen Backenftreich).

nȫm- (hinum=).

nȫm- entfpricht zwar bem nhb hinum=, wirb jedoch für fich allein nicht zu Zufammenfetzungen verwanbt, fonbern nur in Verbinbung mit rȫm, fo baß bann rȫm ȫ nȫm- vor baß zu bilbenbe Wort zu treten pflegt, z. B. rȫm ȫ nȫmdrȅ̄ə (runbum brehen), rȫm ȫ nȫmfȫər (runbum, nach allen Seiten fahren), rȫm ȫ nȫmflȗch (überallhin fliegen), rȫm ȫ nȫmgak (runbum guden), rȫm ȫ nȫm= lang (überallhin langen), rȫm ȫ nȫmlȧi (überall herumliegen), rȫm ȫ nȫmlȧ (runbum, auf alle Seiten legen), rȫm ȫ nȫmbədrȧcht (runbum betrachten), rȫm ȫ nȫmwän (runbum wenden).

nuf- (hinauf=).

nuf- entfpricht bem nhb hinauf („nauf") unb befitzt, wie auf in hinauf, in ben bamit verbunbenen Wörtern ben Haupton, läßt fich baher von feinem zuge= hörigen Zeitwort trennen. Es werben zumeift Zeitwörter bamit gebilbet, z. B. fich nufȧrwət (fich hinaufarbeiten, fich burch Arbeit in bie Höhe bringen), nuf= brȧng (hinaufbringen), nuflȫgər (hinauffloden), nufschdik (hinauffteigen, hin= aufklettern), fich nufgədrȧu (fich hinauf getrauen, hinauf wagen), nufdrɪ (hinauf= treiben); fonft noch nufwȧrds, feltener nufwȧrdərsch (hinaufwärts).

nȗɪs- (hinauß=).

nȗɪs- entfpricht bem nhb hinauß= unb befitzt, wie bie Silbe auß in hinauß, in ben bamit gebilbeten Wörtern ben Haupton, läßt fich baher von feinem zu= gehörigen Zeitwort trennen. Außer bem Umftanbßwort nȗɪswȧrds (hinaußwärts) kommen nur Zeitwörter mit nȗɪs vor, z. B. nȗɪsbrȧng (hinaußbringen, hinauß= fchaffen, beftatten), nȗɪslang (hinaußlangen; außreichend vorhanben fein), nȗɪ= sȧz (hinaußfetzen; hinaußpflanzen), fich nȗɪsȧz (fich über etwaß hinwegfetzen), nȗɪsschmis (hinaußfchmeißen, hinaußwerfen), nȗɪswȫl (hinaußwollen, hinauß= ftreben, hinaußmögen).

nŭ- (hinüber=).

nŭ- entspricht dem nhd hinüber („nüber“) und erhält, wie die Silbe nŭ in hinüber, in den damit gebildeten Wörtern den Haupton, läßt sich daher von seinem zugehörigen Zeitwort trennen. Es kommen fast ausschließlich Zeitwörter in Betracht, deren es sehr viele gibt, z. B. nŭbrĕng (überbringen), nŭfōər (hinüberfahren), nŭschék (hinüberschicken), nŭdrī (hinübertreiben); sonst noch nŭwĕrds, seltener nŭwĕrdərsch (hinüberwärts).

Wie rŏm mit nŏm-, so wird rŭ oft mit nŭ- verbunden, nicht selten in der Bedeutung von gegenseitig, beiderseitig, z. B. rŭ ō nŭdrĕ (herüber und hinüber tragen), rŭ bi nŭ sĕi (herüber wie hinüber sein, auf Gegenseitigkeit beruhen).

ob- (ob=).

Die mit ob- (ob=) gebildeten Wörter sind meist dem Nhd entlehnt; es gehört hierher das Zeitwort oblĕi (obliegen); ferner sind es die Hauptwörter obhūət (Obhut), obdach (Obdach). In ōwaicht (Obacht) ist das b wegen des darauf= folgenden Selbstlautes in w erweicht und ō gedehnt.

ōf- (auf=).

Das betonte ōf- entspricht dem nhd Umstandswort auf=, wenn selbigem die Bedeutung von „offen“ innewohnt, oder wenn letzteres mit intransitiven Zeit= wörtern verbunden ist, die keinerlei Bewegung ausdrücken (vergl. ruf-), z. B. ōfschdĕə (auf= b. i. offenstehen), ōfblī (auf= b. i. offenbleiben), ōfhĕ (aufhaben), ōfblī (auf= b. i. munter bleiben), ōfsĕi (auffeln, aufgestanden sein).

Das unbetonte ōf- entspricht dem nhd unbetonten auf= und ist, wie letzteres, im Grunde genommen Verhältniswort, dient auch bloß zur Bildung von Um= standswörtern, z. B. ōfənant (aufeinander), ōfənandnī (aufeinander hinein), ōfhī („aufhin“).

or- f. ūr-.

ō-, ōn- (an=).

ō- (nur vor Selbstlauten ōn-) entspricht dem nhd betonten an= und besitzt, wie letzteres, in seinen Zusammensetzungen den Haupton, läßt sich daher auch von dem zugehörigen Zeitwort trennen. Es werden Zeit= und Hauptwörter, auch einige Eigenschafts= und Umstandswörter damit gebildet, z. B. ōbis (an= beißen), ōbĕn (anbinden b. i. befestigen; zu streiten anfangen; zum Geburtstag beschenken), ōschdrich (anstreichen), ōfas (anfassen), ōgrif (angreifen), sich ōgrif (sich über die Gebühr anstrengen), ōglĕbfər (anklopfen an die Thür, um Ein= laß zu erlangen), ōsĕz (ansetzen), ōzūk (anziehen); ōdaicht (Andacht), ōdĕnggəs (Andenken), ōfĕngk (Anfang), ōhĕngk (Anhang), ōrichdə (Anrichte, Küchen= tisch), ōdrĕk (Antrag), ōzūgər (Anzieher b. i. der Schuhlöffel aus Eisen, Horn u. bergl.); ōdĕchdich (andächtig), ōgəslə (angesehen), ōrüchich (anrüchig), ōdailich (anteilig), ōschdĕnich (anständig, bescheiden), ōfĕnglich (anfänglich), ōnənant (aneinander), in ōbədrĕcht (in Anbetracht).

ōwə- (oben-).

Das betonte ōwə- entspricht dem nhb betonten oben- und läßt sich von den Zeitwörtern, mit denen es Verbindungen eingeht, trennen, z. B. ōwəblī (oben=bleiben), ōwəlāi (obenliegen), ōwəschdēə (obenstehen), ōwəsāi (obensein) u. dgl.

In den Umstandswörtern, die mit ōwə- gebildet werden, hat es den Neben=ton, falls nicht ein besonderer Nachdruck darauf liegt; es sind etwa folgende: ōwəbāi (obenbei), ōwədēn (obenbrin), ōbədēnhār (obenbrinher), ōwədēnrā (obenbrin herab), ōwədēnuf (obenbrin hinauf), ōwədrī (obenbrein), ōwədrōf und ōwədruf (obenbrauf), ōwədrōm (obenbrum), ōwədrōmrōm (oben brum herum), ōwədrū (oben brüber), ōwədrūhār (oben brüberher), ōwədrūhī (oben brüberhin), ōwədrūnā (oben brüber hinab), ōwədrūnūis (oben brüber hinaus), ōwədrūnū (oben brüber hinüber), ōwədrūwāk (oben brüber hinweg), ōwədūrich (obenburch), ōwəhār (obenher), ōwəhī (obenhin), ōwənī (oben hinein), ōwənō (oben hinan), ōwənū (obenüber, oben hinüber), ōwənuf (oben hinauf), ōwənūis (oben hinaus), ōwənō (obenan), ōwərā (oben herab), ōwərōm (oben herum), ōwərūis (oben heraus), ōwəwāk (oben weg).

ōwər- (ober-).

ōwər- entspricht dem nhb ober- und bildet, wie letzteres, nur Hauptwörter und von diesen abgeleitete Eigenschaftswörter; der Ton ruht, dem Nhb ent=sprechend, gewöhnlich auf ōwər-, wenn das damit verbundene Wort nicht ein zusammengesetztes ist (in letzterem Falle trägt die Stammsilbe des bezüglichen Be=stimmungswortes den Ton), z. B. ōwərbəfāəl (Oberbefehl), ōwərflāch (Ober=fläche), ōwərgəwālt (Obergewalt), ōwərhānt (Oberhand), ōwərhārə (Oberherr), ōwərlānt (Oberland, namentlich der südöstliche Teil des Herzogtums Meiningen), ōwərgnācht (Oberknecht), ōwərlērər (Oberlehrer), ōwərlādər (Oberleder), ōwər=māisdər (Obermeister), ōwərfūərmuindschāft (Obervormundschaft), ōwərfūər=muindər (Obervormund), ōwərāmdmō (Oberamtmann), in ōwərdūər (das ehe=malige Oberthor zu Wasungen, nach welchem noch der betreffende Platz benannt wird) ist meistens dūər betont; ōwərflāchlich (oberflächlich), ōwərlānisch (oberländisch), ōwərschlāchdich (oberschlächtig).

ōm- (um-).

ōm- kann betont oder unbetont sein.

Das betonte ōm- entspricht dem nhb betonten um- und läßt sich, wie letz=teres, von seinem zugehörigen Zeitwort trennen. Es werden Zeitwörter, Haupt- und Eigenschaftswörter damit gebildet, z. B. ōmagər (umackern), ōmārwət (um=arbeiten), ōmbāu (umbauen), ōmbāich (umbeugen, umbiegen), ōmbräng (um=bringen), ōmdrēə (umbrehen), ōmfal (umfallen), ōmgēə (umgehen, verkehren mit jemanden; mit etwas umgehen, im Sinne haben), ōmhā (umhaben, mit einem Mantel oder Tuch bedeckt sein), ōmhak (umhacken), ōmgnēk (umkniden, um=brechen), ōmkōm (umkommen), ōmschlōə (umschlagen), ōmsēə (umsehen), ōmsäz (umsetzen, umpflanzen), ōmwān (umwenden); ōmfāngk (Umfang), ōmgāngk (Umgang), ōmsāz (Umsatz), ōmsicht (Umsicht), ōmschdānt (Umstand), ōmschdänlich (umständlich), ōmgānglich (umgänglich).

Das unbetonte ōm- entspricht dem nhb unbetonten um- und läßt sich daher von seinem zugehörigen Zeitwort nicht trennen. Es werden Zeit- und

Umſtandswörter damit gebildet, z. B. ômarm (umarmen), ômdräng (um-
brängen), ômfôər (umfahren), ômfas (umfaſſen), ômgêə (umgehen, vermeiden),
ômgä (umgeben), ômgränz (umgrenzen), ômgört (umgürten), ômglamər (um-
llammern), ômräng (umringen), ômschlich (umſchleichen), ômhı (umhin),
ômhär (umher).

Mit ômhär werden ſodann wieder Zeitwörter gebildet, in benen här ben
Hauptton hat und ômhär- trennbar iſt, z. B. ômhärguk (umhergucken, umher-
ſchauen), ômhärläi (umherliegen, unordentlich herumliegen), ômhärzük (umher-
ziehen), ômhärfräch (umherfragen).

Mit ômhı- kommt nur das einzige, dem Nhb entlehnte nêt ômhıkôn (nicht
umhin können) bor.

ônə- (unten-).

Das betonte ônə- entſpricht dem nhb betonten unten- und wird mit einigen
Zeitwörtern verbunden, die einen Zuſtand, ein Verbleiben oder Verweilen an
einem Orte bezeichnen, und von benen es ſich trennen läßt, z. B. ônəblı (unten
bleiben), ônəschdêə (unten ſtehen), ônəschläf (unten ſchlafen), ônəsäi (unten
ſein), ônəläi (unten liegen).

Außerdem werden mit ônə einige Umſtandswörter gebildet, in benen es ge-
wöhnlich ben Nebenton hat; betont wird es nur bann, wenn es beſonders her-
vorgehoben werden ſoll; der Hauptton ruht in ber Regel auf ber letzten Silbe
ber Zuſammenſetzung, z. B. ônəbäi (untenbei), ônədén (untenbrin), ônədénä
(unten barin hinunter), ônədénhär (unten barin her), ônədénhı (unten barin
hin), ônədénuf (unten barin hinauf), ônədénrôm (unten barin herum), ônədrü
(unten barüber), ônədrühär (unten barüber her), ônədrühı (unten barüber hin),
ônədrünü (unten barüber hinüber), ônədrürü (unten barüber herüber), ônə-
drüwäk (unten barüberweg), ônədrôndfüär (unten barunter hervor), ônedrôndnı
(unten barüber hinein), ônədrôndnüıs (unten barunter hinaus), ônədrôndhär
(unten barunter her), ônədrôndhı (unten barunter hın), ônədrôndnü (unten
barunter hinüber), ônədrö (unten baran), ônədröhär (unten baran her), ônə-
dröhı (unten baran hın), ônədröwäk (unten baran hinweg), ônədürich
(unten burch), ônəfüər (unten vor), ônəfüər (unten hervor), ônəhär (unten-
her), ônəhı (untenhin), ônənä (unten hinab), ônənı (unten hinein), ônənô (unten
hinan), ônənôm (unten hinum), ônənôm (unten hinunter), ônənô (untenan),
ônərä (unten herab), ônənü (unten hinüber), ônərı (unten herein), ônərôm
(unten herum), ônədrômrôm (unten barum herum), ônəwäk (unten weg), ônə-
əwäk (unten hinweg).

Mit dieſen zuſammengeſetzten Umſtandswörtern bildet die WM eine Reihe
von Zeitwörtern, in benen die letzte Silbe des erweiterten Umſtandswortes, das
überhaupt trennbar iſt, ben Hauptton trägt, falls nicht gerade ber Begriff
„unten" hervorgehoben werden ſoll und infolgebeſſen die erſte Silbe von ônə
betont wird, z. B. ônəbäikôm (unten beikommen), ônədrüwägflüch (unten
barüber wegfliegen), ônədrôndfüərgrüch (unten brunter hervorkriechen), ônəôséz
(untenan ſitzen), ônədrômrômschdêə (unten brum herumſtehen), ônənühôbf (unten
hinüber hüpfen).

ðnər- (unter-).

Das betonte ðnər- entspricht dem nhb betonten unter- unb ist, wie letzteres, in dem zugehörigen Zeitwort trennbar. Außer Zeitwörtern werden Haupt- und Eigenschaftswörter, auch Umstandswörter damit gebildet, z. B. ðnərbräng (unterbringen), ðnərlänt (Unterland), ðnərök (Unterrock), ðnərbösə (Unterhosen), ðnərschiət (Unterschied), ðnərlänisch (unterländisch), ðnərschlächdlich (unterschlächtig), ðnərschiədlich (unterschiedlich), ðnərschich („unter sich“ b. i. unten befindlich), ðnərwärds, ðnərwärdərsch (unterwärts).

Das unbetonte ðnər- entspricht dem nhb unbetonten unter-, kommt aber, wie es scheint, nur in zurückbezüglichen Zeitwörtern vor, wie sich ðnərfang (sich unterfangen), sich ðnərschdəə (sich unterstehen), sich ðnərwärf (sich unterziehen).

rā- (herab-, ab-, herunter-).

rā- entspricht dem nhb herab- (auch in der Bedeutung: herunter-, ab-) unb findet bei Bildung von Zeitwörtern, in benen es stets ben Hauptton besitzt und trennbar ist, vielfache Verwendung, z. B. rādūə (herabthun; abnehmen, vom Obst; nachlassen, beim Verlauf), rāguk (herabgucken), rāhak (herunter-, abhacken), rākōm (herabkommen), rāschnit (abschneiden).

rI- (herein-).

rI- entspricht dem nhb herein- und besitzt immer ben Hauptton, läßt sich baher auch von ben Zeitwörtern, mit benen es verbunden wird, trennen. Außer bem Umstandswort rIwärds, seltener, unb bann mehr als Steigerungsform gebräuchlich, rIwärdərsch (hereinwärts) bildet es Zeitwörter, z. B. rIbräng (hereinbringen), rIdrät (hereintreten), rIfōər (hereinfahren), rIgəə (hereingehen), rIlang (hereinlangen), rIschläp (hereinschleppen), rIschbräng (hereinspringen).

rō- (heran-).

rō- entspricht dem nhb heran-, besitzt, wie die Silbe an in heran, ben Hauptton im Wort und läßt sich von bem zugehörigen Zeitwort trennen, boch kommen Zusammensetzungen mit rō- nur sehr selten vor; statt rōkōm (herankommen), rōdrät (herantreten) u. bgl. vernimmt man häufiger əbäikōm, əbäidrät u. s. w.

rōm- (herum).

rōm- entspricht dem nhb herum- unb ist, wie um in herum, in seinem Wort betont, läßt sich baher auch von seinem Zeitwort trennen. Es hat zur Bildung vieler zusammengesetzter Zeitwörter Anlaß gegeben, z. B. rōmbräng (herumbringen, umstimmen), rōmgrich (herumkriegen, umstimmen), rōmdörəf (herumbürfen, herumgehen bürfen), rōmbōl (herumholen, umstimmen), rōmläuf (herumlaufen), rōmzär (herumzerren) u. s. w.

ruf- (herauf-).

ruf- entspricht dem nhb herauf- und bezeichnet bie Richtung aufwärts zu mir, während nuf- (hinauf) bie Richtung aufwärts von mir hinweg angibt. Es erhält ben Hauptton in seiner Wortverbindung. Beispiele: sich rufärwət

(fĭ héraufarbelten, fĭ durĕ Fleiß emporarbelten, in bie Höhe kommen), raf-
bräng (heraufbringen), rafbăich (heraufbiegen), rafgēe (heraufgehen), rafschdĭk
(heraufſteigen), raflücht (heraufleuĕten; heraufflüĕten).

Anzumerken iſt noĕ rafwärds, in ber Steigerungsform rafwärdərᴀch
(heraufwärts).

rüᵢs- (heraus»).

rüᵢs- entſpriĕt bem nŋb heraus» unb berbinbet ſĭ mit Zeitwörtern unb
mit von bieſen abgeleiteten Hauptwörtern. Es hat ſtets ben Hauptton unb iſt
in Zeitwörtern trennbar. Wir finben es z. B. in rüᵢsbit (herausbitten), rüᵢs-
döräf (herausbürfen), rüᵢsfōər (herausfahren), rüᵢsguk (herausguden), rüᵢsgrich
(herauskriegen, herausbekommen), rüᵢslaəs (herauslaſſen), rüᵢsláuf (herauslaufen),
rüᵢsköm (herauskommen), rüᵢsnäm (herausnehmen), rüᵢsschläp (herausschleppen),
rüᵢsdrᴂwer (Herausträger), rüᵢslaəsər (Herauslaſſer).

rü- (herüber»).

rü- entſpriĕt bem nŋb herüber unb beſĭst, wie bie Silbe rü in herüber,
im Wort ben Hauptton, iſt baher auĕ im Zeitwort trennbar. Es tritt faſt nur
an Zeitwörter, aber an ſehr biele; z. B. rüflüch (herüberfliegen), rühöbf her-
überhüpfen), rüköm (herüberkommen), rülücht (herüberleuĕten), rüschbräng
(herüberſpringen), rüwärds unb, wenn eine Steigerung bes rüwärds ausge-
brüĕt werben ſoll, rüwärdərᴀch (herüberwärts).

Ur-, or- (ur»).

Die mit ber Vorſilbe Ur- (ur») gebilbeten Wörter ſinb faſt ausnahmslos
bem Nŋb entlehnt unb bem entſpreĕenb betont; z. B. Urkᵢndə (Urkunbe),
Urlăup (Urlaub), Ursach (Urſaĕe), Urălər (Urelter=Vater ober »Mutter);
Urält (uralt), Urbōər (urbar), Uralərăinzich („urallereinzig" b. i. ganz einzig),
Urschbrᴂnglich (urſprünglich).

Statt Ur ſagt man or in ordəl unb ordäil (Urteil, urteilen), fər-
ordäil (verurteilen).

uf- (auf»).

uf- entſpriĕt bem nŋb Umſtanbswort auf», wofern leßterem niĕt bie Be-
beutung von „offen" zu Grunbe liegt, ober wofern bie bamit zuſammengeſeßten
Wörter eine Bewegung in ſĭ ſĕließen, z. B. ufbräng (aufbringen), ufdrŏk
(aufbrüĕen), ufgă (aufgeben), ufhē (aufheben), ufdrᴂgəl (auftrodnen), ufhal
(aufhalten), ufköm (aufkommen), uflăs (aufleſen), ufmach (aufmaĕen), ufnăm
(aufnehmen), ufmŏz (aufmußen, vorwerfen), ufbŏz (aufpußen), ufschdōə (auf»
ſtehen), ufschlōə (aufſĕlagen), ufschdăl (aufſtellen), ufwach (aufwaĕen); ufgabŏt
(Aufgebot), ufhēwəs (Aufhebens), uflădər (Aufläber), uflăuf (Auflauf, Zuſam»
menlauf; ein Baĕwerf), ufnŏm (Aufnahme), ufsáz (Aufſaß), ufschdänt (Auf»
ſtanb), ufdrăk (Auftrag), ufdrănglich (aufbringliĕ), ufgablōəsə (aufgeblaſen,
bünkelhaft), ufgəlăt (aufgelegt, aufgeräumt, heiter; auĕ geneigt, willig), uf-
richdich (aufriĕtig), ufsăsich (aufſäffig, feinbliĕ).

Ü-, un-, ün- (un=).

Ü- (vor Selbstlauten ün-) entspricht dem nhd un=, kommt, wie letzteres, nur in Hauptwörtern, Eigenschafts= und Umstandswörtern, doch viel seltener als im Nhd, vor und besitzt auch immer den Hauptton; neben ü- hat sich vor Mitlauten vielfach ein bem nhd un= lautlich genau entsprechendes -un eingebürgert, z. B. dər übant ober unbant (der Unbanb b. i. ein unbändiger Mensch), übändich unb unbändich (unbändig), ünuch unb unüch (Unfug), üdängk unb undängk (Unbank), ügəwidər unb un-gəwidər (Ungewitter), üglök unb un-glök (Un= glück), ükosdə unb unkosdə (Unkosten), ürächt (Unrecht, unrecht), üfərschdänt unb unfərschdänt (Unverstand), ünöərdich (unartig), ünorndlich (unordentlich), üflädich unb unflädich (unflätig), ügəbüərlich unb un-gəbüərlich (ungebühr= lich), ünüədich (unnötig), übas unb unbas (unbaß, unwohl), üfərhöft unb unfərhöft, auch berberbt unfərhöbft (unverhofft), üschölk (unschuldig), übélich unb unbélich (unbillig), ügəfär unb un-gəfär (ungefähr), ügəschorn unb un= gəschorn (ungeschoren), ügüət (ungut, in der Wendung: nichts für ungut), üfərséəns unb unfərséəns (unversehens), ügärn unb un-gärn (ungern).

Üwər- unb üwər- (über=).

Üwər- entspricht bem nhd betonten über= unb besitzt, wie letzteres, ben Haupt= ton im Wort, ist in Zeitwörtern auch trennbar. Es wird mit Zeit= unb Haupt= wörtern, Eigenschafts= und Umstandswörtern verbunden, in der WM jedoch in weit geringerer Ausdehnung als im Nhd. Beispiele sind: üwərlâuf (überlaufen), üwərlä (überlegen), üwərföər (überfahren, z. B. über einen See), üwərsäz (übersetzen, über einen Fluß), üwərdrät (übertreten, zu einer Partei); üwərmuət (Übermut), üwərfluts (Überfluß), üwərworf (Überwurf), üwərök (Überrock); üwərlang (überlang b. i. sehr lang), üwərläng (übrig geblieben, wird von Speiseresten gesagt), üwərnächdich (übernächtig), üwərsichdich (übersichtig; bas Wort wird gebraucht, wenn jemand beim Besehen eines Gegenstandes seinen Blick nach oben richten muß); üwərmorn (übermorgen), üwərwärdərsch, üwər- wärds („überwärts"), üwərlüit (überlaut).

üwər- entspricht bem nhd unbetonten über= unb ist, auch wenn es aus= nahmsweise mit langem ü gesprochen wird, stets unbetont, barum auch nicht trennbar. Es wird in benselben Wortgattungen, wie üwər-, zu Zusammen= ziehungen verwanbt, kommt aber viel häufiger vor, als letzteres. Beispiele: üwərbīət (überbieten), üwərīl (übereilen), üwərföər (überfahren), üwərgä (über= geben), üwərhä (überheben), üwərlä (überlegen), üwərnäm (übernehmen), üwəret (überreben), üwərdrät (übertreten), üwərfordəl (übervorteilen); üwərsikôməs (übereinkommen), üwərliəföring (Überlieferung), üwərschbrängər (Überspringer), üwərschbant (überspannt), üwərdrёwə (übertrieben), ünüwərwénlich (unüber= winblich), üwərwänlich (überwennlich, von einer Naht gesagt); üwərənant (übereinander), üwərüts (überaus), üwəräins (überein), üwərbänt (überhanb), üwərhâubt (überhaupt).

wäk-, əwäk- (weg=, hinweg=).

wäk- unb əwäk- entsprechen ben nhd weg=, hinweg= unb sinb wie letztere betont, auch in Zeitwörtern (für die WM kommen hier nur solche in betracht)

trennbar, z. B. wāgblōəs (wegblaſen), wāgəə (weggehen), wāgschnap (weg-
ſchnappen), wāgwārəf (wegwerfen), wāgschaf (wegſchaffen), wāgschnit (weg-
ſchneiden).

widər- (wieder=, wider=).

Das betonte widər- entſpricht bem nhb betonten wieder= unb wider= unb
iſt, wie erſteres, in Zeitwörtern trennbar. Außer Zeitwörtern werden nur noch
Hauptwörter bamit gebilbet. Beiſpiele: widərbräng (wieberbringen), widərgā
(wiebergeben), widərkōm (wiederfommen), widərnām (wiebernehmen), widərsəə
(wieberſehen), widərhal (Wieberhall), widərkōər (Wieberfehr), widərdēüfər
(Wiebertäufer), widərēt (Wiberrebe), widərūf (Wiberruf), widərschbrūch
(Wiberſpruch).

Das unbetonte widər- entſpricht bem nhb unbetonten wider= ober auch bem
unbetonten wieder= unb iſt, wie im Nhb, untrennbar. Beiſpiele: widərfōər
(wiberfahren), widərlā (wiberlegen), widərōət (wiberraten), widəruf (wiberrufen),
sich widərsāz (ſich wiberſetzen), widərschbrāch (wiberſprechen), widərschdəə
(wiberſtehen), widərschdrit (wiberſtreiten), widərhōl (wieberholen b. i. noch
einmal ſagen).

widərsch- (weiter=).

widərsch- entſpricht bem nhb weiter; es hat, wie letzteres, im zuſammen-
geſetzten Wort ben Haupton unb iſt trennbar. Es werben nur einige wenige
Zeitwörter bamit gebilbet, z. B. widərschgəə (weitergehen), widərschdrāk
(weitertragen), widərschlāuf (weiterlaufen).

wōl- (wohl=).

Das betonte wōl-, ſehr ſelten wōl-, entſpricht bem nhb betonten wohl= unb
hat ben Haupton, iſt baher in bem einzigen Zeitwort, bas mit bemſelben ge-
bilbet wirb, wōldūə (wohlthun), trennbar. An ſonſtigen Zuſammenſetzungen
ſeien hier angeführt: wōlbəfēnə (Wohlbefinden), wōldāt (Wohlthat), wōldādər,
wōldūər (Wohlthäter), wōlschdänt (Wohlſtand), wōlgəfaln (Wohlgefallen), wōl-
fāil, auch wōlfāil (wohlfeil), wōlgəfalich (wohlgefällig), wōlgəmūət (wohl-
gemut), wōldādich (wohlthätig).

Das unbetonte wōl- entſpricht bem nhb unbetonten wohl= unb finbet ſich
nur in ben Ausrufen wōlō! (wohlan!), wōluf! (wohlauf!).

zə- (zu=).

zə- entſpricht bem nhb unbetonten zu= unb kommt, außer in bem Eigen-
ſchaftswort zəfrīdə (zufrieden), nur in Umſtanbswörtern vor, z. B. zəārscht
(zuerſt), zəglich (zugleich), zəläzt (zuletzt), zəmoəl (zumal), zəmāist (zumeiſt),
zənāgst (zunächſt), zərōk (zurüd), zəsōmə (zuſammen), zəwā (zuwege); in
zamt (zuſamt) iſt bas ə unb barauffolgenbe s ausgeſtoßen.

zər- ober zār- (zer=).

zər-, mitunter auch zār-, entſpricht bem nhb zer= unb kommt beſonbers bei
Zeitwörtern in Anwenbung, z. B. zərbis (zerbeißen), zərbrāch (zerbrechen), zər-
drōk (zerbrüden), zəris (zerreißen), zərschdūər (zerſtören), zərschlōə (zer-

ſchlagen), zərwårf (zerwerfen b. i. auseinander werfen). Hauptwörter mit zər-
gibt es außer zərgångk („Zergang“), das in Verbindung mit „lein“ Unver-
wüſtlichkeit bezeichnet, nur wenige, z. B. zərschdüəring (Zerſtörung). Auch
Eigenſchaftswörter, die überdies eigentlich Zeitwortformen ſind, finden ſich nicht
häufig, z. B. zərfarn (zerfahren), zərgnėrscht (zerknirſcht), zərlumt (zerlumpt),
zərgnaədscht (zerquetſcht).

züə- (zu-).

züə- (zu-) entſpricht dem nhd betonten zu- und hat ebenfalls in ſeinem
Wort den Hauptton, iſt daher auch in Zeitwörtern trennbar. Außer letzteren
werden noch Haupt- und Eigenſchaftswörter damit gebildet. Beiſpiele: züəbèn
(zubinden), züəbräng (zubringen, zutrinken), züədäk (zudecken), züəfråch (zu-
fragen, anfragen), züəgèə (zugehen, vorwärtsgehen), züəhaɫ (zuhalten), züəköm
(zukommen), züəlang (zulangen), züəmach (zumachen, zuſchließen; fortſetzen),
züənåk (zuniden), züəmüət (zumuten), züərèt (zureden), züəschbräch (zu-
ſprechen; beſuchen), züəschdèə (zuſtehen), züəruf (zurufen); züəfüər (Zufuhr),
züəbəhüər (Zubehör), züənöm (Zuname, Familienname), züəschbruch (Zu-
ſpruch, Beſuch), züəschdänt (Zuſtand), züəfaɫ (Zufall), züəschläk (Zuſchlag);
züəgångich (zugängig), züəgänglich (zugänglich), züəlänglich (zulänglich),
züələsich (zuläſſig), züədüəlich (zuthunlich), züədrächlich (zuträglich), züə-
dräulich (zutraulich).

B. Sonſtige Zuſammenſetzung.

Was die Fähigkeit anlangt, noch andere Zuſammenſetzungen, als mittels
Partikeln, zu bilden, ſo ſteht die WM darin dem Nhd in keiner Weiſe nach, ent-
wickelt vielmehr in dieſer Hinſicht eine Mannigfaltigkeit, die von der ihr inne
wohnenden Lebenskraft beredtes Zeugnis ablegt.

Faſſen wir zunächſt die Zuſammenſetzungen ins Auge, die das Hauptwort
mit dem Hauptwort eingeht, ſo finden wir im allgemeinen dieſelbe Art der
Verbindung, wie ſie im Nhd üblich iſt. Dabei gilt aber die Regel, daß Be-
ſtimmungswörter, die in der nhd Zuſammenſetzung auf -en auslauten, in der
WM mit der Endung -ə an ihr Grundwort gefügt werden, es ſei denn,
daß es ſich um einen r-Stamm handelt; in dieſem Falle lautet das Beſtimmungs-
wort auf n aus. Bisweilen ſchiebt ſich, wie im Nhd, zwiſchen ein männliches
oder ſächliches Beſtimmungswort und das Grundwort ein -s. Sonſt iſt noch zu
bemerken, daß, wenn bei einer Zuſammenſetzung zwei gleiche Mitlaute zuſammen-
ſtoßen müßten, den bereits beſprochenen Lautgeſetzen zufolge der eine in Weg-
fall kommt, und daß n vor folgendem k oder g zum Naſenlaut ng wird.
Beiſpiele: aichhörnlə (Eichhörnchen), bämschüəl (Baumſchule), baischdårz
(„Beinſter“ b. i. Bachſtelze), brandəwiswäichə („Branntweinsweiche“ b. i. ein
mit Branntwein getränktes Stück Brot), däbfarmäisdər (Töpfermeiſter), flüchalmö
(Flügelmann), garnwènə (Garnwinde), gəhanəsbèər (Johannisbeere), grèəsəməl
(„Chriſtſemmel“ b. i. Weihnachtsſtollen), haidlabə (Kopflappen, Kopftuch), häls-
labə („Halslappen“ b. i. Halstuch), huinggwäichə („Honigweiche“ b. i. ein
mit Honig beſtrichenes Stück Brot), hüishåɫt (Haushalt), jöərhönərt (Jahrhun-

bert), kŏbflabə (Kopflappen b. i. Kopftuch), kūədāngk („Kühbing" b. i. junge
Kuh), langkardə (Landkarte), lüəgārwər (Lohgerber), mālbēər („Mehlbeere"
b. i. Preißelbeere), mōəlzit (Mahlzeit), mūsūərlə („Mäuseŏhrchen", eine Art
Zangenkäfer), ödāilhāwər (Anteilhaber, Teilhaber), rısôbə (Reißſuppe), sæū-
zǣl („Sauzagel", Sauſchwanz), schdachəlbēər (Stachelbeere), schörzdūcli
(„Schürztuch" b. i. Schürze), schörzfāln (Schurzfell), bārnglāwə (Bärenklaue,
eine Pflanze), bārnwiərt (Bärenwirt), dāindəbisər („Tintenbeißer" b. i. Löſch-
blatt), dūədəfūchəl („Totenvogel" b. i. Steinkauz, Athene noctua), hāsəkūə
(„Haſenkuh" b. i. Stallhaſe, Stallkaninchen), jūdəbūchə („Jubenbuche" b. i.
Eſpe), kalwədāngk („Kalbenbing" b. i. eine junge Kuh, Färſe), kērməsəblumə
(„Kirmſenblume" b. i. Ringelblume, Calendula), mārzəglǣglə (Märzenglöckchen,
Schneeglöckchen), övəlöch (Ofenloch), wānzəbēər) Wanzenbeere" b. i. ſchwarze
Johannisbeere), wānzəgrūdich („Wanzenkrautig" b. i. Farnkraut), hārgodskūələ
(„Herrgottsküͤhlein" b. i. Marien- oder Sonnenkäfer, coccinella punctata), himəls-
zich („Himmelsziege" b. i. Heerſchnepfe), höndsdǣ (Hundstage), lābləsblēdər
(„Läpplensblätter" b. i. Huflattich), manslūt (Mannsleute, Mannsperſonen).

Von zuſammengeſetzten Schimpfnamen, für welche der Waſunger große Vor-
liebe zeigt, gehören hierher: lumbəkūrlə (Lumpenkerl), dōnərwādərgrōt
(„Donnerwetterkröte"), lūısgrōt („Lauskröte"), wādərgrōt („Wetterkröte"), kısəls-
grōt („Kieſelsgröte", mit kısəl werden bie auch grubə genannten Graupeln
b. i. kleine Hagelkörner bezeichnet), sæūlūıdər (Sauluber), dōnərwādərlūıdər
(„Donnerwetterluber"), lūısbugər („Lausbuder", mit dem franzöſiſchen Wort
bougre zuſammenhängend), lūsfāngk („Lausfink"), lūısjāng (Lausjunge),
banggərödskäsəl („Bankerottskeſſel" b. i. Bankerotteur), dāidschərmūſl
(„Detſchermaul", Breimaul), fugsschwānzər (Fuchsſchwänzer, Schmeichler),
grāzmaiər („Krätzmeier" b. i. unreinlicher Menſch), grāsgŏgər unb grōbəgŏgər
(„Grasgöler", Krippengöler" b. i. Windbeutel, eigentlich ein wertloſes Pferd),
hāngərdarm, hāngərlıdər („Hungerdarm", Hungerleiber, beſonders von hab-
ſüchtigen Menſchen geſagt), hǣbfūr, („Heupferd" b. i. alberner Menſch), hǣoəs
(„Heuochſe" b. i. Erzdummkopf), hōmschisər („Hemdſcheißer" b. i. ein im
bloßen Hemb einhergehendes Kind), kanönəschdǣbfəl („Kanonenſtöpſel" b. i.
ein kurzer, bıder Menſch), kūməljörlə („Kümmeljörglein" b. i. Schnapsbruder),
lūchəfidich, lūchəsāk („Lügenſittich, Lügenſack" b. i. Erzlügner), mālbarə
(„Mehlbarbara" b. i. eine langweilige Frauensperſon), mūıschwāzər unb mūıl-
schwazər („Maulſchwätzer", Schmeichler, Speichelleder), rāngfıə (Rindvieh),
rözbachəl (Rotzbachel b. i. unſauberer Menſch), schlārafəgəsicht („Schlaraffen-
geſicht" b. i. ein Menſch mit dummem Geſichtsausdruck), sæūflōət („Sauflat"
b. i. unflätiger Menſch), schāfkŏbf (Schafkopf), schāfsnāsə („Schafsnaſe" b. i.
Dummkopf), schdöfəlmarädich („Stoffelmerrettich" b. i. Tölpel), schūısbardəl
(„Schußbartel" b. i. ein unvorſichtiger Menſch).

Das Wort grōt (Kröte) wird in Zuſammenſetzungen nicht nur zu Schimpf-,
ſondern auch zu Schmeichelnamen verwandt; ſo bezeichnet hālgrōt (aus hǣlgrōt
b. i. Hagelkröte entſtanden?) einen gewedten, geſchidten Menſchen, unb grödər-
ləsgrōt („Kröte der Krötchen") iſt ein Ausdruck, der für den Waſunger den
Inbegriff aller Schmeichelei unb Zärtlichkeit in ſich ſchließt.

Vielfach bienen Zuſammenſetzungen von Hauptwörtern als Beinamen, bie
einzelnen Perſonen zur Unterſcheidung von andern gleichen Namens beigelegt

worden sind und meist nichts Entehrendes oder Beschimpfendes an sich haben.
Binənkələr wurde sonst die Familie eines Nagelschmieds nach dem abgekürzten
Taufnamen Philippine der Hausmutter genannt; Bsårgrös hieß ein Pferdebesitzer,
namens Groß; brögəschnidər war der Name eines an der Brücke wohnenden
Schneiders; buidəlschuisdər war ein Schuhmacher, der einen Pudel besaß;
nach seinem Wohnplatz in der Nähe des Stadtthores wurde ein Fleischer der
duərmszgər (Thormetzger) genannt, seine Frau hieß allgemein di Duərlsnə
(„Thorlene", Thormagdalene); einen Gänsehirten, dessen Taufname Kaspar war,
kannte man als gänzkæbər („Gänsekaspar"), und gläskåp war ein Glas-
händler mit dem Taufnamen Jakob; mit måzəschmit (Metzenschmied) benannte
man einen gewissen Schmied, der die hölzernen Hohlmaße mit Eisen beschlug,
mit Schbågwidər einen Mann, namens Wibber, der Speck verkaufte; mit
Dröməlmåz („Trommelmatthes") einen Trommler der ehemaligen Bürgerwehr,
dessen Vater Matthäus hieß; höfhuədər hieß die Familie eines Hofhutmacher-
sohnes; Zånəjörch war ein in der sogenannten zänt wohnender Mann, namens
Georg, während mit Ägəjörch ein Namensbruder von ihm bezeichnet wurde,
der an einer Straßenecke wohnte.

Durch Zusammensetzungen und Zusammenziehungen von Personennamen ent-
stehen beliebte Wortgebilde, bei denen nicht selten die ursprüngliche Gestalt des
Bestimmungs- und Grundwortes fast bis zur Unkenntlichkeit entstellt ist, z. B.
Anəbal (Anna Barbara; das Wort wird meist zur Bezeichnung eines einfältigen
Frauenzimmers gebraucht) mit dem Ton auf A, Amər (Anna Marie), Bar-
kådri (Barbara Katharina) mit dem Ton auf I, Bårwəlis (Barbara Elise)
mit dem Ton auf der ersten Silbe, Dimər (Christine Marie), Eəvəduər (Eva
Dorothea), Eəvəgrsət (Eva Margarethe), Eəvəwil (Eva Sibylla), Eəvərutsi
(Eva Rosine), Grsədordsə (Margarethe Dorothea), Grsədlis (Margarethe Elise),
Grsədsöfiə und Grsədsəfiə (Margarethe Sophie), Hanərutsi (Johanne Rosine),
Hanərigə (Johanne Friederike), Jédəgrsət (Henriette Margarethe), Kådrinəlis
(Katharine Elise) mit dem Ton auf der dritten Silbe, Liəsəgrsət (Elise Mar-
garethe), Marəlis oder Marichəlis (Marie Elise) mit dem Ton auf der zweiten
Silbe, Sanəlis (Susanne Elise), Samərich (Susanne Mariechen). Auch der
männlichen Vornamen, die aus Zusammensetzungen und Zusammenziehungen ent-
standen sind, gab es noch vor etwa einem Menschenalter viel mehr als jetzt, wo
man es lieber mit neumodischen Namen hält. Solche ältere Stammgebilde sind:
Bårnæwəl (Bernhard Abel), Båilhäinər (Paulus Heinrich), Fridbæst (Fried-
rich Sebastian), Fridhäinər (Friedrich Heinrich), alle mit dem Ton auf der
ersten Silbe, Hanådəm (Johann Adam) mit dem Ton auf a oder auch
auf å, Hanæwəl (Johann Abel), Hambæst (Johann Sebastian), Hamfaldə
(Johann Valentin), Hamfrit (Johann Friedrich), Haméchəl (Johann Michael),
Hanårnst (Johann Ernst) und Hanhäinər (Johann Heinrich), Hankåsbər
Hanggrischdöfəl (Johann Christoph), Hanjörch (Johann Georg), Hangkåsbər
(Johann Kaspar), Hanliəs (Johann Elias), Hanluərz (Johann Lorenz), Hansæd
(Johann Adam), Jörchådəm (Georg Adam), Jörchårnst (Georg Ernst), Jörch-
grisdjån (Georg Christian), Jörchfrit (Georg Friedrich), Jörchhäinər (Georg
Heinrich), Jörchkæbər (Georg Kaspar), Jörchméchəl (Georg Michael), Jörch-
schdöfəl (Georg Christoph), Jörchsömə (Georg Simon), Söməschdöfəl (Simon
Christoph).

Einige aus einfilbigen Hauptwörtern gebildete Zusammensetzungen haben den ursprünglichen Selbstlaut des Grundwortes zu unbetontem ə abgeschwächt und werden demnach nicht mehr als Zusammensetzungen empfunden, z. B. dorwərt (Thorwart), wélbərt (Wildbret), Mordəl (Morthal, ein Thal bei Wasungen), hämbərk neben händwärk (Handwerk), Hélbərhūisə (Hildburghausen), Hümərk (Hümburg, ein Berg bei Wasungen), Rubərk (Rupperg, Berg und Wustung bei Wasungen), mūəndich (Montag), Körmich (Körnbach, Thal und Wustung bei Wasungen), Schwöərzbich (Schwarzbach, Bach und Dorf bei Wasungen).

Zusammensetzungen von Hauptwort als Grundwort mit einem Eigenschaftswort sind, wie auch im Nhd., seltener. Als Beispiele mögen genannt werden: dégwanst (Dickwanst, Fresser), dôlbēər („Tollbeere", Frucht des Faulbaumes, Rhamnus frangula), dômköbf und dômbags (Dummkopf), dékūbf (Dickkopf), grūəkūəl oder grükūəl (Grünkohl) mit dem Ton auf der zweiten Silbe, grämbschdivəl („Krummstiefel", als Schimpfwort im Gebrauch), rūəzäl (Rotschwanz), sūwərgrūjt (Sauerkraut), schūəmäl („Schönmehl" b. i. Weizenmehl erster Güte).

Zusammensetzungen von Hauptwort als Grundwort mit einem Umstandswort sind naturgemäß nur dann möglich, wenn das Grundwort aus einem zum Hauptwort erhobenen Eigenschaftswort besteht oder von einem Zeitwort abgeleitet ist; die Zahl derselben ist daher auch in der WM ziemlich beschränkt. Als Beispiele seien angeführt: imərgrūə (Immergrün), nimərsät („Nimmersatt" b. i. habgieriger Mensch), glūgdūər (Klugthuer), grūəsdūər (Großthuer), hūschdūəwər („Hübschthuer" b. i. Schmeichler), kāsàdəgēər, kāsàdəgēərə („Gassatimgeher, Gassatimgeherin" b. i. eine Person, die gern auf den Gassen sich herumtreibt), wîsmachər („Weißmacher" b. i. einer, der andern gern etwas aufbindet), wöərsāəwərə (Wahrsagerin). Vergl. auch den Abschnitt über Zusammensetzung mittels Partikeln.

Zahlreich aber sind Zusammensetzungen von Hauptwort als Grundwort mit einem Zeitwort, z. B. blēəwanst („Blähwanst" b. i. Blattwanze, cimea baccarum), blōəsbalk (Blasebalg), brömisə („Brummeisen" b. i. Maultrommel; zänkisches Weib), brōnäsəl (Brennessel), būchəlisə (Bügeleisen), drēəbalz („Drehhals" b. i. der Vogel Wendehals), dräschflāəl (Dreschflegel), fräsäk, fräswanst („Freßsack", „Freßwanst" b. i. Fresser), huələrschēəsər („Hullerschießer" b. i. Märbel), kāəlbō (Kegelbahn), rīwisə (Reibeisen), schbäisōchəl („Speivogel" b. i. Zotenreißer), schdrēgəzūk (Strickzeug), schdrēgəzūk („Streuzeug" b. i. Streu), schlichwach (Schleichwache), schmaichdlap („Schmachtlappen" b. i. Schwächling), wégsbürschdə (Wichsbürste), wörfəlbūidə (Würfelbube), zäichəbūch (Zeichenbuch), zîəraf (Zieraffe).

Die zusammengesetzten Eigenschaftswörter drücken in der WM meist eine Steigerung, eine Verstärkung des Grundbegriffes aus; doch kommen auch, wie im Nhd., solche vor, die nur eine besondere Art des Grundwortes bezeichnen.

Beispiele für Zusammensetzungen von Eigenschaftswort als Grundwort mit einem oder mehreren Hauptwörtern sind: äschəgröə (aschgrau), blūədarm (blutarm), blūədjângk (blutjung), bōdəbūəs („bodenböse" b. i. bis in Grund und Boden hinein verdorben), dägəhöch (deckenhoch, bis an die Decke hoch), dūədgrängk (todkrank), flüchəlōm (flügellahm), fångərbräit (fingerbreit), grîdəwîs (kreideweiß), grāsgrūə (grasgrün), gwîdəgäl (quittengelb), hädōm (heudumm),

hôməldôl („hummeltoll" b. i. toll wie eine Hummel), hornoəsədôm („hornochſen=
bumm" b. i. ſehr bumm), iskält (eiſekalt), küchəlräint (kugelrund), kärngə=
säint (kerngeſund), käswis (käſeweiß), kärzəgrät (kerzengerade), lichdərlüə
(lichterloh), mäüsdüət (mauſetot), näsəwis (naſeweiß), rôədlüəs (ratlos),
rüəsərüət (roſenrot), sälzdrägə (ſalztrocken), schlaierwis („ſchleierweiß", ganz
weiß), schnêəwis (ſchneeweiß), schdübəräi („ſtaubrein" b. i. ſehr rein), schdēgəl=
härich („ſtickelharig" b. i. widerharig, widerborſtig, trotzig), wēnəlwäich
(windelweich).

Als Beiſpiele für Zuſammenſetzungen von Eigenſchaftswort als Grundwort
mit einem Umſtandswort ſeien angeführt: bēdərbüəsə (bitterböſe), dānggəlblôə
(dunkelblau), hölichlāngk (mächtig lang), mordbüsch („mordhübſch" b. i. ſehr
hübſch), mordschüə („mordſchön" b. i. ſehr ſchön), nǟügəschäit („neugeſcheit"
b. i. altklug), schwērgrāngk (ſchwerkrank).

Zuſammenſetzungen von Eigenſchaftswort als Grundwort mit einem Zeitwort
ſind z. B. bizəlkält („bizelkalt" b. i. beißend, ſchneidend kalt), lüjnərlüə („lunner=
loh" b. i. mit ſolcher Macht brennend, daß es „lunnert", Getöſe macht), schbär=
bainich (ſperrbeinig b. i. mit ausgeſpreizten Beinen gehend), rabəldörə und rasəl=
dörə („rappel= oder raſſeldürr" b. i. ſehr dürr).

Von Zuſammenſetzungen, bei denen verſchiedene Beſtimmungswörter zugleich
an ein Eigenſchaftswort als Grundwort treten, mögen genannt ſein: blizlüēchəl=
blôə („blitzhagelblau" b. i. ſehr dunkelblau), drāikäshôch („drei Käſe hoch"),
b. i. klein, niedrig), düədschdärwəsgrangk („totſterbenskrank"), dēgbôm=
raməlsät („dickbummrammelſatt" b. i. zum Aufplatzen dick ſatt), füərfängəl=
rüət („feuerfunkelrot"), glāzôgərsǟəs („Uebzuckerſüß"), külbächrabəlschwöərz
(kohlpechrabenſchwarz), schbärangəlwit („ſperrangelweit").

Die zuſammengeſetzten Eigenſchaftswörter können natürlich auch ſämtlich als
zuſammengeſetzte Umſtandswörter Verwendung finden. Über andere Ver=
bindungen der Umſtandswörter vergleiche man in Abſchnitt, wo von letzteren
überhaupt die Rede iſt.

Zuſammengeſetzte Zeitwörter ſind, von den Zuſammenſetzungen mittels
Partikeln abgeſehen, in der WM wohl noch weniger häufiger, als es bereits im
Ahd der Fall iſt. Es handelt ſich hier um untrennbare und um trennbare Ver=
bindungen. Zu den erſteren gehören: dǟlüə (taglöhnern), früəschdôk (früh=
ſtücken), gwagsəlwər (quackſalbern), rôədschlöə (ratſchlagen), walföər (wall=
fahren); zu den trennbaren gehören: dēgdüə („dickthun", ſich wichtig machen,
aufſchneiden), glügdüə („Gugthun" b. i. ſich brüſten), hüishal (haushalten),
käsädəgəə („gaſſatim" gehen b. i. auf den Gaſſen herum laufen, bummeln),
önəgəə (ausgehen, zu Beſuch gehen), welhäis („wildheißen" b. i. ſchimpfen),
wēldüə (wild thun b. i. ſich ungeberdig ſtellen, aufbrauſen, zanken, toben), wäd=
mach (wettmachen, vergelten), wöldüə (wohlthun), wöərsǟ (wahrſagen), wismach
(weismachen, aufbinden).

IV.

Die Wortarten.

1. Das Geschlechtswort.

A. Das bestimmte Geschlechtswort.

Das bestimmte Geschlechtswort der WM hat, entsprechend dem Nhd, nur in der Einzahl für die drei Geschlechter verschiedene Formen; auch hier stimmt, gerade wie im Nhd, der 2. und 3. Fall des männlichen Geschlechtes mit dem des sächlichen Geschlechtes überein. Der 2. Fall sowohl der Einheit als der Mehrheit kommt übrigens nur sehr selten zur Verwendung, da derselbe dem Hauptwort in der WM fast gänzlich abgeht und durch Umschreibung mittels des 3. Falles ersetzt wird. Vergl. hinsichtlich des bezüglichen Sprachgebrauches den Abschnitt über das Hauptwort.

Die Beugung des bestimmten Geschlechtswortes lautet, wie folgt:

	männlich und sächlich:	weiblich:
	Einzahl.	
1. Fall:	dər oder dr (ber), dås oder ds (bas)	di oder dį (bie)
2. „	[dəs oder ds] (bes)	[dər oder dr] (ber)
3. „	dən oder dn (bem)	dər oder dr (ber)
4. „	dən oder dn (ben), dås oder ds (bas).	di oder dį (bie).

	Mehrzahl.	
1. Fall:	di oder dį (bie)	
.2. „	[dər oder dr] (ber)	
3. „	dən oder dn (ben)	
4. „	di oder dį (bie).	

Die Formen mit gekürztem oder ausgestoßenem Selbstlaut treten in rascherer oder nachlässigerer Rede zu Tage; im übrigen besteht zwischen der Anwendung dieser und der volltönigen Formen kein Unterschied. Wie im Nhd, so ist auch das bestimmte Geschlechtswort der WM stets unbetont.

___

Verein für Meiningische Geschichte
und Landeskunde. Heft 17.

7

B. Das unbestimmte Geschlechtswort.

Wie im Nhd, so fehlt auch in der WM die Mehrheitsform des unbe=
stimmten Geschlechtswortes. Eine eigene Form für den 2. Fall hat dieses Ge=
schlechtswort nicht, vielmehr wird derselbe stets mittels des 3. Falles auf ganz
ähnliche Weise, wie es bei dem bestimmten Geschlechtswort der Fall zu sein
pflegt, umschrieben (vergl. den Abschnitt über das Hauptwort).

Die Beugung des unbestimmten Geschlechtswortes lautet:

männlich und sächlich: weiblich:
1. Fall: ə (ein)   ə (eine)
2. „   —   —
3. „   ən (einem)   ənər oder ər (einer)
4. „   ən (einen), ə (ein).   ə (eine).

Auch das unbestimmte Geschlechtswort der WM ist stets unbetont.

---

2. Das Hauptwort.

Wie im Nhd, so gibt es auch in der WM Hauptwörter mit einfachen
Stämmen, ferner abgeleitete und schließlich zusammengesetzte Hauptwörter. Zu
den Wörtern der erstgenannten Art gehören z. B. fluɪs oder fluɪs (Fluß), muə
(Mohn), kīl (Keil), hänt (Hand), sōn (Sonne), wōər (Ware), bfīr (Pferd),
dāl (Thal), bänt (Band). Die abgeleiteten und zusammengesetzten Hauptwörter
wurden bereits in den Abschnitten, die von der Ableitung und der Zusammen=
setzung handeln, besprochen.

Das Geschlecht der Hauptwörter ist in der WM meist dasselbe wie im
Nhd. Nur folgende Ausnahmen kommen vor: dər angəl (die Angel), dər
ängk (die Unke), dər brächt (die Pracht), dər bröl (die Brille), dər bault
(das Pult), dər form (die Form), dər gräz (die Krätze), dər ǣuchəl (die
Eule), dər lärch (die Lerche), dər luɪst (die Luft), dər wālk (die Wolke),
dər wɪərz (die Würze b. i. ungehopftes Bier), dər kardöfəl (die Kartoffel),
di hūə (das Huhn), di hōər (das Haar), di schuəs (der Schoß, mit langem o),
di schwānə (der Schwan), dās dän (die Tenne), dās döbsə (der Topf), dās
sachə (die Sache, aber nur im Sinne von Zeug, Stoff), dās wōər (die
Ware, im Sinne von Kleider, Anzug).

Hinsichtlich der Zahlform, in der die Wörter erscheinen, stimmt die WM
meistens mit dem Nhd überein. Wörter, die hier nur in der Einzahl sich finden, bilden
auch in der WM die Einzahl, z. B. rä (Regen), bräi (Brei), während umge=
kehrt Wörter, die im Nhd nur in der Mehrheit gebräuchlich sind, auch dort nur
in der Mehrheit vorkommen, wie z. B. kosdə (Kosten), lūt (Leute), uəsdər
(Ostern), bfängsdə (Pfingsten). Als Ausnahme hiervon ließe sich vielleicht das
Wort hōsə (Hose) anführen, das, wenn es das Kleidungsstück in seiner Einheit
bezeichnen soll, immer nur als Einheit gebräuchlich ist, während im Nhd neben
Hose und „ein Paar Hosen" auch die Mehrheitsform „Hosen" für das einzelne
Kleidungsstück sich eingebürgert hat. Außerdem aber finden sich nicht selten
Wörter, die, im Gegensatz zum Nhd, nur in der Einheit gebräuchlich sind, z. B.
jāt (Jagd).

Was die Beugung der Hauptwörter anlangt, so gibt es in der WM, ent-
sprechend dem Nhd, eine starke, eine schwache und eine gemischte Beugungsform,
außerdem aber entbehrt ein Teil der Hauptwörter unter gewissen Umständen
jeglicher Beugungsendung.

Allen Beugungsformen der WM ist gemeinsam, daß der 2. Fall der Ein-
und Mehrheit in der Regel durch Umschreibung gebildet wird. Dies geschieht meist
in der Weise, daß man dem 3. Fall das entsprechende besitzanzeigende Fürwort
hinzufügt. Häufig erfolgt die Umschreibung auch mit Hilfe eines Verhältnis-
wortes, namentlich mittels fōn (von). Der ersterwähnten Umschreibung bedient
man sich besonders, wenn man hervorheben will, daß etwas jemandem oder zu
etwas gehört, und hauptsächlich, wenn der Besitzer ein lebendes Wesen ist, z. B.
dən fādər sī rōk (des Vaters Rock, eigentlich: dem Vater sein Rock), dər
môidər ūər dūch (der Mutter Tuch, eigentlich: der Mutter ihr Tuch), dən kén
sī schūk (des Kindes Schuh, eigentlich: dem Kind sein Schuh); oder mit dem
unbestimmten Geschlechtswort: ən armə sī hūslə (eines Armen Häuschen, eigent-
lich: einem Armen sein Häuschen), ən hāsə sī fāln (eines Hasen Fell, eigent-
lich: einem Hasen sein Fell); bei weiblichen Wörtern ist eine derartige Um-
schreibung mittels des unbestimmten Geschlechtswortes seltener, doch fehlt es nicht
an Wasungen, denen Wendungen wie ənər frā ūər kāint oder ər frā ūər
kāint („einer Frau ihr Kind") ganz geläufig sind. Die andere Umschreibung
bringt das Besitzverhältnis, das zwischen dem übergeordneten und untergeordneten
Hauptwort besteht, mehr in allgemeiner Form zum Ausdruck und wird namentlich
da angewandt, wo es sich nur um Sachen oder bloße Begriffe, nicht um Per-
sonen oder Tiere handelt, z. B. dər rōk fōn dən fādər (der Rock des Vaters,
eigentlich: der Rock von dem Vater), dās dūch fōn dər môidər (das Tuch der
Mutter), dər schūk fōn dən kén (der Schuh des Kindes, eigentlich: der
Schuh von dem Kind), dər āst fōn dən bām (der Ast des Baumes, eigent-
lich: der Ast von dem Baum), di schnīdə fōn dən māsər (die Schneide des
Messers, eigentlich: die Schneide von dem Messer), dās dāch fōn dər schörn
(das Dach der Scheune, eigentlich: das Dach von der Scheune); oder mit dem
unbestimmten Geschlechtswort, das, mit fōn verbunden, im männlichen und säch-
lichen Geschlecht zu fōnən, im weiblichen Geschlecht zu fōnər wird: dās hūslə
fōnən armə (das Häuschen eines Armen, eigentlich: das Häuschen von einem
Armen), dər schlāk fōnər waichdəl (der Schlag einer Wachtel, eigentlich: der
Schlag von einer Wachtel), di lāwər fōnən rēə (die Leber eines Rehes, eigent-
lich: die Leber von einem Reh), di bāmə fōnən walt (die Bäume eines Waldes,
eigentlich: die Bäume von einem Wald), dās halz fōnər bērgə (das Holz einer
Birke, eigentlich: das Holz von einer Birke), dās dāch fōnən hūis (das Dach
eines Hauses, eigentlich: das Dach von einem Haus).

Die eigentliche Form des 2. Falles kommt bei Eigennamen (Personennamen)
und auch da nur in sehr beschränktem Maße vor; außerdem findet sie sich vereinzelt
in bestimmten, herkömmlichen Redewendungen, am meisten noch für den 2. Fall
der Einzahl weiblicher Wörter, oder für den 2. Fall der Mehrzahl, z. B. ich
bien dər māining (ich bin der Meinung), ich bien dər ōsicht (ich bin der An-
sicht), ich bien mīnər sache gəwist (ich bin meiner Sache gewiß), dər ärwət
brücht mər sich nét zə schāmə (der Arbeit braucht man sich nicht zu schämen),

hä wĕərt sich sinər hū̆t (er wehrt ſich ſeiner Haut); dārə rĕt dörfſt du dich nĕt bədīən (ſolcher Reden barfſt bu bich nicht bebienen); hä giəng sinər wĕ (er ging ſeiner Wege); hä is rāi dəs gugū̆gs (er iſt rein beſ Kuckucks); hä is rāi dəs dæ̆ūfəls (er iſt rein beſ Teufels); ich biən wĕlns (ich bin Willens).

A. Die Beugung des männlichen Hauptwortes.

Die männlichen Hauptwörter werden teils nach der ſtarken, teils nach der ſchwachen und teils nach der gemiſchten Form gebeugt. Im Folgenden ſind zu= nächſt bie Eigennamen (Perſonennamen), bie erſt nach der Beugung ber ſäch= lichen Hauptwörter beſprochen werden ſollen, nicht mit inbegriffen.

a. Die männlichen Hauptwörter der ſtarken Beugungsform.

Was bie männlichen Hauptwörter der ſtarken Beugungsform betrifft, ſo beſtehen, wie dasſelbe auch mit ben ſächlichen und weiblichen Hauptwörtern der Fall iſt, nur für ben 3. Fall ber Mehrheit Beugungsenbungen, und ſelbſt in biefem Fall tritt bei gewiſſen Wortklaſſen bie Enbung nur unter beſtimmten Umſtänben ein.

Die urſprüngliche Enbung des 3. Mehrzahlfalles war in ber WM, ber nhb Enbung =en entſprechenb, bie Enbung -ən, bie, mit Ausnahme wohl ber ehe= maligen ən-Stämme, gewiß keinem Worte fehlte. Da jedoch auslautenbes n nach ə in zwei= oder mehrſilbigen Wörtern, von wenigen Ausnahmen abgeſehen, ſich nicht halten konnte, ſo blieb zunächſt ber Ausweg, bie Enbung -ən in -ə zu verkürzen, und bieſer Ausweg wurde benn auch von ber WM ba, wo er möglich war, eingeſchlagen. Bei benjenigen Stämmen jedoch, bie auf einen Selbſtlaut auslauten, ſowie bei ben g- unb h-Stämmen, bie in ber Mehrheits= form ben Stammauslaut einbüßten unb infolgebeſſen auch auf einen Selbſtlaut auslauten, ferner bei ben erweiterten əl- unb ər-Stämmen, beren Auslaut ben flüchtigen ə-Laut nicht feſtzuhalten vermochte, mußte ſelbſt bieſer Reſt ber ehe= maligen Enbung verloren gehen. Es ſcheint nun, als wenn ſich ein Teil ber Waſunger Bevölkerung von jeher mit ben ſo gekürzten, enbungsloſen Formen be= gnügt hätte. Wenigſtens finden ſich noch heutigentags Waſunger (allerbings nur alte Leute ober ſolche jüngere, bie mit bieſen Alten beſtänbig verkehren), bie in betreff ber genannten Stämme zum teil ſich mit ſolchen Formen behelfen. Anberſeits ſcheint es aber auch, als wenn bereits zu ber Zeit, in ber jene Ver= luſte ſich fühlbar machten, bas Bebürfnis empfunden wurbe, bei ben hierburch betroffenen Wortklaſſen ebenſo wie bei ſolchen, benen bas ə ber Enbung nicht geſchwunden war, ben 3. Fall ber Mehrheit beutlich zu bezeichnen. Doch bleibt bies vorläufig noch eine offene Frage, bie erſt nach grünblicher Durchforſchung ber nächſtverwandten Munbarten ihre Löſung finden kann. Wir halten uns hier einfach an bie in ber Gegenwart vorliegenbe Thatſache, baß bie meiſten älteren Waſunger ſich zwar unbebenklich ber älteren Wortformen bebienen, wenn aus ben ſonſtigen Umſtänben ber bewußte Beugungsfall ſich ergibt, baß ſie aber für bie bezüglichen Wörter eine Beugungsenbung verwenben, ſobalb bie enbungs= loſe Form zu einem Mißverſtänbnis Anlaß geben kann. Das heranwachſenbe unb auch bas in ben beften Jahren befinbliche Geſchlecht von hentzutage neigt vollenbs ganz unverkennbar bem Beſtreben zu, ben 3. Fall ber Mehrheit unter allen Umſtänben burch eine Enbung beutlich zu bezeichnen.

Der Enbung, bie als Erſatz für bas verlorene -ə bienen mußte, liegt eben= falls bie Enbung -ən zu Grunbe, bie, mit Ausſtoßung bes ə, als bloßes -n an bie əl- unb ər-Stämme, unb als -nə an bie ſchon in ber Einzahl auf einen Selbſtlaut auslautenben Wörter, ſowie ber g- unb h-Stämme tritt. Letztere Enbung -nə iſt höchſtwahrſcheinlich weiter nichts, als ein burch nachtönenbes ə in ſeinem Beſtanb geſchütztes n, wie ja auch bie WM für auslautenbes r nach kurzem, aber vollen Stammſelbſtlaut, ſowie für auslautenbes l nach voraus= gehenbem Mitlaut, bes nachtönenben ə gewöhnlich nicht entbehren kann (vergl. bfarə ſtatt bfar, narə ſtatt nar, härə ſtatt bär, kärlə ſtatt kärl).

Die Enbung -nə kam naturgemäß zunächſt nur benjenigen Wörtern zu, beren Stämme in ber Mehrheitsform auf einen langen, ſei es nun einfachen ober zuſammengeſetzten Selbſtlaut auslauten. Sie übertrug ſich aber wohl balb auch auf bie urſprünglichen ən-Stämme, beren 3. Fall in ber Ein= unb Mehrheit, wenn anbere Hilfsmittel fehlen, ohne bie beſonbere Enbung ſich nicht unterſcheiben läßt. Die Rebeweiſe bes jüngeren Geſchlechtes ging aber noch einen Schritt weiter: ſie behnte ben Gebrauch ber Enbung -nə, allerbings mit -ə abwechſelnb, auch auf biejenigen Wörter aus, bie für ben 3. Fall ber Mehrheit in ber Enbung -ə be= reits eine wirkliche Beugungsenbung unb bamit ein ſicheres Unterſcheibungsmittel beſitzen, unb fügte jene Enbung -nə an bie bereits gebeugte unb mit ber Enbung -ə verſehene Form, ſo baß bie Doppelenbung -ənə entſtanb. Nur bei ben m- unb benjenigen n-Stämmen, bie im 3. Fall ber Mehrheit bas ſtammauslautenbe n bewahren unb bieſen Fall mit ber Enbung -ə bilben, wirb aus Rückſicht auf ben Wohllaut von ber Verwenbung ber Enbung -nə öfters Abſtanb genommen. Jene Enbung -ənə muß entſchieben für eine neuere ſprachliche Bilbung angeſehen werben; ſie liefert ben Beweis, baß bem jüngeren Geſchlecht bas Verſtänbnis für bie Bebeutung unb ben Zweck jenes althergebrachten unb wohlbegrünbeten -ə nicht mehr inne wohnt. Inbeſſen iſt auch bieſe Erſcheinung nicht ber bloßen Willkür unterworfen, ſonbern ſie vollzieht ſich — im ganzen unb großen wenig= ſtens — nach einem beſtimmten Geſetz, bas mit ber Anwenbung bes beſtimmten Geſchlechtswortes ober eines auf n enbigenben Fürwortes eng verknüpft iſt. Ein vor bem 3. Fall ber Mehrheit befinbliches dən (ben), dən (bieſen), min (meinen), din (beinen), sin (ſeinen), ônsən (unſern), żüərn (euern), örn (ihren) zieht nämlich für bas Hauptwort bie Enbung -ənə nach ſich, währenb ber Mangel berartiger Wörter für bas Hauptwort bie einfache Enbung -ə zur Folge hat (vergl. hierüber bie folgenben Abſchnitte).

Die Beugung ber einfachen (einſilbigen) Stämme.

Nach ben Eigenſchaften, bie ber Stamm ber Wörter, von ben Enbungen abgeſehen, bei ſeiner Beugung zeigt, laſſen ſich bie einfachen Stämme ber ſtarken männlichen Hauptwörter in vier Klaſſen zerlegen.

Zur erſten Klaſſe rechnen wir biejenigen Wörter, beren Stämme währenb ber Beugung in ihrem Lautbeſtanb, ben Übergang von auslautenben harten Lauten zu inlautenben weichen Lauten ausgenommen, entweber ganz unveränbert bleiben

ober in der Mehrheitsform nur Umlaut des Stammselbstlautes, bei sonst gleicher
Kürze oder Länge desselben, zeigen, woran sich, durch die Art des vorausgehenden
Selbstlautes bedingt, Übergang von l zu i schließen kann. Was den Umlaut be-
trifft, so wandelt sich a in der Mehrheit zu ä, a zu ä, aı zu ä, äů zu äi, ä
zu æ, å zu å ober o, o zu ö, ŏ zu ö, ŏə zu ŏə ober ü, ŏ zu ö, u zu ü, u
zu ü, uə zu üə, uı zu ü, ŏı zu ö.

Es kommen hier erstens solche Stämme, die auf einen Mitlaut, und zwei-
tens solche, die auf einen Selbstlaut ausgehen, in Betracht.

Fassen wir zunächst die auf einen Mitlaut auslautenden Stämme ins Auge,
so ist die Endung im 3. Fall der Mehrheit bei diesen Wörtern gewöhnlich -ə,
daneben kommt aber auch die endungslose Form und ferner die Endung -ənə
vor. Die meisten Wasunger bedienen sich gegenwärtig nur der mit Endungen
versehenen Formen, und zwar gewöhnlich der Form mit -ə, wenn dem Haupt-
wort das Geschlechtswort oder ein auf n endigendes Fürwort nicht vorangeht,
und gewöhnlich der Form mit -ənə, wenn das Geschlechtswort oder ein auf n
endigendes Fürwort dem Hauptwort beigefügt ist; die Wasunger älteren Schlages
lassen es unter allen Umständen gewöhnlich bei der einfachen Endung -ə be-
wenden und weichen von dieser Regel nur in so weit ab, als sie im stande sind,
sich die Endung ganz zu ersparen, sobald infolge eines dem bezüglichen Haupt-
wort beigefügten bestimmten oder unbestimmten Zahlwortes der Mehrheitsbegriff
außer Zweifel steht; dies geschieht aber meistens nur dann, wenn dem Haupt-
wort ein dən oder die auf -n endigende Form eines Fürwortes nicht verbunden
ist. Daneben gibt es auch Wasunger, die bei ein und demselben Worte alle
drei Formen — die endungslose, die auf -ə, und die auf -ənə — anzuwenden
vermögen. So ergeben sich für den 3. Fall der Mehrheit bei der in Rede
stehenden Wortgattung verschiedene Möglichkeiten, die in der hier folgenden Übersicht
zum Ausdruck gebracht sind. Die Zusammenstellung unter Ziffer 1 entspricht
demjenigen Sprachgebrauche, der jetzt als der vorwiegende erscheint, die Zu-
sammenstellung unter Ziffer 2 ist der Redeweise älterer Wasunger entnommen,
und die Zusammenstellung unter Ziffer 3 gilt für den Sprachgebrauch jener
Wasunger, die, was diesen Punkt betrifft, den Sprachgebrauch der Alten und der
Jüngeren in sich vereinigen; die zuerst angeführten Formen sind die beliebtesten,
die in Klammern gesetzten die weniger gebräuchlichen.

1.

mit armə, mit Armen.
mit dən armənə (armə), mit den Armen.
mit zwä ober baidə armə, mit zwei oder beiden Armen.
mit dən zwä ober baidə armənə (armə), mit den zwei oder beiden Armen.
mit min armənə (armə), mit meinen Armen.
mit min zwä ober baidə armənə (armə), mit meinen zwei oder
      beiden Armen.

2.

mit armə, mit Armen.
mit dən armə, mit den Armen.
mit zwä ober baidə armə (arm), mit zwei oder beiden Armen.

mit dən zwī ober baidə armə, mit ben zwei ober beiben Armen.
mit min armə, mit meinen Armen.
mit min zwī ober baidə armə, mit meinen zwei ober beiben Armen.

3.

mit armə, mit Armen.
mit dən armənə (armə), mit ben Armen.
mit zwī ober baidə arm, armə mit zwei ober beiben Armen.
mit dən zwī ober baidə armənə (armə, arm), mit ben zwei ober
   beiben Armen.
mit min armənə (armə), mit meinen Armen.
mit min zwī armənə (armə), mit meinen zwei Armen.

Übrigens ist zu bemerten, baß bie enbungslose Form, abgesehen von ben vorhin angeführten Umständen, gern ba zur Anwendung gelangt, wo aus einem mit ōn (unb) angefügten, mit Enbung versehenen Hauptwort auch für bas bezügliche Wort bie Mehrheit bes 3. Falles sich schließen läßt, z. B. mit arm ōn bainə ober bänə (mit Armen unb Beinen).

In ben nachfolgenben Beispielen haben nur bie jetzt am meisten gebräuchlichen Formen bes 3. Falles Berücksichtigung gefunden.

Beispiele für Wörter ohne Umlaut:

1. Stamm: arm (Arm).

1. Fall: dər arm (ber Arm)   di arm (bie Arme)
2. „   [fōn dən arm] (bes Armes)   [fōn dən armənə, armə] (ber Arme)
3. „   dən arm (bem Arm)   dən armənə, armə (ben Armen)
4. „   dən arm (ben Arm).   di arm (bie Arme).

2. Stamm: brōn (Brunnen).

1. Fall: dər brōn (ber Brunnen)   di brōn (bie Brunnen)
2. „   [fōn dən brōn] (bes Brunnens) [fōn dən brōnə, brōnənə] (ber
                                          Brunnen)
3. „   dən brōn (bem Brunnen)   dən brōnə, brōnənə (ben Brunnen)
4. „   dən brōn (ben Brunnen).   di brōn (bie Brunnen).

3. Stamm: kīl (Keil).

1. Fall: dər kīl (ber Keil)   di kīl (bie Keile)
2. „   [fōn dən kīl] (bes Keils)   [fōn dən kīlənə, kīlə] (ber Keile)
3. „   dən kīl (bem Keil)   dən kīlənə, kīlə (ben Keilen)
4. „   dən kīl (ben Keil).   di kīl (bie Keile).

4. Stamm: gnācht (Knecht).

1. Fall: dər gnācht (ber Knecht)   di gnācht (bie Knechte)
2. „   [dən gnācht si] (bes Knechtes) [dən gnāchdənə, gnāchdə īlər] (ber
                                          Knechte)
3. „   dən gnācht (bem Knechte)   dən gnāchdənə, gnāchdə (ben
                                          Knechten)
4. „   dən gnācht (ben Knecht).   di gnācht (bie Knechte).

5. Stamm: kēr (Häher).

1. Fall: dər kēr (ber Häher) di kēr (bie Häher)
2. „ [dən kēr si] (bes Hähers) [dən kērənə, kērə Uər] (ber Häher)
3. „ dən kēr (bem Häher) dən kērənə, kērə (ben Hähern)
4. „ dən kēr (ben Häher). di kēr (bie Häher).

6. Stamm: schdiər (Stier).

1. Fall: dər schdiər (ber Stier) di schdiər (bie Stiere)
2. „ [dən schdiər si] (bes Stieres) [dən schdiərənə, schdiərə Uər] (ber Stiere)
3. „ dən schdiər (bem Stiere) dən schdiərənə, schdiərə (ben Stieren)
4. „ dən schdiər (ben Stier). di schdiər (bie Stiere).

7. Stamm: kǟs (Käse).

1. Fall: dər kǟs (ber Käse) di kǟs (bie Käse)
2. „ [fōn dən kǟs] (bes Käses) [fōn dən kǟsənə, kǟsə] (ber Käse)
3. „ dən kǟs (bem Käse) dən kǟsənə, kǟsə (ben Käsen)
4. „ dən kǟs (ben Käse). di kǟs (bie Käse).

8. Stamm: bōz (Popanz).

1. Fall: dər bōz (ber Popanz) di bōz (bie Popanze)
2. „ [dən bōz si] (bes Popanzes) [den bōzənə, bōzə Uər] (ber Popanze)
3. „ dən bōz (bem Popanz) dən bōzənə, bōzə (ben Popanzen)
4. „ dən bōz (ben Popanz). di bōz (bie Popanze).

Wie bie angeführten Beispiele gehen auch: ārn („Ern" b. i. Hausflur), bǟr (Bär), bǟəlz (Pelz), bǟrk (Berg), bəfǟəl (Befehl), brōl (Brille), dǟil (Teil), bǟər (Eber), dēənst (Dienst), dich (Teich), dōt (Pate), hūf (Huf), grik (Krieg), hǟcht (Hecht), hērsch (Hirsch), kǟrn (Stern), kim (Keim), küngk (König), lūit (Laut), schbǟcht (Specht), schbiz (Spitz), schdǟer (Stär b. i. Widder), schdǟrn (Stern), schdūl (Stiel), schdrōlch (Strolch), schērm (Schirm), schmit (Schmied), sich (Sieg), wǟk (Wecken, Semmel), zwǟk (Zweck; Zwecke).

Beispiele für Wörter, beren Stammvokal in ber Mehrheitsform umlautet, find:

1. Stamm: schdam (Stamm).

1. Fall: dər schdam (ber Stamm) di schdǟm (bie Stämme)
2. „ [fōn dən schdam] (bes Stammes) [fōn den schdǟmə] (ber Stämme)
3. „ dən schdam (bem Stamm) dən schdǟmə, felten schdǟmənə (ben Stämmen)
4. „ dən schdam (ben Stamm). di schdǟm (bie Stämme).

2. Stamm: bǟm (Baum).

1. Fall: dər bǟm (ber Baum) di bǟm (bie Bäume)
2. „ [fōn dən bǟm] (bes Baumes) [fōn dən bǟmə] (ber Bäume)
3. „ dən bǟm (bem Baum) dən bǟmə, felten bǟmənə (ben Bäumen)
4. „ dən bǟm (ben Baum). di bǟm (bie Bäume).

Ganz entſprechend, nur daß die auf einen anbern Laut als m ausgehenden Stämme im 3. Fall der Mehrheit neben der Endung -ə regelmäßig auch -ənə annehmen, werden gebeugt:

3. dər schaɪcht, di schächt, dən schächdənə, schächdə (ber Schacht, die Schachte, ben Schachten),

4. dər drаûm, di drаim, dən drаimə, ſelten drаimənə (ber Traum, die Träume, ben Träumen),

5. dər bаbsi, di bаbst, dən bаbsdənə, bаbsdə (ber Papſt, die Päpſte, ben Päpſten),

6. dər аst, di аst, dən аsdənə, аsdə (ber Aſt, die Äſte, ben Äſten),

7. dər drаmbf, di drаmbf, dən drаmbfənə, drаmbfə (ber Trumpf, die Trümpfe, ben Trümpfen),

8. dər gort, di gört, dən gördənə, gördə (ber Gurt, die Gurte, ben Gurten),

9. dər hōf, di hōf, dən hōvənə, hōvə (ber Hof, die Höfe, ben Höfen),

10. dər schlōət, di schlōət, dən schlōədənə, schlōədə ober di schlät, dən schlädənə, schlädə (ber Schlot, die Schlöte, ben Schlöten),

11. dər drōət, di drät, dən drädənə, drädə (ber Draht, die Drähte, ben Drähten),

12. dər zōl, di zōl, dən zōlənə, zōlə (ber Zoll, die Zölle, ben Zöllen),

13. dər muf, di müf, dən müfənə, müfə (ber Muff, die Müffe, ben Müffen).

14. dər grūk, di grūk, dən grūgənə, grūgə (ber Krug, die Krüge, ben Krügen),

15. dər hūət, di hūət, dən hūədənə, hūədə (ber Hut, die Hüte, ben Hüten),

16. dər gūɪl, di gūl, dən gūlənə, gūlə (ber Gaul, die Gäule, ben Gäulen).

17. dər dōɪcht, di dōcht, dən dōchdənə, dōchdə (ber Docht, die Dochte, ben Dochten).

Nach Art des 1. Beiſpiels (mit Umlaut von a zu ä) werden gebeugt: dam (Damm), darm (Darm), schwarm (Schwarm); ferner mit -ə unb -ənə im 3. Fall ber Mehrheit: fal (Fall), frak (Frack), mart (Markt), marsch (Marſch), saft Saft), schnabs (Schnaps), schwanz (Schwanz), wanst (Wanſt);

nach 2. (а zu ä): schbаs (Spaß);

nach 4. (аû zu аi): zаüm (Zaum), sаüm (Saum), früher auch bаûm (Baum), wofür jetzt bаm geſagt wirb, während in ber Mehrheit noch jetzt bаim neben bem gebräuchlicheren bаm vorkommt;

nach 5. (а zu а): sаl (Saal), bfаl (Pfahl), schdаp (Stab);

nach 6. (а zu ē): gаst (Gaſt);

nach 7. (а zu а): schdаmbf (Strumpf), schbrаng (Sprung), schdrаngk (Strunk);

nach 8. (o zu ō): dorm (Turm), schdorm (Sturm), schdorz (Sturz), worm (Wurm);

nach 9. (ō zu ō): dōn (Ton), grōm (Kram);

nach 10. (ōə zu ōə ober а): ōərsch (Arſch), bōərt (Bart), vəl (Aal);

nach 11. (ōə zu а, bor l zu аə): rōət (Rat); kanōəl, kanаəl (Kanal, Kanäle), schdōəl, schdаəl (Stahl, Stähle);

nach 12. (ō zu ō): wōləf, wōləf (Wolf, Wölfe);

nach 13. (u ʒu ū): buf (Puff), duſt (Duft), fugs (Fuchs), gnuf (Knuff);
nach 14. (ū ʒu ū): flūk (Pflug), zūk (Zug);
nach 15. (ūə ʒu ūə): schwūər (Schwur), gūəns (Ganſert);
nach 16. (ū; ʒu ū): kū;z (Kauz).

Zu den auf einen Mitlaut ausgehenden Wörtern dieſer erſten Klaſſe gehören
jetzt auch einige, die urſprünglich erweiterte (zweiſilbige) Stämme waren. Es
ſind dies die Wörter flāəl (Flegel), kāəl (Regel) und schlāəl (Schlegel),
die aus den urſprünglichen Stämmen flāgəl, kāgəl und schlāgəl, ferner die
Wörter nāl (Nagel) und zāl (Zagel, Schwanz), die aus den urſprünglichen
Stämmen nāgəl und zāgəl zuſammengezogen ſind; dieſelben werden, wie folgt,
gebeugt:

1. Stamm: flāəl (Flegel).

1. Fall: dər flāəl (der Flegel)   di flāəl (die Flegel)
2. „ [fōn dən flāəl] (des Flegels)   [fōn dən flāələnə] (der Flegel)
3. „ dən flāəl (dem Flegel)   dən flāələnə, flāələ (den Flegeln)
4. „ dən flāəl (den Flegel).   di flāəl (die Flegel).

2. Stamm: nāl (Nagel).

1. Fall: dər nāl (der Nagel)   di nāəl (die Nägel)
2. „ [fōn dən nāl] (des Nagels)   [fōn dən nāələnə] (den Nägeln)
3. „ dən nāl (dem Nagel)   dən nāələnə, nāələ (den Nägeln)
4. „ dən nāl (den Nagel).   di nāəl (die Nägel).

Nach Beiſpiel 1 gehen schlāəl (Schlegel) und kāəl (Regel), nach Beiſpiel
2: zāl (Schwanz). Das ə vor dem l dieſer Wörter bildet nicht etwa mit dem
letzteren eine beſondere Silbe, ſondern gehört zu ā, oder mit andern Worten:
es iſt zweiter Teil des Doppelſelbſtlautes āə.

Nur ſcheinbar gehören in die eben beſprochene Gattung der einfachen Stämme
die männlichen Wörter auf -hn und -rn; thatſächlich ſind es erweiterte Stämme,
und ſie finden ſich daher bei den letzteren beſprochen.

Die auf einen Selbſtlaut auslautenden einfachen Stämme der
in Rede ſtehenden erſten Wortklaſſe haben ihren jetzigen Auslaut zum kleinſten
Teil von Anfang an beſeſſen; vielmehr lautete ihr Stamm, wie es mit den
bezüglichen nhd Wörtern noch jetzt der Fall iſt, faſt ohne Ausnahme urſprünglich
auf -n aus, das ſich verflüchtigt hat, weil demſelben bei den hierher gehörenden
Wörtern der WM gedehnter Selbſtlaut, ſei es nun einfacher oder zuſammen=
geſetzter, vorausging, d. h. ein Laut, nach welchem auslautendes n ſich nicht
zu erhalten vermochte. Infolge deſſen lauten die Wörter dieſer Gattung auf
langen, entweder einfachen oder zuſammengeſetzten Selbſtlaut aus. Umlautbarer
Stammſelbſtlaut wird in der Mehrheitsform regelmäßig umgelautet.

Die Endung des 3. Falles in der Mehrzahl der hierher gehörenden Wörter
muß, wie bei den Wörtern der erſten Gattung, urſprünglich -ən, ſpäter -ə ge=
weſen ſein; doch ging dies mit der Zeit in dem gedehnten Stammſelbſtlaute auf,
ſo daß Beugungsendungen überhaupt nicht mehr vorhanden waren. In dieſer

Weise werden die hierher gehörenden Wörter von einzelnen alten Wasungern noch heutigentags gesprochen, sobald kein dən oder auf ein n auslautendes Fürwort damit verbunden ist. Andern aber genügt diese Einförmigkeit nicht; sie fügen daher die durch nachfolgendes ə gestützte Endung -n, folglich -nə, als Endung des 3. Mehrheitsfalles an die Form des Stammes, wie sie vorliegt. Man ist versucht, das n dieser Endung -nə für den ursprünglichen Stamm- auslaut n zu halten, der in dieser Form wieder zum Vorschein käme. In- dessen würde man mit dieser Annahme schwerlich das Richtige treffen. Denn der Umstand, daß die Endung -nə jetzt nicht bloß bei den ursprünglichen n-Stämmen, sondern auch bei andern auf einen Selbstlaut ausgehenden Wörtern zu finden ist, liefert den Beweis, daß in dem n nicht ein Stammlaut, sondern eben nur ein Teil der Endung vorliegt.

Die Form des 3. Mehrheitsfalles auf -nə muß als die jetzt gebräuchliche angesehen werden. Die alte, endungslose ist bereits stark im Schwinden be- griffen; geht dem bezüglichen Hauptworte dən oder ein auf n endigendes Für- wort vorauf, so tritt regelmäßig die Endung -nə zu ein. Folgende Übersicht ver- anschaulicht die Möglichkeiten, die für den Gebrauch des 3. Mehrheitsfalles vorhanden sind; die mit Ziffer 1 versehene Reihe entspricht dem jetzt herrschenden Sprachgebrauche, die mit Ziffer 2 versehene der älteren, aber zugleich auch selteneren Redeweise.

1.

fōn zēnə, von Zähnen:
fōn dən zēnə, von den Zähnen:
fōn bǟidə zēnə, von beiden Zähnen;
fōn dən bǟidə zēnə, von den beiden Zähnen;
fōn min zēnə, von meinen Zähnen;
fōn min bǟidə zēnə, von meinen beiden Zähnen.

2.

fōn zē, von Zähnen;
fōn dən zēnə, von den Zähnen;
fōn bǟidə zē, von beiden Zähnen;
fōn dən bǟidə zēnə (zē), von den beiden Zähnen;
fōn min zēnə, von meinen Zähnen;
fōn min bǟidə zēnə (zē), von meinen beiden Zähnen.

Bei der Beugung der Beispiele findet sich die jetzt am meisten gebräuchliche Form vorangestellt.

Beispiele für die Beugung eines hierher gehörenden Wortes mit nicht umlaut- fähigem Selbstlaut sind:

1. Stamm: schī (Schein).

1. Fall: dər schī (der Schein)	di schī (die Scheine)
2. „ [fōn dən schī] (des Scheines)	[fōn dən schīnə] (der Scheine)
	dən schīnə; schī (den Scheinen;
3. „ dən schī (dem Schein)	Scheinen),
4. „ dən schī (den Schein).	di schī (die Scheine).

2. Stamm: sēə (See).

1. Fall: dər sēə (der See)   di sēə (die Seeen)
2. „ [fōn dən sēə] (des Sees)   [fōn dən sēənə] (der Seeen)
3. „ dən sēə (dem See)   dən sēənə; sēə (den Seeen; Seeen)
4. „ dən sēə (den See).   di sēə (die Seeen).

Nach Beispiel 1 gehen die Wörter wi (Wein) und ki (Kien), denen aber die Mehrheit fehlt.

Beispiele für die Beugung von Wörtern mit umlautfähigem Selbstlaut sind:

1. Stamm: zō (Zahn).

1. Fall: dər zō (der Zahn)   di zē (die Zähne)
2. „ [fōn dən zō] (des Zahnes)   [fōn dən zēnə] (der Zähne)
3. „ dən zō (dem Zahn)   dən zēnə; zē (den Zähnen; Zähnen)
4. „ dən zō (den Zahn).   di zē (die Zähne).

2. Stamm: schbūə (Span).

1. Fall: dər schbūə (der Span)   di schbiə (die Späne)
2. „ [fōn dən schbūə] (des Spanes) [fōn dən schbiənə] (der Späne)
3. „ dən schbūə (dem Span)   dən schbiənə; schbiə (den Spänen;
                                     Spänen)
4. „ dən schbūə (den Span).   di schbiə (die Späne).

Als weitere Beispiele sind anzuführen: zū (Zaun), Mehrheit: zū; lūə (Lohn), Mehrheit lūə; mūə (Mohn) und dūə (Thon), denen beiden aber die Mehrheit fehlt. Die aus dem Nhd entlehnten Wörter dōn (Ton), Mehrheit dōn, und kān oder kān (Kahn), Mehrzahl kān werden nach Art der zur ersten Klasse gehörenden Wörter gebeugt.

Zu den einfachen, auf einen Selbstlaut auslautenden Stämmen gehören jetzt auch die zusammengezogenen Stämme, die ursprünglich auf -əgən, -ogən oder -egən auslauteten. Die Silben -əgən und -ogən wurden zu ō, -egən wurde zu ē, und die Biegung solcher Wörter verläuft nun ganz so, wie die der übrigen hierher gehörenden Stämme. Beispiele:

1. Stamm: wō (Wagen).

1. Fall: dər wō (der Wagen)   di wō (die Wagen)
2. „ [fōn dən wō] (des Wagens)   [fōn dən wōnə] (der Wagen)
3. „ dən wō (dem Wagen)   dən wōnə; wō (den Wagen; Wagen)
4. „ dən wō (den Wagen).   di wō (die Wagen).

2. Stamm: bō (Bogen).

1. Fall: dər bō (der Bogen)   di bō (die Bogen)
2. „ [fōn dən bō] (des Bogens)   [fōn dən bōnə] (der Bogen)
3. „ dən bō (dem Bogen)   dən bōnə; bō (den Bogen; Bogen)
4. „ dən bō (den Bogen).   di bō (die Bogen).

3. Stamm: rē (Regen).

1. Fall: dər rē (der Regen)
2. „ [fōn dən rē] (des Regens)
3. „ dən rē (dem Regen)
4. „ dən rē (den Regen).

Mehrzahl fehlt.

Nach Beispiel 1 werden gebeugt: grö (Kragen), mö (Magen), schrö (Schragen). Für die Formen 2 und 3 scheinen weitere Beispiele, als die ange= führten, nicht vorhanden zu sein, die anders gebildeten Wörter dächə (Degen) und sächə (Segen) sind offenbar erst dem Nhd entlehnt.

Die zweite Klasse der einfachen starken männlichen Hauptwörter wird ge= bildet durch einige Stämme, deren entsprechende nhd Wörter der ersten Klasse angehören. Sie haben mit den auf einen Selbstlaut ausgehenden Stämmen der ersten Klasse die Eigenschaft gemein, daß sie für Ein= und Mehrzahl gedehnten Stammselbstlaut besitzen, der, wofern er überhaupt umlautfähig ist, in der Mehr= heitsform gewöhnlich umlautet, unterscheiden sich von jenen aber vor allem durch den Umstand, daß sie in der Einheit auf einen Mitlaut endigen, der erst in der Mehrheit schwindet. In einigen Wörtern steht überdies dem einfachen Selbst= laut der Einzahl ein zusammengesetzter in der Mehrheit gegenüber. Der Ver= lust des Stammauslautes in der Mehrheit wurde dadurch veranlaßt, daß der bezügliche Mitlaut (es kommt nur g oder h in Betracht) seine Stellung zwischen dem Stammselbstlaut und der aus ursprünglichem -ən gekürzten Beugungsendung -ə der Mehrheitsform nicht zu behaupten vermochte und infolgedessen sich ganz verflüchtigte. Die Umwandlung des einfachen Selbstlautes der Einzahl in einen zusammengesetzten der Mehrzahl kommt nur bei den ursprünglich auf h, nicht auch bei den auf g auslautenden Stämmen dieser Klasse vor und läßt sich am einfachsten durch die Annahme erklären, daß in ə, dem zweiten Bestandteil des zu= sammengesetzten Lautes, noch das -ə der ursprünglichen Beugungsendung enthalten ist, die mit dem Stammselbstlaut der Mehrheitsform zu einem Doppelselbstlaut so verschmolz, daß sie nicht mehr als Endung empfunden wird, sondern nur als Be= standteil des Stammselbstlautes angesehen werden kann. Ältere Wasunger und solche jüngere, die im engen Verkehr mit diesen Alten stehen, bilden den 3. Fall der Mehrheit bei dieser Wortklasse ohne Endung, sobald kein dən oder auf n endigendes Fürwort vor dem bezüglichen Hauptwort sich befindet; im übrigen fügen sie -nə an das Wort, und diese Endung wird von dem heranwachsenden Geschlecht fast ausschließlich gebraucht. Die Verhältnisse liegen demnach hier genau so, wie bei den auf einen Selbstlaut ausgehenden Wörtern der ersten Klasse. Bei den im Folgenden angeführten Beispielen ist die jetzt gebräuchliche Form voran gestellt.

Es kommen folgende ursprüngliche g-Stämme in Betracht:

1. Stamm: dåg (Tag).

1. Fall:	dər dåk (der Tag)	di då (die Tage)	
2. „	[fön dən dåk] (des Tages)	[fön dən dånə] (der Tage)	
3. „	dən dåk (dem Tage)	dən dånə; då (den Tagen; Tagen)	
4. „	dən dåk (den Tag).	di då (die Tage).	

2. Stamm: schläg (Schlag).

1. Fall:	dər schläk (der Schlag)	di schlä (die Schläge)	
2. „	[fön dən schläk] (des Schlages)	[fön dən schlänə] (der Schläge)	
3. „	dən schläk (dem Schlage)	dən schlänə; schlä (den Schlägen; Schlägen)	
4. „	dən schläk (den Schlag).	di schlä (die Schläge).	

3. Stamm: wäg (Weg).

1. Fall: dər wäk (ber Weg)   di wä (bie Wege)
2. „ [fōn dən wäk] (beß Wegeß)   [fōn dən wänə] (ber Wege)
3. „ dən wäk (bem Wege)   dən wänə; wä (ben Wegen; Wegen)
4. „ dən wäk (ben Weg).   di wä (bie Wege).

4. Stamm: drög (Trog).

1. Fall: dər drōk (ber Trog)   di drō (bie Tröge)
2. „ [fōn dən drōk] (beß Trogeß)   [fōn dən drōnə] (ber Tröge)
3. „ dən drōk (bem Troge)   dən drōnə; drō (ben Trögen; Trögen)
4. „ dən drōk (ben Trog).   di drō (bie Tröge).

Von urſprünglichen h=Stämmen kommen nur folgenbe zwei Beiſpiele vor:

1. Stamm: flōh (Floh).

1. Fall: dər flōk (ber Floh)   di flūə (bie Flöhe)
2. „· [dən flōk si] (beß Floheß)   [dən flūənə ūər] (ber Flöhe)
3. „ dən flōk (bem Floh)   dən flūənə; flūə (ben Flöhen; Flöhen)
4. „ dən flōk (ben Floh).   di flūə (bie Flöhe).

2. Stamm: schūh (Schuh).

1. Fall: dər schūk (ber Schuh)   di schūə, schūə (bie Schuhe)
2. „ [fōn dən schūk] (beß Schuheß)   [fōn dən schūənə] (ber Schuhe)
3. „ dən schūk (bem Schuh)   dən schūənə; schūə, schūə (ben Schuhen; Schuhen)
4. „ dən schūk (ben Schuh).   di schūə; schūə (bie Schuhe).

Die britte Klaſſe ber ſtarken einfachen männlichen Hauptwörter umfaßt eine große Anzahl von Wörtern mit meiſt einfachem, zum Teil auch zuſammen= geſeßtem, ſtetß aber kurzem Stammſelbſtlaut, ber gewöhnlich nur in ber Mehr= heit, ſeltener auch im 3. Fall ber Einzahl enthalten iſt, während ber 1. unb 4. Fall ber Einzahl ſtetß, gewöhnlich aber auch noch ber 3. Fall ber Ein= zahl, gebehnten unb zum Teil auch ſonſt veränberten Stammſelbſtlaut aufweiſen.

Faſt ohne Außnahme erſcheint bër eigentliche Stammſelbſtlaut, ſobalb er über= haupt umlautfähig iſt, in ber Mehrzahl umgelautet; alß nicht umlautfähig kommt bei bieſen Wörtern nur ě in Betracht. Dabei ſei noch bemerkt, baß urſprüng= licher Stammſelbſtlaut a ſtetß zu ä, ǎ zu ä, außnahmßweiſe auch zu ä, o zu ö, ō zu ō, u zu ü, au zu äi, āə zu äə umlautet. Der Stammſelbſtlaut kann übrigenß bei ben meiſten Wörtern bieſer Klaſſe nur auß bem umgelauteten Selbſt= laut ber Mehrheit erſchloſſen werben.

Waß bie Dehnung beß ber Einzahlform zukommenben Selbſtlauteß betrifft, ſo hat bieſelbe in ber Weiſe ſtattgefunden, baß Stammſelbſtlaut a zu ä ober zu ä, ǎ zu ō, o zu ū ober ūə, ō zu äi, u zu ū, i unb ě zu ī, au zu äū, äə zu ūə, èə zu īə geworben iſt.

Dem Unkunbigen erſcheinen natürlich bie gebehnten Formen, weil ſie in ber Einzahl unb vor allem in bem 1. Fall ber Einzahl auftreten, alß bie Stamm= formen, bie Formen mit bem kurzen Selbſtlaut aber alß ſolche, bie erſt auß ber gebehnten Form burch eine Berkürzung entſtanden ſeien. Daß aber bie Formen

mit dem kurzen Selbstlaut, vom Umlaut abgesehen, thatsächlich die ursprüng=
lichen sind, beweist ein Blick auf das Altdeutsche, wo die bezüglichen Stämme
kurzen Selbstlaut besitzen, der ja auch im Nhd sich noch erhalten hat. Es fragt
sich nun, wie es hat kommen können, daß ursprünglich kurzer Stammselbstlaut,
der in der Mehrheit der bezüglichen Wörter seine Kürze zu bewahren vermochte,
in der Einzahl lang geworden ist.

Bekanntlich hat sich im Nhd ursprünglich kurzer Stammselbstlaut abgeleiteter
b. h. zwei= oder mehrsilbiger Stämme nur vor zwei oder mehr Mitlauten erhalten,
im übrigen wurde er infolge der auf der Stammsilbe lastenden Betonung lang.
Demnach könnte man der Ansicht sein, daß die Dehnung des Stammselbstlautes
bei den in Rede stehenden Wörtern ebenfalls auf das für die nhd Sprache giltige
Betonungsgesetz zurückgeführt werden müsse. Aber wir haben es bei diesen
Wörtern nicht mit zweisilbigen, sondern mit einsilbigen Stämmen zu thun, und
auf solche hat jenes Betonungsgesetz, im Nhd wenigstens, nur beschränkten Ein=
fluß. Es scheint deshalb um so mehr geboten, nach einer anderen Erklärung der
eigentümlichen Erscheinung sich umzuthun, als der Selbstlaut der Mehrheitform
doch ebenfalls gedehnt erscheinen müßte, wenn die ursprüngliche Kürze des Stamm=
selbstlautes in der Einheitsform nach dem bewußten Gesetze sich verloren hätte.

Fassen wir zunächst einmal die Fälle ins Auge, in denen der kurze, wenn
auch umgelautete Stammselbstlaut zu Tage tritt, so findet sich, daß es ausschließ=
lich solche sind, in denen im Nhd eine Beugungsendung vorhanden ist und
auch im Altdeutschen eine solche vorhanden war. Die WM besitzt, mit Aus=
nahme des 3. Mehrheitsfalles, jetzt keine Beugungsendungen. Aber es steht
außer aller Frage, daß ihr diese Unterscheidungsmerkmale der Fälle ehemals
in ganz ähnlicher Weise eigen waren, wie sie sich im Nhd darbieten. Mit
andern Worten: der 3. Fall der Einzahl, sowie die ganze Mehrzahl der ein=
silbigen Stämme muß mit Einschluß der Endungen früher zweisilbig gewesen sein,
während der 1. und 4. Fall der Einzahl einsilbig blieb. Zweifellos ist nun
die Dehnung des Stammselbstlautes noch zu einer Zeit vor sich gegangen, in
der die Mehrheit und zum Teil auch der 3. Fall der Einzahl ihre Endungen
besaßen; und es scheint, als wenn die Dehnung des Stammselbstlautes in den
einsilbigen Formen die Folge eines unwillkürlichen und unbewußten Strebens
war, den Umfang der bezüglichen Wörter auf ein für alle Fälle gleiches Maß
zu bringen und zwischen den Längenverhältnissen der durch die Beugung ver=
schiedenartig gestalteten Formen ein gewisses Gleichgewicht herbeizuführen. Dies
wurde dadurch ermöglicht, daß der Redende, wenn er der einsilbigen Einzelformen
sich bediente, beim Aussprechen des Stammselbstlautes länger verweilte, als er es
den zweisilbigen Formen gegenüber zu thun pflegte, so daß der Unterschied, der
für die Aussprache der einsilbigen und zweisilbigen Formen hinsichtlich der auf=
gewandten Zeit und Mühe anfänglich bestand, allmählich ausgeglichen wurde. Über
die Gründe jedoch, weshalb nur eben diesen, und nicht auch andern einfachen
Stämmen diese eigentümliche Dehnung der einsilbigen Formen zu gute kam, läßt
sich nicht einmal vermutungsweise etwas Befriedigendes sagen.

Die bisherigen Ausführungen gelten im allgemeinen auch für die Wörter
der nächsten Klasse, sowie für diejenigen Wörter sächlichen und weiblichen Ge=
schlechts, deren Einzahl, im Gegensatz zur Mehrzahl, gedehnten Stammselbstlaut
enthält. Aber, die besprochene eigentümliche Dehnung des Stammselbstlautes ist

nicht die einzige Veränderung, die sich an Wörtern dieser Gattung wahrnehmen läßt, vielmehr ist bei einer Anzahl dieser Wörter auch der Bestand der Mitlaute gewissen Veränderungen unterworfen. Denn die auf mp, rp, nt, lt (lt) und ngk auslautenden Stämme der in der Einzahl gedehnten Wörter werfen in der Mehrzahl und, wofern überhaupt im 3. Fall der Einzahl der kurze Stammselbstlaut eintritt, auch in diesem Falle den letzten Mitlaut ab, die n-Stämme dieser Klasse aber lassen umgekehrt das stammauslautende n in den gedehnten Formen der Einzahl schwinden, und nur in den Formen, die kurzen Stammselbstlaut besitzen, halten sie es fest.

Der Grund der eben erwähnten Erscheinungen hängt offenbar mit der oben erörterten mutmaßlichen Ursache der in der Einzahl jetzt herrschenden Dehnung eng zusammen. Lag für die WM das Bedürfnis vor, bei der Aussprache der schon ursprünglich einsilbigen Wortformen länger zu verweilen, als es mit den sonst doch ganz gleichlautenden Stammsilben der zweisilbigen Formen bei denselben Wörtern geschah, so war es ganz natürlich, daß man dabei auch die Zeit fand, die Mitlaute des Stammes sämtlich auszusprechen. Wenn dem stammauslautenden n das umgekehrte Schicksal widerfuhr, gerade in den gedehnten Formen verschwinden zu müssen, so liegt hierin nur scheinbar ein Widerspruch. Denn dieser löst sich ohne weiteres, sobald man bedenkt, daß die WM überhaupt auslautendes n nach vorausgehendem langen Selbstlaut noch weniger, als auslautendes n nach vorausgehendem ə zu bulden vermag. Mit zwingender Notwendigkeit mußte das n gerade da weichen, wo für jeden andern Mitlaut die Bedingung für die Erhaltung seines Daseins gegeben war.

Für die ursprünglich zweisilbigen, mit kurzem Selbstlaut gesprochenen Formen lagen die Verhältnisse ganz anders. Um zunächst von den Wörtern auf -nt und -lt oder -lt zu reden, so lautet bei den ersteren der eigentliche Stamm auf -nd, bei den zweiten auf -ld (-ld) oder auch auf -lt (-lt) aus. Wir wissen nun, daß in der WM d oder t nach n, l oder l, sobald diesen Lauten ein kurzer Selbstlaut vorausgeht, im Inlaut sich verflüchtigt (vergl. die Bemerkungen über t und d auf Seite 33—35), und wir brauchen uns daher nicht zu wundern, daß der d- oder t-Laut der hierher gehörenden Stämme in den ursprünglich zweisilbigen Formen dieser Wörter sich nicht erhalten hat. Was ferner die Wörter auf -mp, -rp und -ngk anlangt, so liegen mb-, rb- und ngg-Stämme vor; und wenn in derartigen Wörtern das b oder g vor nachfolgender Beugungsendung sich verlor, so vollzog sich damit nur ein Vorgang, der sich hinsichtlich der Wörter auf -mb und -ngg im Nhd ebenfalls, und zwar in noch ausgedehnterem Maße nachweisen läßt, denn die ursprünglichen, im Altdeutschen noch deutlich wahrnehmbaren mb- und ngg-Stämme haben im Nhd das b oder g selbst im Auslaut eingebüßt. Allerdings müßte man wenigstens für das dem nhd Worte Schrank (also einen nt-Stamm) entsprechende Wort schängk auch einen ngk-, nicht ngg-Stamm voraussetzen, und vielleicht gehörte dies Wort ehedem auch in der WM zu den ngk-Stämmen; jetzt aber wird es hier entschieden als ein ngg-Stamm behandelt, wie ja auch die Wörter hängəl (Henkel) und glängə (Klinke) im Gegensatz zum Nhd auf ursprüngliche ngg- und nicht ngk-Stämme hinweisen. Auch das Schwinden des b nach r, wie es die Mehrheitsformen und die 3. Einzahlform des einzigen rp-Wortes knərp bieten, hat

nichts Rätselhaftes an sich: b wurde zwischen vorausgehendem r und nachfolgen=
dem Selbstlaut zunächst zu w und dieser Laut verlor sich dann gerade so, wie
er sich im Worte farə (Farbe, altdeutsch varwə) verloren hat.

Von den n-Stämmen kommen hier nur solche mit einfachem Stammselbst=
laut in Betracht. Da nach den Lautgesetzen der WM auslautendes n nach
kurzem einfachen Selbstlaut sich ebenso, wie inlautendes n zwischen vorausgehen=
dem kurzen einfachen Selbstlaut und nachfolgendem Selbstlaut erhält, so tritt dem
entsprechend auch das stammauslautende n der bezüglichen Wörter, das in den
gedehnten Formen verloren ging, in den mit kurzem Selbstlaut gesprochenen d. h.
ehemals zweisilbigen Formen zu Tage.

Kehren wir nach dieser allgemeinen Darlegung der einschlägigen Verhältnisse
zu der Wortklasse, die uns hierzu den Anlaß gab, im besonderen zurück, so muß
in betreff derselben bemerkt werden, daß die ursprüngliche Stammform im 3. Fall
der Einzahl dem gänzlichen Verschwinden nahe und der gedehnten Form, wie sie
in andern Fällen der Einzahl regelmäßig vorliegt, heutigentags schon fast allent=
halben gewichen ist. Selbst ältere und alte Leute machen zwischen den Formen
des 1., 3. und 4. Einzahlfalles dieser Wörter jetzt meistenteils keinen Unterschied,
und fast nur in den Wörtern mit dem ursprünglichen Stammselbstlaut ê, im 1.
und 4. Fall gedehnt zu ī, sowie in einigen Wörtern auf nt (nd) wird im 3.
Fall der Einzahl, neben der gedehnten Einzahlform, auch die der Mehrzahlform
entsprechende Form mit kurzem Stammselbstlaut hie und da noch vernommen.
Ohne Zweifel war auch bei den übrigen Wörtern dieser Wortklasse der 3. Fall der
Einzahl ehedem durchgängig mit kurzem, und zwar nicht umgelauteten Stamm=
selbstlaut gebildet, wie z. B. noch heutigentages in der hie und da neben der ge=
wöhnlichen Verbindung ſōn kōbf zə ſūəs noch lebendigen Wendung ſōn kå̄bf
zə ſå̄əs der ursprüngliche Stamm der Wörter kōbf und ſūəs aus dem 3. Fall
der Einzahl ersichtlich ist. Die alten Formen gehen wohl darum ein, weil der
3. Fall der Einzahl, der ja auch in der nhd Umgangssprache meistens ohne
Endung gesprochen wird, die Beugungsendung früher verlor, als es bei den Mehr=
heitsformen geschah. Bei den nachfolgenden Beispielen wird im 3. Fall der Ein=
zahl die gedehnte Form als diejenige, die jetzt vorwiegend im Gebrauche ist,
vorangestellt, die ursprüngliche aber, als im Aussterben begriffen, mit einem
Sternchen bezeichnet und überhaupt nur dann beigefügt, wenn ihr Vorkommen
jetzt noch durch unmittelbare Beobachtungen bezeugt ist.

Die Behandlung des 3. Mehrheitsfalles dieser Wortklasse entspricht im allge=
meinen derjenigen, wie sie bei der ersten Wortklasse üblich ist: die Wasunger vom
alten Schrot und Korn ersparen sich jegliche Endung, sobald der Mehrheitsbe=
griff aus der sonstigen Darstellung sich klar ergibt und dem bezüglichen Haupt=
wort weder das bestimmte Geschlechtswort, noch ein auf -n auslautendes Für=
wort vorangeht; sind derartige Wörter mit dem betreffenden Hauptwort verbunden,
oder würde durch Weglassung der Endung über die Zahlform Zweifel entstehen, so
erhält das Wort die Endung -ə. Die große Mehrzahl der Wasunger von heut=
zutage setzt da, wo der Altwasunger die endungslose Form zu sprechen pflegt, die
Form mit der Endung -ə, und da, wo der Altwasunger die Form mit -ə an=
wendet, die Form auf -ənə. Ein Teil der Wasunger vereinigt die Redeweise
der alten Wasunger und die jetzt gewöhnliche Ausdrucksweise, indem er die
endungslose und die auf -ə endigende Form, desgleichen die auf -ə und die auf

-ənə ausgehende Form nach Belieben zu verwenden vermag. Es haben bem= nach die Formen, die für den 3. Mehrheitsfall der erften Wortklaſſe, und zwar für die auf einen Mitlaut ausgehenden Wörter, Seite 102 und 103 aufgestellt worden ſind, auch für die Wörter der dritten Klaſſe ihre Geltung. Der Auslaut ə in der Form korə des Wortes kūərp (f. Beiſpiel 15) ist keine Beugungs= endung, ſondern Anhängſel von r, da letzteres nach kurzem Selbſtlaut (außer ə) nicht im Auslaut ſtehen kann, ſondern noch ein nachfolgendes ə zu ſich nimmt. Im 3. Fall der Mehrheit wird dies Wort von Waſungern älteren Schlages ge= wöhnlich gerade ſo wie die übrigen Formen der Mehrheit gebraucht. Die meiſten Waſunger aber bedienen ſich dieſer Form nur dann, wenn kein dən, min, sin, ȫnsən, zᾱᴜərn oder ȫrn vorausgeht; ſonſt fügen ſie die Endung -nə an, und die Beugung dieſes Falles verläuft dann ganz wie die bei den ſtarken erweiterten Wörtern auf -ə.

Beiſpiele :

1. Stamm: sak (Sack).

1. Fall : dər sᾰk (der Sack)	di sᾰk (die Säcke)
2. „ [fōn dən sᾰk] (des Sackes)	[fōn dən sᾱgənə] (der Säcke)
3. „ dən sᾰk, * sak (dem Sack)	dən sᾱgənə, sᾱgə (den Säcken)
4. „ dən sᾰk (den Sack).	di sᾰk (die Säcke).

2. Stamm: fräsch (Froſch)

1. Fall : dər frȫsᴀch (der Froſch)	di fræsch (die Fröſche)
2. „ [fōu dən frösch] (des Froſches)	[fōn dən fræschənə] (der Fröſche)
3. „ dən frösch (dem Froſch)	dən fræschənə, fræschə (den Fröſchen)
4. „ dən frösch (den Froſch).	di fræsch (die Fröſche).

3. Stamm: grếf (Griff)

1. Fall : dər grif (der Griff)	di grếf (die Griffe)
2. „ [fōn dən grif] (des Griffes)	[fōn dən grếfənə) (der Griffe)
3. „ dən grif, * grếf (dem Griff)	dən grếfənə, grếfə (den Griffen)
4. „ dən grif (den Griff).	di grếf (die Griffe).

4. Stamm: buch (Bauch).

1. Fall : dər būᴄh (der Bauch)	di būch (die Bäuche)
2. „ [fōn dən būch] (des Bauches)	[fōn dən būchənə] (der Bäuche)
3. „ dən būch, * buch (dem Bauch)	dən būchənə, būchə (den Bäuchen)
4. „ dən būch (den Bauch).	di būch (die Bäuche).

5. Stamm: lᾱᴜf (Lauf).

1. Fall : dər lᾱᴜf (der Lauf)	di lᾱif (die Läufe)
2. „ [fōn dən lᾱᴜf] (des Laufes)	[fōn dən lᾱifənə] (der Läufe)
3. „ dən lᾱᴜf (dem Laufe)	dən lᾱifənə, lᾱifə (den Läufen)
4. „ dən lᾱᴜf (den Lauf).	di lᾱif (die Läufe).

6. Stamm: hēəb (Hieb).

1. Fall : dər hiəp (der Hieb)	di hēəp (die Hiebe)
2. „ [fōn dən hiəp] (des Hiebes)	[fōn dən hēəbənə] (der Hiebe)
3. „ dən hiəp (dem Hiebe)	dən hēəbənə, hēəbə (den Hieben)
4. „ dən hiəp (den Hieb).	di hēəp (die Hiebe).

7. Stamm: fůəs (der Fuß).

1. Fall: dər fůəs (der Fuß) di fåəs (die Füße)
2. „ [fōn dən fůəs] (des Fußes) [fōn dən fåəsənə] (der Füße)
3. „ dən fůəs, *fåəs (dem Fuße) dən fåəsənə, fåəsə (den Füßen)
4. „ dən fůəs (den Fuß). di fåəs (die Füße).

8. Stamm: flōs (Fluß b. i. Rheumatismus).

1. Fall: dər flůɪs (der Fluß) di flōs (die Flüsse)
2. „ [fōn dən flůɪs] (des Flusses) [fōn dən flōsənə] (der Flüsse)
3. „ dən flůɪs (dem Flusse) dən flōsənə, flōsə (den Flüssen)
4. „ dən flůɪs (den Fluß). di flōs (die Flüsse).

9. Stamm: sén (Sinn).

1. Fall: dər sɪ (der Sinn) di sén (die Sinne)
2. „ [fōn dən sɪ] (des Sinnes) [fōn dən sénə] (der Sinne)
3. „ dən sɪ, *sén (dem Sinn) dən sénənə, sénə (den Sinnen)
4. „ dən sɪ (den Sinn). di sén (die Sinne).

10. Stamm: saz (Satz).

1. Fall: dər såz (der Satz) di såz (die Sätze)
2. „ [fōn dən såz] (des Satzes) [fōn dən såzənə] (der Sätze)
3. „ dən såz, *saz (dem Satze) dən såzənə, såzə (den Sätzen)
4. „ dən såz (den Satz) di såz (die Sätze).

11. Stamm: granz (Kranz).

1. Fall: dər gränz (der Kranz) di gränz (die Kränze)
2. „ [fōn dən gränz] (des Kranzes) [fōn dən gränzənə] (der Kränze)
3. „ dən gränz (dem Kranze) dən gränzənə, gränzə (den Kränzen)
4. „ dən gränz (den Kranz). di gränz (die Kränze).

12. Stamm: gnōbf (Knopf).

1. Fall: dər gnōbf (der Knopf) di gnåbf (die Knöpfe)
2. „ [fōn dən gnōbf] (des Knopfes) [fōn dən gnåbfənə] (der Knöpfe)
3. „ dən gnōbf, *gnåbf (dem Knopfe) dən gnåbfənə, gnåbfə (den Knöpfen)
4. „ dən gnōbf (den Knopf). di gnåbf (die Knöpfe).

13. Stamm: luɪst (Luft).

1. Fall: dər lůɪst (die Luft) di lůst (die Lüfte)
2. „ [fōn dən lůɪst] (der Luft) [fōn dən lůsdənə] (der Lüfte)
3. „ dən lůɪst (der Luft) dən lůsdənə, lůsdə (den Lüften)
4. „ dən lůɪst (die Luft). di lůst (die Lüfte).

14. Stamm: gort (Gurt).

1. Fall: dər gůərt (der Gurt) di gört (die Gurte)
2. „ [fōn dən gůərt] (des Gurtes) [fōn dən gördənə] (der Gurte)
3. „ dən gůərt, *gort (dem Gurt) dən gördənə, gördə (den Gurten)
4. „ dən gůərt (den Gurt). di gört (die Gurte).

8*

15. Stamm: korb (Korb).

1. Fall: dər kŭərp (der Korb) di kōrə (die Körbe)
2. „ [fōn dən kŭərp, *korə] (des [fōn dən kōrənə] (der Körbe)
   Korbes)
3. „ dən kŭərp, *korə (bem Korbe) dən kōrənə, kōrə (ben Körben)
4. „ dən kŭərp (ben Korb). di kōrə (die Körbe).

16. Stamm: kamb (Kamm).

1. Fall: dər kămp (der Kamm) di kăm (die Kämme)
2. „ [fōn dən kămp] (bes Kammes) [fōn dən kămə] (der Kämme)
3. „ dən kămp, *kam (bem Kamme) dən kămə, kămənə (ben Kämmen)
4. „ dən kămp (ben Kamm). di kăm (die Kämme).

17. Stamm: brand (Brand).

1. Fall: dər brănt (der Brand) di brăn (die Brände)
2. „ [fōn dən brănt, *bran] (bes [fōn dən brănə] (der Brände)
   Brandes)
3. „ dən brănt, *bran (bem Brande) dən brănə (ben Bränden)
4. „ dən brănt (ben Brand). di brăn (die Brände).

18. Stamm: grōn̦d (Grund).

1. Fall: dər grăint (der Grund) di grōn (die Gründe)
2. „ [fōn dən grăint] (bes Grundes) [fōn dən grōnə] (der Gründe)
3. „ dən grăint, *grōn (bem Grunde) dən grōnə (ben Gründen)
4. „ dən grăint (ben Grund). di grōn (die Gründe).

19. Stamm: frōn̦d (Freund).

1. Fall: dər frŭ̈ünt (der Freund) di frōn (die Freunde)
2. „ [fōn dən frŭ̈ünt] (bes Freundes) [fōn dən frōnə] (der Freunde)
3. „ dən frŭ̈ünt (bem Freunde) dən frōnə (ben Freunden)
4. „ dən frŭ̈ünt (ben Freund). di frōn (die Freunde).

20. Stamm: wènd (Wind).

1. Fall: dər wăint (der Wind) di wèn (die Winde)
2. „ [fōn dən wăint] (bes Windes) [fōn dən wènə] (der Winde)
3. „ dən wăint, *wèn (bem Winde) dən wènə (ben Winden)
4. „ dən wăint (ben Wind). di wèn (die Winde).

21. Stamm: gang (Gang).

1. Fall: dər găngk (der Gang) di găng (die Gänge)
2. „ [fōn dən găngk] (bes Ganges) [fōn dən găngə] (der Gänge)
3. „ dən găngk, *gang (bem Gang) dən găngə (ben Gängen)
4. „ dən găngk (ben Gang). di găng (die Gänge).

Nach Beispiel 1 gehen: schdăl (Stall), Mehrheit schdäl, făl (Fall),
Mehrheit făl;

nach 2: bōk (Bock), Mehrheit băk, flōk (Pflock), Mehrheit flăk, kōch
(Koch), Mehrheit kăch, rōk (Rock), Mehrheit răk, schdōk (Stock), Mehr-
heit schdăk;

nach 3: bis (Biß, Bissen), 3. Fall bis, *bés, Mehrheit bés, blik (Blick),
3. Fall blik, *blék, Mehrheit blék, disch (Tisch), 3. Fall disch, *désch,
Mehrheit désch, drit (Tritt), Mehrheit drét, fisch (Fisch), 3. Fall fisch,
*fésch, Mehrheit fésch, ris (Riß), 3. Fall ris, *rés, Mehrheit rés, schmis
(Schmiß), Mehrheit schmés, schnit (Schnitt), Mehrheit schnét, schrit (Schritt),
Mehrzahl schrét, schdrich (Strich), Mehrzahl schdréch, schdrik (Strick), Mehr-
heit schdrék, wisch (Wisch), Mehrheit wésch;

nach 4: brūch (Bruch), Mehrheit brûch, flūch (Fluch), Mehrheit flûch,
gərūch (Geruch), Mehrheit gərûch, schbrūch (Spruch), Mehrheit schbrûch;

nach 6: briəf (Brief), 3. Fall briəf, *bréəf, Mehrheit bréəf, schbiəs
(Spieß), 3. Fall schbiəs, *schbéəs, Mehrheit schbéəs;

nach 7: glūəs (Kloß), Mehrheit glǽəs, schdūəl (Stuhl), 3. Fall schdūəl
unb *schdǽəl, Mehrheit schdǽəl, schdūəs (Stoß), Mehrheit schdǽəs, schūəs
(Rockschoß), Mehrheit schǽəs;

nach 8: fərschlūis (Verschluß), Mehrheit fərschlôs, grūis (Gruß), Mehr-
heit grôs, schūis (Schuß), Mehrheit schôs; Umlaut von ūi zu û hat schdrūis
(Strauß), Mehrheit schdrûs;

nach 10: lāz (Latz), Mehrheit lāz, rāz (Ratz), Mehrheit rāz, riz (Ritz),
3. Fall riz, *réz, Mehrheit réz, schāz (Schatz), Mehrheit schāz, schdūiz
(Stutz, Eimer), Mehrheit schdôz;

nach 11: hālz (Hals), Mehrheit hālz;

nach 12: gröbf (Kropf), Mehrheit grǽbf, köbf (Kopf), 3. Fall köbf,
*kǽbf, Mehrheit kǽbf, zöbf (Zopf), Mehrheit zǽbf; dāmbf (Dampf), Mehr-
heit dāmbf, grāmbf (Krampf), Mehrheit grāmbf, kāmbf (Kampf), Mehrheit
kāmbf;

nach 14: fūərz (Furz), Mehrheit förz, schdūrich (Storch), statt des
ungebräuchlichen schdūrch, das man eigentlich erwarten müßte, Mehrheit
schdörch, ūərt (Ort), Mehrheit ört;

nach 16: schwāmb (Schwamm), Mehrheit schwām;

nach 17: schdānt (Stand), 3. Fall schdānt, *schdan, Mehrheit schdān,
bānt (Band, Einband eines Buches), Mehrheit bān, unb das nur in der Ein-
zahl vorkommende sānt (Sand), 3. Fall sānt, *san;

nach 18: bāint (Bund), Mehrheit bōn, schbāint (Spund), Mehrheit schbōn,
schlāint (Schlund), Mehrheit schlōn, unb ohne Umlaut in der Mehrheit: hāint
(Hund), 3. Fall hāint, *hōn, Mehrheit hōn;

nach 20: fāint (Feind), Mehrheit fēn;

nach 21: fāngk (Fang), Mehrheit fāng, glāngk (Klang), Mehrheit glāng,
hāngk (Hang b. i. Abhang), 3. Fall hāngk, *hang, Mehrheit hāng, so auch
fūərhāngk (Vorhang), ōhāngk (Anhang); gəlāngk (Glied an der Kette), Mehr-
heit gəlāng, schāngk (Schrank), Mehrheit schāng, schdrāngk (Strang,
Strähn), Mehrheit schdrāng.

Eine besondere Gattung innerhalb der dritten Klasse bilden die beiden
Wörter rāi (Rain) und schdāi (Stein); dieselben gehören dieser Klasse über-
haupt nur insofern an, als sie im 3. Fall der Mehrheit rānə und schdānə
lauten, während sie den auf einen Selbstlaut auslautenden Wörtern erster Klasse

zuzurechnen sind, sobald sie, was gar nicht selten geschieht, im 3. Fall der Mehr=
heit die Form räinə, schdäinə annehmen. Von den übrigen Wörtern der
dritten Klasse unterscheiden sie sich hauptsächlich dadurch, daß sie nur im 3. Fall
der Mehrheit kurzen Stammselbstlaut zeigen, den 1. und 3. Fall jedoch regel=
mäßig mittels der gedehnten Form, wie in der Einzahl, bilden. Ursprünglich
lautete der Stamm beider Wörter auf -n aus, das nunmehr nur noch in den
Formen ränə und schdänə sich erhalten hat; das n in den Formen räinə und
schdäinə dagegen gehört nicht zum Stamm, sondern bildet mit dem nachfolgen=
den ə die Endung, die an die gedehnten Wortformen räi und schdäi tritt, so=
bald überhaupt ein Bedürfnis vorliegt, diesen Wörtern eine Endung anzufügen.
Daß dem Stammselbstlaut ä der Mehrheitsform das i fehlt, das der Stamm=
form des Wortes in dem Doppellaut äi notwendig eigen gewesen sein muß, kann
nicht befremden; der Doppellaut äi wurde in diesen Wörtern ursprünglich jeden=
falls nur mit kurzem ä, ähnlich wie in bäi (bei), bläi (Blei) gesprochen, und
wenn das ihm nachfolgende kurze i in der einzigen Form, die den kurzen ä-Laut
bewahrte, verloren ging, so muß man dies auch vom Standpunkt der hochdeut=
schen Sprache aus ganz natürlich finden. Doch könnte man die Beugungsweise
der Wörter räi und schdäi füglich auch der von höər und jöər (Jahr) zur
Seite stellen (vergl. die zweite Klasse der weiblichen und die zweite Klasse der
sächlichen einfachen Stämme). Beispiel:

Stamm: schdäin (Stein).

1. Fall: dər schdäi (der Stein)   di schdäi (die Steine)
2. „   [fōn dən schdäi] (des Steines) [fōn dən schdänə, schdäinə] (der
                                                                  Steine)
3. „   dən schdäi (dem Steine)   dən schdänə, schdäinə (den Steinen)
4. „   dən schdäi (den Stein).   di schdäi (die Steine).

Was die Behandlung des 3. Mehrheitsfalles der Wörter räi und schdäi
betrifft, so richtet sich dieselbe hinsichtlich der mit dem Doppellaut äi gebildeten
Formen ganz nach dem Brauche, der bei den auf einen Selbstlaut endigenden Formen
der ersten Wortklasse gegenüber üblich ist; was aber die Form schdänə anlangt,
so bleibt dieselbe, mag nun ein Geschlechts= oder Fürwort, oder nichts dergleichen
dabeistehen, immer unverändert.

Die vierte Klasse der starken männlichen Hauptwörter mit einfacher
Stammform umfaßt eine kleinere Anzahl von Wörtern, die sich von den bisher
besprochenen Klassen hauptsächlich dadurch unterscheiden, daß ihr Stamm in der
Mehrheitsform sich um die Silbe -ər erweitert, an die einst in allen Fällen der
Mehrheit die Beugungsendungen traten, und daß ferner die noch vorhandene
Beugungsendung des 3. Falles nicht aus -ə, sondern, wie bei den ər-Stämmen
der fünften Klasse, gewöhnlich aus -n besteht, welches von einem Teil der
Wasunger auch weggelassen werden kann, sobald dem bezüglichen Hauptwort das
bestimmte Geschlechtswort oder ein auf n endigendes Fürwort nicht vorangeht.
Somit läßt sich der Gebrauch des 3. Mehrheitsfalles in folgender Weise dar=
stellen, wobei zu beachten ist, daß der unter Ziffer 1 vermerkte Brauch der fast
allgemein herrschende, der unter Ziffer 2 angeführte nur einer kleinen Zahl von
Wasungern, namentlich älteren Leuten, eigen ist:

1.
Unter allen Umſtänden die Enbung n.

2.
fōn dörnər (dörnərn), von Dörnern.
fōn dən dörnərn, von den Dörnern.
fōn zwä dörnər (dörnərn), von zwei Dörnern.
fōn dən zwä dörnərn (dörnər), von den zwei Dörnern.
fōn dän dörnərn, von den (dieſen) Dörnern.
fōn dän zwä dörnərn (dörnər), von den (dieſen) zwei Dörnern.

Eine Anzahl der hierher gehörenden Wörter beſitzt für die Ein= und Mehr=
heit einen, vom Umlaut in der Mehrheitsform abgeſehen, gleichen Lautbeſtand,
die Stämme auf lt (ld) und nt (nd), ſowie ein k- und ein n-Stamm behalten
jedoch, wie die Wörter der britten Klaſſe, urſprünglich kurzen Stammſelbſtlaut
nur in denjenigen Formen bei, wo eine Beugungsendung vorhanden war, in den
urſprünglich einſilbigen Formen dagegen dehnen ſie denſelben zu langem Selbſt=
laut. Es muß dabei hervorgehoben werden, daß die auf lt und nt nicht bloß
die Mehrheit, ſondern gewöhnlich auch den 3. Fall der Einheit mittels des
urſprünglichen Stammes bilden. Der Auslaut der lt-, nt- und n-Stämme iſt
den bei der britten Wortklaſſe beſprochenen Lautgeſetzen unterworfen.

Beiſpiele:

1. Stamm: räst (Reſt).
1. Fall: dər räst (der Reſt)   di räsdər (die Reſte, Reſter),
2.   „   [fōn dən räst] (des Reſtes)   [fōn dən räsdərn] (der Reſte, Reſter)
3.   „   dən räst (dem Reſt)   dən räsdərn; räsdər (den Reſten, Reſtern),
4.   „   dən räst (den Reſt).   di räsdər (die Reſte, Reſter).

2. Stamm: dorn (Dorn).
1. Fall; dər dorn (der Dorn)   di dörnər (die Dörner)
2.   „   [fōn dən dorn] (des Dornes)   [fōn dən dörnərn] (der Dörner)
3.   „   dən dorn (dem Dorn)   dən dörnərn; dörnər (den Dörnern)
4.   „   dən dorn (den Dorn).   di dörnər (die Dörner).

3. Stamm: dräk (Dreck).
1. Fall: dər dräk (der Dreck)   di drägər (die Schmutzflecken)
2.   „   [fōn dən dräk] (des Dreckes) [fōn dən drägərn] (der Schmutzflecken)
3.   „   dən dräk (dem Dreck)   dən drägərn; drägər (die Schmutz=flecken)
4.   „   dən dräk (den Dreck).   di drägər (die Schmutzflecken).

4. Stamm: wäld (Wald).
1. Fall: dər wält (der Wald)   di wälər (die Wälder)
2.   „   [fōn dən wält, wal] (des Waldes) [fōn dən wälərn] (der Wälder)
3.   „   dən wält, wal (dem Walde)   dən wälərn; wälər (den Wäldern)
4.   „   dən wält (den Wald).   di wälər (die Wälder).

5. Stamm: rand (Rand).

1. Fall: dər rănt (der Rand) di rānər (die Ränder)
2. „ [fōn dən rănt, ran] (des Randes) [fōn dən rānərn] (der Ränder)
3. „ dən rănt, ran (dem Rande) dən rānərn; rānər (ben Rändern)
4. „ dən rănt (ben Rand). di rānər (die Ränder).

6. Stamm: man (Mann).

1. Fall: dər mŏ (der Mann) di mănər (die Männer)
2. „ [dən mŏ sl] (des Mannes) [dən mănərn ūər] (der Männer)
3. „ dən mŏ (bem Mann) dən mănərn; mănər (ben Männern)
4. „ dən mŏ (ben Mann). di mănər (die Männer).

Nach Beispiel 1 gehen: găist (Geist), Mehrheit gaisdər, schdift (der Stift), Mehrheit schdifdər, das für sich allein ungebräuchliche wicht in der Zusammensetzung būəsəwicht (Bösewicht), Mehrheit būəsəwichdər; nach Beispiel 2: worm (Wurm), Mehrheit wörmər; flōət und unflōət („Unflat" d. i. unflätiger Mensch), Mehrheit flōədər, unflōədər; nach Beispiel 4: dər gəhält (das Gehalt), 3. Fall gəhält, gəhal, Mehrheit gəhälər; nach Beispiel 5: grăint (Grind), 3. Fall grăint, *grēn, Mehrheit grēnər.

Die abgeleiteten Stämme.

Zu den abgeleiteten Stämmen der starken männlichen Hauptwörter gehören vor allem die Wörter auf -ə (ursprünglich -ən), -əł und -ər, die den nhd Wörtern auf -en, -el und -er entsprechen, sowie die Wörter auf -łn und rn. Ihre Stämme bleiben, vom Umlaut abgesehen, in der Ein- und Mehrheit gewöhnlich unverändert; nur ganz vereinzelt wird kurzer Selbstlaut der Stammsilbe in der Einzahl eines Wortes auf -əł, wie bei den Wörtern der britten und zum Teil auch der zuletzt besprochenen Klasse, gedehnt.

Die Endung des 3. Falles in der Mehrheitsform der Wörter auf -əł und -ər, die wir zunächst besprechen wollen, ist jetzt gewöhnlich -n. Ein Teil der alten und im mittleren Alter stehenden Wasunger aber zieht es vor, die Endung wegzulassen, sobald durch ein dem Hauptwort beigefügtes bestimmtes oder unbestimmtes Zahlwort der Mehrheitsbegriff klar gestellt ist, und bemselben das bestimmte Geschlechtswort oder ein auf n endigendes Fürwort nicht vorangeht. Die hieraus sich ergebende verschiedene Redeweise entspricht barum sowohl für die ər-, wie für die əł-Stämme genau dem Brauche, wie er für die Wörter, die zur vierten Klasse der einfachen starken männlichen Hauptwörter gehören, gilt (vergl. die vorige Seite).

Beispiele für die əł-Stämme:

1. Stamm: bugəł (Buckel).

1. Fall: dər bugəł (der Buckel) di bugəł (die Buckel)
2. „ [fōn dən bugəł] (des Buckels) [fōn dən bugəłn] (der Buckel)
3. „ dən bugəł (bem Buckel) dən bugəłn; bugəł (ben Buckeln)
4. „ dən bugəł (ben Buckel). di bugəł (die Buckel).

2. Stamm: būȷdəł (Pubel).

1. Fall: dər būȷdəł (ber Pubel)   di būȷdəł (bie Pubel)
2. „ [dən būȷdəł sı] (bes Pubels)   [dən būȷdəłn ᵘər] (ber Pubel)
3. „ dən būȷdəł (bem Pubel)   dən būȷdəłn; būȷdəł (ben Pubeln)
4. „ dən būȷdəł (ben Pubel).   di būȷdəł (bie Pubel).

3. Stamm: abſəł (Apfel).

1. Fall: dər abſəł (ber Apfel)   di ȧbſəł (bie Äpfel)
2. „ [ſōn dən abſəł] (bes Apfels)   [ſōn dən ȧbſəłn] (ber Äpfel)
3. „ dən abſəł (bem Apfel)   dən ȧbſəłn; ȧbſəł (ben Äpfeln)
4. „ dən abſəł (ben Apfel).   di ȧbſəł (bie Äpfel).

4. Stamm: schnȧwəł (Schnabel).

1. Fall: dər schnȧwəł (ber Schnabel)   di schnȧwəł (bie Schnäbel)
2. „ [ſōn dən schnȧwəł] (bes Schnabels)   [ſōn dən schnȧwəłn] (ber Schnäbel)
3. „ dən schnȧwəł (bem Schnabel)   dən schnȧwəłn; schnȧwəł (ben Schnäbeln)
4. „ dən schnȧwəł (ben Schnabel).   di schnȧwəł (bie Schnäbel).

5. Stamm: mȧndəł (Mantel).

1. Fall: dər mȧndəł (ber Mantel)   di mȧndəł (bie Mäntel)
2. „ [ſōn dən mȧndəł] (bes Mantels)   [ſōn dən mȧndəłn] (ber Mäntel)
3. „ dən mȧndəł (bem Mantel)   dən mȧndəłn; mȧndəł (ben Mänteln)
4. „ dən mȧndəł (ben Mantel).   di mȧndəł (bie Mäntel).

Nach Beiſpiel 1 (kurzer, in ber Mehrheitsform nicht umgelauteter ober über= haupt nicht umlautbarer Stammſelbſtlaut) gehen: schdōməł (Stummel), ȧngəł (Engel), bȧnəł (Banb*), bȧngəł (Bengel), bōnəł (Bünbel*), bōschəł (Büſchel), gibſəł (Gipfel), glȧɞbſəł (Klöpfel), gnōdəł (Knüttel), gördəł (Gürtel), himəł (Himmel), hūgəł (Hügel), kȧsəł (Keſſel), kidəł (Kittel), kūbəł (Kuppe*), lȧſəł (Löffel), lōməł (Lümmel), rᴂəsəł (Rüſſel), schbidəł (Spittel, Spital), schdȧngəł (Stengel), schdȧbſəł (Stöpſel), schlᴂngəł (Schlingel), schlōsəł (Schlüſſel), schōməł (Schimmel), wȧnggəł (Winkel), wörſəł (Würfel); nach Beiſpiel 2 (langer ober zuſammengeſetzter Stammſelbſtlaut ohne Umlaut in ber Mehrheits= form): būchəł (Bügel), būdəł (Beutel), dichəł (Tiegel), flūchəł (Flügel), fōchəł (Vogel), giwəł (Giebel), grūbəł (Krüppel), hōvəł (Hobel), ichəł (Igel), kūwəł (Kübel), richəł (Riegel), sȧwəł (Säbel), schȧdəł (Schäbel), schbichəł (Spiegel), schdivəł (Stiefel), schōməł (Schemel), bas für ſich allein ungebräuch= liche drūwəł in widrūwəł (Weintraube), zȧɞdəł (Zettel), dᴂūſəł (Teufel), mᴂisəł (Meißel); nach Beiſpiel 3 (kurzer, in ber Mehrheit umgelauteter Stamm= ſelbſtlaut): mangəł (Mangel), Mehrheit mȧngəł, hanəł (Hanbel), Mehrheit hȧnəł; nach Beiſpiel 4: nᴂwəł (Nebel), Mehrzahl nᴂwəł unb nᴂwəł, nᴂwəł

---

*) Die Bemerkung über bies Wort auf Seite 59 beruhte auf ber Vorausſetzung, baß es ſächlichen Geſchlechtes ſei; ſie wirb aber hinfällig burch ben Umſtanb, baß ber Waſunger es nur als männlich kennt.

(Nabel), Mehrheit næwəl, sådəl (Sattel), Mehrheit sådəl. Nur in der Ein-
heit sind gebräuchlich: ådəl (Abel), drödəl (Tröbel), küməl (Kümmel), schwawəl
(Schwefel), wanəl (Wandel).

Beispiele für ər-Stämme:

1. Stamm: sumər (Sommer).

1. Fall: dər sumər (der Sommer)   di sumər (die Sommer)
2. „ [fön dən sumər](des Sommers)   [fön dən sumərn] (der Sommer)
3. „ dən sumər (dem Sommer)   dən sumərn; sumər (den Sommern)
4. „ dən sumər (den Sommer).   di sumər (die Sommer).

2. Stamm: kävər (Käfer).

1. Fall: dər kävər (der Käfer)   di kävər (die Käfer)
2. „ [dən kävər si] (des Käfers)   [dən kävərn ůər] (der Käfer)
3. „ dən kävər (dem Käfer)   dən kävərn; kävər (den Käfern)
4. „ dən kävər (den Käfer).   di kävər (die Käfer).

3. Stamm: agər (Äder).

1. Fall: dər agər (der Äder)   di ägər (die Äder)
2. „ [fön dən agər] (des Äders)   [fön dən ägərn] (der Äder)
3. „ dən agər (dem Äder)   dən ägəru, ägər (den Ädern)
4. „ dən agər (den Äder).   di ägər (die Äder).

4. Stamm: brüədər (Bruder).

1. Fall: dər brüədər (der Bruder)   di brüədər (die Brüder)
2. „ [dən brüədər si] (des Bruders)   [dən brüədərn ůər] (der Brüder)
3. „ dən brüədər (dem Bruder)   dən brüədərn; brüədər (den Brüdern)
4. „ dən brüədər (den Bruder).   di brüədər (die Brüder).

Nach Beispiel 1 (kurzer, in der Mehrheitsform nicht umgelauteter oder über-
haupt nicht umlautfähiger Stammselbstlaut) gehen: dornər (Turner), kuidschər
(Kutscher), schuisdər (Schuster), bächər (Becher), dörmər (Türmer), dräslər
(Drechsler), drichdər (Trichter), färwər (Färber), fèdər (Vetter), förschdər
(Förster), gärwər (Gerber), händlər (Händler), kälnər (Kellner), lüchdər
(Leuchter), rèdər (Retter), schdämbər (Stümper), schlifər (Schleifer), des-
gleichen Fremdwörter, wie dogdər (Doktor), kandər (Kantor), rägdər (Rektor);
nach Beispiel 2 (langer, in der Mehrheitsform nicht umgelauteter oder überhaupt
nicht umlautfähiger Stammselbstlaut): wäwər (Weber), båuər (Bauer), dichər
(Tiger), gwilər (Quelle), jächər (Jäger), kölər (Köhler), kürschnər (Kürschner),
lüchnər (Lügner), maisdər (Meister), nälər (Nagler, Nagelschmied), schivər
(Schiefer), schrinər (Schreiner); nach Beispiel 3 (kurzer, in der Mehrheitsform
umgelauteter Stammselbstlaut: bachdər (Pachter), Mehrheit bisweilen bächdər
neben der gewöhnlicheren Form bachdər; nach Beispiel 4 (langer, in der Mehr-
heitsform umgelauteter Stammselbstlaut): fådər, Mehrheit fådər, seltener fädər
(Vater), schwåchər, Mehrheit schwächər (Schwager).

Was die Wörter auf -ə (ursprünglich ən-Stämme) anlangt, so waren die-
selben im 3. Fall der Mehrheit anfänglich wohl endungslos, denn das aus-
lautende -ə ist nicht Endung, sondern Rest der Stammerweiterungssilbe -ən.

Neuerdings hat sich bei diesen erweiterten n-Stämmen, gleichwie bei den ein=
fachen auf einen Selbstlaut auslautenden Stämmen, die Endung -nə eingebür=
gert, indem dieselbe an die jetzt gebräuchliche Stammform tritt, und zwar regel=
mäßig dann, wenn das Hauptwort unmittelbar d. h. ohne Geschlechtswort oder
sonstige Beifügung, oder nur mit einer solchen, aus der der Mehrheitsbegriff
nicht ersichtlich ist, von einem Verhältniswort abhängt, oder wenn das bestimmte
Geschlechtswort oder ein auf n endigendes Fürwort ohne sonstige Beifügung, oder
nur mit einer solchen, aus der der Mehrheitsbegriff nicht ersichtlich ist, vor dem
Worte steht, nicht selten aber auch dann, wenn zwischen dem Geschlechts= oder
Fürwort und dem Hauptwort ein bestimmtes oder unbestimmtes Zahlwort sich
befindet, und zwar halbigt unter den letztgenannten Umständen namentlich das
jüngere Geschlecht dem berührten Sprachgebrauch. Ist mit dem Hauptwort ein
bestimmtes oder unbestimmtes Zahlwort entweder allein oder mit einer Beifügung
verbunden, die nicht auf n ausgeht, so steht regelmäßig die endungslose Form.
Für den Gebrauch des betreffenden Falles sind darum folgende Möglichkeiten
gegeben:

in schlidənə, in Schlitten,
in groosə schlidənə, in großen Schlitten,
in dən schlidənə, in den Schlitten,
in dən groosə schlidənə, in den großen Schlitten,
in zwǟ schlidə, in zwei Schlitten,
in dən zwǟ schlidənə oder schlidə, in den zwei Schlitten,
in min schlidənə, in meinen Schlitten,
in min groosə schlidənə, in meinen großen Schlitten,
in min zwǟ schlidənə oder schlidə, in meinen zwei Schlitten,
in min zwǟ groosə schlidənə oder schlidə, in meinen zwei großen
Schlitten.

Beispiele:

1. Stamm: bèsə (Bissen).

1. Fall:	dər bèsə (der Bissen)	di bèsə (die Bissen)
2. „	[fōn dən bèsə] (des Bissens)	[fōn dən bèsənə] (den Bissen)
3. „	dən bèsə (dem Bissen)	dən bèsənə; bèsə (den Bissen)
4. „	dən bèsə (den Bissen).	di bèsə (die Bissen).

2. Stamm: schlidə (Schlitten).

1. Fall:	dər schlidə (der Schlitten)	di schlidə (die Schlitten)
2. „	[fōn dən schlidə] (des Schlittens)	[fōn dən schlidənə] (der Schlitten)
3. „	dən schlidə (dem Schlitten)	dən schlidənə; schlidə (den Schlitten)
4. „	dən schlidə (den Schlitten).	di schlidə (die Schlitten).

3. Stamm: morchə (Morgen).

1. Fall:	dər morchə (der Morgen)	di morchə (die Morgen)
2. „	[fōn dən morchə] (des Morgens)	[fōn dən morchənə] (der Morgen)
3. „	dən morchə (dem Morgen)	dən morchənə; morchə (den Morgen)
4. „	dən morchə (den Morgen).	di morchə (die Morgen).

4. Stamm: brōədə (Braten).

1. Fall: dər brōədə (ber Braten)	di brōədə (bie Braten)
2. „ [fōn dən brōədə] (bes Bratens)	[fōn dən brōədənə] (ber Braten)
3. „ dən brōədə (bem Braten)	dən brōədənə; brōədə (ben Braten)
4. „ dən brōədə (ben Braten).	di brōədə (bie Braten).

6. Stamm: lādə (Laben).

1. Fall: dər lādə (ber Laben)	di lādə (bie Läben)
2. „ [fōn dən lādə] (bes Labens)	[fōn dən lādənə] (ber Läben)
3. „ dən lādə (bem Laben)	dən lādənə; lādə (ben Läben)
4. „ dən lādə (ben Laben).	di lādə (bie Läben).

Nach Beispiel 1 (mit kurzem, nicht umlautbaren Stammselbstlaut) geht rānggə (Ring), schænggə (Schinken), kärlə (Kerl), nach Beispiel 2 (mit langem, nicht umlautbaren Stammselbstlaut): dāchə (Degen); nach Beispiel 4 (mit langem umlautbaren, aber nicht umgelauteten Stammselbstlaut): schādmə (Schatten); nach Beispiel 5 (mit langem umgelauteten Stammselbstlaut): bōdə (Boben), Mehrzahl bōdə, grāwə (Graben), Mehrheit grāwə. Bloß in der Einzahl kommt vor huəsdə (Husten).

Es gibt eine Anzahl von Wörtern, die ursprünglich nur der schwachen Beugungsform angehörten, in neuerer Zeit aber auch in die Beugungsform der abgeleiteten starken n-Stämme übergegangen sind. Dahin gehören balk, balgə (Balken), bās, bāsə (Besen), dūm, dūmə (Daumen), drābf, drābfə (Tropfen), fāngk, fānggə (Funke), galch, galchə (Galgen), hāk, hāgə (Haken), hānf, hānfə (Haufen), kuch, kuchə (Kuchen), lap, labə (Lappen), rach, rachə (Rachen), räch, rächə (Rechen), riəm, riəmə (Riemen), zabf, zabfə (Zapfen). Die einsilbige Form schließt die schwache, die zweisilbige die starke Beugungsform in sich, die beide in den bezüglichen Wörtern vom 2. Fall der Einzahl an übereinstimmend lauten, wenn auch das -ə der starken Beugungsform als Stammerweiterung anzusehen ist.

Neben den angeführten Wörtern finden sich auch einige Beispiele mit in der Mehrheit umgelautetem Stammselbstlaut.

1. Stamm: gart, gardə (Garten).

1. Fall: dər gart, gardə (ber Garten)	di gärdə (bie Gärten)
2. „ [fōn dən gardə] (bes Gartens)	[fōn dən gärdənə] (ber Gärten)
3. „ dən gardə (bem Garten)	dən gärdənə; gärdə (ben Gärten)
4. „ dən gardə (ben Garten).	di gärdə (bie Gärten).

2. Stamm: nōm, nōmə (Name).

1. Fall: dər nōm, nōmə (ber Name)	di nōmə, nōm (bie Namen)
2. „ [fōn dən nōmə] (bes Namens)	[fōn dən nōmənə] (ber Namen)
3. „ dən nōmə (bem Namen)	dən nōmənə, nōmə (ben Namen)
4. „ dən nōmə (ben Namen).	di nōmə, nōm (bie Namen).

Die Doppelformen, die der 1. Fall aller dieser Wörter in der Einzahl und bei nōm, nōmə auch in der Mehrzahl bietet, sind heutigentages als gleichberechtigte im Gebrauch, doch so, daß ein Teil der Wasunger mit Vorliebe die eine, der übrige die andere ſpricht. Ähnlich verhält es ſich auch mit den Wörtern fât, fâdə (Faden), Mehrzahl födə, ſelten fâde, kâst, kâsdə (Kaſten), Mehrzahl kâsdə, öf, övə (Ofen), Mehrzahl övə, nur mit dem Unterſchied, daß in fâdə und övə die älteren, in fât und öf die jüngeren Formen vorliegen.

Die Wörter auf -ln und -rn erſcheinen jetzt zwar als einfache Stämme, ſind trotzdem aber zu den abgeleiteten zu rechnen, da das auslautende n ur-ſprünglich nicht zum Stamm gehörte. Dieſe Wörter wurden ehemals nach der ſchwachen Form gebeugt und hatten vom 2. Fall der Einzahl an durch alle Fälle hindurch die Endung -n, die ſchließlich auch auf den 1. Fall der Einzahl überging. Im 3. Fall der Mehrheit wird gewöhnlich -ə als Endung an den um die alte Endung -n erweiterten Stamm angefügt; viele Waſunger unterlaſſen dies aber, ſobald durch ein vorangeſetztes beſtimmtes oder unbeſtimmtes Zahlwort außer Zweifel geſetzt iſt, daß es ſich um die Mehrheit handelt.
Beiſpiele:

1. Stamm: gəsâln (Geſell).
1. Fall: der gəsâln (der Geſell)   di gəsâln (die Geſellen)
2.   „   [dən gəsâln si] (des Geſellen)   [dən gəsâln ŭər] (der Geſellen)
3.   „   dən gəsâln (dem Geſellen)   dən gəsâlnə (den Geſellen)
4.   „   dən gəsâln (den Geſellen).   di gəsâln (die Geſellen).

2. Stamm: schdaərn (Star).
1. Fall: der schdaərn (der Star)   di schdaərn (die Stare)
2.   „   [dən schdaərn si] (des Stares)   [dən schdaərnə ŭər] (der Stare)
3.   „   dən schdaərn (dem Star)   dən schdaərnə; schdaərn (den Staren)
4.   „   dən schdaərn (den Star).   di schdaərn (die Stare).

Nach Beiſpiel 1 gehen: gnâln (der Knollen, die Knolle) und das nur in der Einzahl vorkommende wéln (Wille); nach Beiſpiel 2: schwârn (der Schwären, das Geſchwür), karn (Karren), schborn (Sporn). Das Wort gəsâln findet ſich, aber nur ſelten, auch in der Form gəsâl und wird dann nach der ge-miſchten Form gebeugt (vergl. weiter unten).

Wörter mit andern Stammerweiterungen, als den eben beſprochenen, folgen im allgemeinen der Beugungsform der einfachen Stämme, nur mit dem Unterſchied, daß es ſelbſt dem jüngern Geſchlecht widerſtrebt, ben 3. Fall der Mehrheit bei derartigen Wörtern mittels der erweiterten Endung -ənə zu bilden; man begnügt ſich mit der Endung -ə, die von älteren Leuten da, wo über den Mehrheitsbegriff kein Zweifel obwaltet, auch weggelaſſen wird.

So heißt der 3. Fall der Mehrheit von aidəm (Eidam) entweder aidəmə oder aidəm, von brüdchəm (Bräutigam): brüdchəmə oder brüdchəm, von dŭwərd (Taubert): dŭwərdə (dŭwərdə) oder dŭwərt (dŭwərt), von bödich (Bottich): bödichə oder bödich, von zwiling (Zwilling): zwilingə oder zwiling, von bögling (Büdling): böglingə oder bögling, von wŭlədərich (Wüterich): wŭlədərichə oder wŭlədərich.

Zeigt ſich ſchon in dieſen Beiſpielen eine ausgeſprochene Neigung der WM, ben Silbenbeſtand berartiger abgeleiteter Wörter bei der Beugung nicht über die einfache Endung -ə hinaus zu erweitern, ſo tritt die Abneigung gegen erweiterte

Formen abgeleiteter Wörter noch ſtärker zu Tage, wenn es ſich um die aller-
dings an und für ſich recht ſchwerfälligen und unſchönen Wörter auf -ərər
handelt. Auch dieſen wird, wie den gewöhnlichen Ableitungen auf -ər und zwar
unter den gleichen Umſtänden, im 3. Fall der Mehrheitsform die Endung n an-
gefügt, dabei werden ſie aber um ein -ər gekürzt, ſo daß von schachərər
(Schacherer) oder wuchərər (Wucherer) der 3. Fall der Mehrheit schachərn,
wuchərn lautet.

Die Wörter auf -Iər werden wie die einfachen männlichen ſtarken Wörter
der erſten Klaſſe, die auf einen Mitlaut ausgehen, behaudelt, z. B. ofəzIər
(Offizier), Mehrheit öfəzIər, 3. Fall öfəzIərə.

Die männlichen auf -dūm gebildeten Wörter nehmen, wie die einfachen
Wörter der vierten Klaſſe, in der Mehrheit die Silbe -ər an und werden wie
jene Wörter gebeugt: ērdūm (Irrtum), Mehrheit ērdūmər, 3. Fall ērdūmərn,
ērdūmər; ſo auch richdūm (Reichtum).

Bemerkenswert iſt der Umlaut in der Mehrheitsform von händschich
(Handſchuh): händschich neben der nicht umgelauteten Form händschich; man
ſieht hieraus, daß der zweite Teil dieſes Wortes auch in der WM ſchon lange
nicht mehr als Hauptwort empfunden wurde.

b. Die männlichen Hauptwörter der ſchwachen Beugungsform.

Die männlichen Hauptwörter der ſchwachen Beugungsform zeigen im 1. Fall
der Einzahl den reinen Stamm auch da, wo im Nhd die entſprechenden, ſchwach
gebeugten Wörter den 1. Fall auf -e bilden. Nur die Stämme auf -r und -w
machen davon ſcheinbar eine Ausnahme, thatſächlich iſt aber das anhängende
-ə im 1. Fall derſelben nicht Beugungsendung, ſondern nur eine Stütze des aus-
lautenden l, r oder w. Letzteres nimmt übrigens zum Teil auch kein ə zu ſich,
wird dann aber gewöhnlich entweder zu p oder verflüchtigt ſich. Die Endungen
der übrigen Fälle lauteten urſprünglich, dem Nhd entſprechend, wohl ſämtlich -ə,
bei den r-Stämmen -n, beides verkürzt aus älterem -ən. Wie bei den abgeleiteten,
jetzt auf -ə auslautenden n-Stämmen, ſo wird auch den Wörtern der ſchwachen
Beugungsform, die den 1. Fall der Mehrheit auf -ə endigen, im 3. Fall der
Mehrheit das durch nachfolgendes -ə geſtützte n, alſo -nə, an die bereits mit
dem Endungs-ə verſehene Form, bei den r-Stämmen aber -ə an die bereits
mit der Endung n verſehene Form angefügt, ſobald die Deutlichkeit es erfordert,
oder das Geſchlechtswort oder ein auf n endigendes Fürwort vor dem Haupt-
wort ſteht. Die herrſchende Redeweiſe richtet ſich dann ganz nach den Formen,
wie ſie oben auf Seite 123 in betreff der abgeleiteten Wörter auf -ə, oder, ſo-
weit es ſich um r-Stämme handelt, nach dem Brauche, der von den abgeleiteten
Wörtern auf -rn gilt (vergl. Seite 119).

Wie im Nhd, ſo entbehren auch in der WM die Hauptwörter der ſchwachen
Beugungsform zum größten Teil des Umlautes; einzelne Ausnahmen ſind im
weiteren beſonders angeführt.

Beispiele:

1. Stamm: af (Affe).

1. Fall: dər af (ber Affe) — di afə (bie Affen)
2. „ [dən afə sī] (bes Affen) — [dən afənə ūər] (ber Affen)
3. „ dən afə (bem Affen) — dən afənə; afə (ben Affen)
4. „ dən afə (ben Affen). — di afə (bie Affen).

2. Stamm: hās (Hafe).

1. Fall: dər hās (ber Hafe) — di hāsə (bie Hafen)
2. „ [dən hāsə sī] (bes Hafen) — [dən hāsənə ūər] (ber Hafen)
3. „ dən hāsə (bem Hafen) — dən hāsənə; hāsə (ben Hafen)
4. „ dən hāsə (ben Hafen). — di hāsə (bie Hafen).

3. Stamm: nar (Narr).

1. Fall: dər narə (ber Narr) — di narn (bie Narren)
2. „ [dən narn sī] (bes Narren) — [dən narnə ūər] (ber Narren)
3. „ dən narn (bem Narr) — dən narnə; narn (ben Narren)
4. „ dən narn (ben Narr). — di narn (bie Narren).

4. Stamm: lōw (Löwe).

1. Fall: dər lōwə, felten lōw (ber Löwe) — di lōwə (bie Löwen)
2. „ [dən lōwə sī] (bes Löwen) — [dən lōwənə ūər] (ber Löwen)
3. „ dən lōwə (bem Löwen) — dən lōwənə; lōwə (ben Löwen)
4. „ dən lōwə (ben Löwen). — di lōwə (bie Löwen).

Im 1. Fall ber Einzahl wirb statt lōwə gewöhnlich lōp gesagt, wenn bas Wort am Enbe eines Sanes steht, z. B. hā brōlt bis ə lōp (er brüllt wie ein Löwe).

5. Stamm: rāw (Rabe).

1. Fall: dər rāp (ber Rabe) — di rāwə (bie Raben)
2. „ [dən rāwə sī] (bes Raben) — [dən rāwənə ūər] (ber Raben)
3. „ dən rāwə (bem Raben) — dən rāwənə; rāwə (ben Raben)
4. „ dən rāwə (ben Raben). — di rāwə (bie Raben).

6. Stamm: schbizbūw (Spitzbube).

1. Fall: dər schbizbū (ber Spitzbube) — di schbizbūwə (bie Spitzbuben)
2. „ [dən schbizbūwə sī] (bes Spitzbuben) — [dən schbizbūwənə ūər] (ber Spitz- buben)
3. „ dən schbizbūwə (bem Spitz- buben) — dən schbizbūwənə; schbizbūwə (ben Spitzbuben)
4. „ dən schbizbūwə (ben Spitz- buben). — di schbizbūwə (bie Spitzbuben).

Nach Beispiel 1 gehen: balk (Balken), bāk (Bäcker), bfaf (Pfaffe), börch (Bürge), borsch (Bursch), Dörk (Türke), drābf (Tropfen), fāngk (Finke), fāngk (Funke), förscht (Fürst), Frangk (Franke), galch (Galgen), Hās (Hesse), hāk (Hafen), hālm (Halm), jāng (Junge), kuch (Kuchen), lap (Lappen), lump (Lump, Lumpen), mānsch (Mensch), nārf (Nerv), oəs (Ochse), rach (Rachen), rāch (Rechen), Rus (Russe), Sāgs (Sachse), schbārk (Sperling), schmärz (Schmerz), schork (Schurk), schôlz (Schulze), schräk (Schrecken), zabf (Zapfen); nach Beispiel 2: bäs (Wesen), Bräüs (Preuße), Dän (Däne), Franzōs (Franzose), grāf (Graf), jüt (Jude), ris (Riese), Schwōt (Schwebe); nach Beispiel 3: härə, als Titel vor Personennamen hâr (Herr); nach Bei= spiel 5: bnschdâp (Buchstabe), ferner gnâp (Knabe) in der Wendung hä is ə əlⱒr gnâp (er ist ein alter Knabe), sǖə sėn aⱒə gnâwə (sie sind alte Knaben).

Das Wort rōm (Rahmen) hat in der Mehrheitsform sowohl die regelmäßige Form rōmə, als auch die umgelautete: rȫmə und außerdem noch die starke Form rōm.

Ein Teil der eben angeführten Wörter gehört auch der starken Beugungs= form der erweiterten n-Stämme an (vergl. oben, Seite 124); die nämliche Doppel= stellung besteht auch für die in der Mehrheit umgelauteten Wörter fât (Faden), Mehrheit fēdə, gart (Garten), Mehrheit gärdə, kâst (Kasten), Mehrheit käsdə, und nōm (Name), Mehrheit nōmə oder nȫm.

c. Die männlichen Hauptwörter der gemischten Beugungsform.

Die gemischte Beugungsform findet sich nur bei ganz wenigen männlichen Hauptwörtern, und zwar so, daß die Einheit nach der starken, die Mehrheit nach der schwachen Form gebeugt wird. Diese Wörter gehen übrigens viel häufiger nach der starken Beugungsform, und zwar bfâu (Pfau*) und gəhȫləf nach Art der einfachen starken, auf einen Mitlaut endigenden, nicht umgelauteten Stämme erster Klasse, das Wort gəsäl (Gesell) aber nach der Beugungsform der um n erweiterten starken Stämme (s. oben Seite 125). In der Mehrheitsform der gemischten Beugungsweise haben die ersteren Wörter -ə, das letztere -n zur Endung; im 3. Fall tritt unter den nämlichen Umständen, wie bei den männlichen Hauptwörtern der schwachen Beugungsform, für die beiden erstgenannten Wörter noch die Endung -nə, für das letzte die Endung -ə hinzu.

1. Stamm: bfâu (Pfau).

1. Fall: dər bfâu (der Pfau)	di bfâuə (die Pfauen)
2. „ [dən bfâu si] (des Pfaues)	[dən bfâuənə üər] (den Pfauen)
3. „ dən bfâu (dem Pfau)	dən bfâuənə; bfâuə (den Pfauen)
4. „ dən bfâu (den Pfau).	di bfâuə (die Pfauen).

2. Stamm: gəsäl (Gesell).

1. Fall: dər gəsäl (der Gesell)	di gəsäln (die Gesellen)
2. „ [dən gəsäl si] (des Gesellen)	[dən gəsälnə üər] (der Gesellen)
3. „ dən gəsäl (dem Gesellen)	dən gəsälnə; gəsäln; (den Gesellen)
4. „ dən gəsäl (den Gesellen).	di gəsäln (die Gesellen).

Nach Beispiel 1 geht gəhȫləf (Gehilfe). Die Wörter auf -əl oder -ər, denen im Nhd. entsprechend gebildete Wörter der gemischten Beugungsform gegen= über stehen, werden ausnahmslos stark gebeugt (vergl. die oben angeführten Bei= spiele der starken abgeleiteten Stämme auf -əl und -ər).

_____

*) Die starke Beugungsform dieses Wortes wurde erst ermittelt, nachdem Bogen 7 gedruckt war; sonst hätte es auf Seite 108 als besonderes Beispiel eine Stelle finden müssen.

d. Die Beugung der zusammengesetzten männlichen Hauptwörter.

Die zusammengesetzten männlichen Hauptwörter der WM werden, wie im Nhd, so gebeugt, daß der erste, oder die ersten Bestandteile der Zusammensetzung, die sogenannten Bestimmungswörter, unverändert bleiben, der letzte Teil aber, das Grundwort, diejenige Beugungsform erhält, die ihm als selbständigem Worte zukommt, z. B. schdīvəlgnǟcht (Stiefelknecht), Mehrzahl schdīvəlgnǟcht, З. Fall schdīvəlgnǟchdə, schdīvəlgnǟchdənə; kérchdorm (Kirchturm), Mehr= zahl kérchdörm, З. Fall kérchdörmə, kérchdörmənə; ōzūk (Anzug), Mehr= heit ōzūk, З. Fall ōzūgə, ōzūgənə; kischbūə (Kienspan), Mehrheit kischbīə, З. Fall kischbīənə, kischbīə; sǟūdrōk (Sautrog), Mehrheit sǟūdrō, З. Fall sǟūdrōnə; rēəbōk (Rehbock), Mehrzahl rēəbǣk, З. Fall rēəbǣgə, rēəbǣgənə; blǟischdift (Bleistift), Mehrheit blǟischdifdər, З. Fall blǟischdifdərn, blǟi= schdifdər; gǟldbūdəl (Gelbbeutel), Mehrheit gǟldbūdəl, З. Fall gǟldbūdəln, gǟldbūdəl; schdrūəshǟlm (Strohhalm), З. und 4. Fall schdrūəshǟlmə, Mehrzahl schdrūəshǟlmə, З. Fall schdrūəshǟlmə, schdrūəshǟlmənə. Die mit mō (Mann) zusammengesetzten Wörter bilden, entsprechend dem Nhd, die Mehrzahl mittels lūt (Leute), z. B. hanəlsmō (Handelsmann), Mehrzahl hanəlslūt (Handelsleute), ēdəlmō (Edelmann), Mehrzahl ēdəlūt (Edelleute).

B. Die Beugung des weiblichen Hauptwortes.

Die weiblichen Hauptwörter werden teils nach der starken, teils nach der gemischten Form gebeugt; die schwache Beugungsweise ist, wie im Nhd, in ihrer eigentlichen Form nicht mehr vorhanden.

a. Die weiblichen Hauptwörter der starken Beugungsform.

Wie die männlichen, so haben auch die weiblichen Hauptwörter der starken Beugungsform jetzt meist nur noch im З. Fall der Mehrheit eine Beugungs= endung, und zwar ə- oder -ənə; wie jene, sind sie aber auch in diesem Falle zum Teil endungslos.

Die Beugung der einfachen Stämme.

Die einfachen Stämme der starken weiblichen Beugungsform zerfallen in vier Klassen.

Zur ersten Klasse gehören diejenigen Wörter, die in der Ein= und Mehrzahl den Bestand ihrer Mitlaute und die Länge oder Kürze ihres Stamm= selbstlautes beibehalten; sie lauten entweder auf einen Mitlaut oder auf einen Selbstlaut aus.

Der Stammselbstlaut der auf einen Mitlaut ausgehenden Stämme wird in der Mehrheit fast ausnahmslos umgelautet; die wenigen Beispiele, bei denen dies nicht der Fall ist, gehörten ursprünglich nicht der starken Beugungsweise an. Es wandelt sich a, aͥ und ā zu ǟ, ā zu ǟ, ōə zu ǟ, u oder uͥ zu ǖ,

Uɪ ʒu U. Der 3. Fall der Mehrheitsform endigt sich gewöhnlich auf -ə, in neuerer Zeit aber auch auf -ənə; außerdem kommt auch die endungslose Form vor. Was den Gebrauch dieser Formen betrifft, so richtet sich derselbe nach den nämlichen Bedingungen, wie sie bei den auf einen Mitlaut ausgehenden Wörtern, die zur ersten Klasse starker einfacher männlicher Hauptwörter gehören, besprochen worden sind (vergl. Seite 102 und 103).

Beispiele der auf einen Mitlaut auslautenden Stämme mit Umlaut:

1. Stamm: naɪcht (Nacht).

1. Fall: di naɪcht (die Nacht) — di nächt (die Nächte)
2. „ [fōn dər naɪcht] (der Nacht) — [fōn dən nächdənə] (der Nächte)
3. „ dər naɪcht (der Nacht) — dən nächdənə, nächdə (den Nächten)
4. „ di naɪcht (die Nacht). — di nächt (die Nächte).

2. Stamm: gräft (Kraft).

1. Fall: di gräft (die Kraft) — di gräft (die Kräfte)
2. „ [fōn dər gräft] (der Kraft) — [fōn dən gräfdənə] (der Kräfte)
3. „ dər gräft (der Kraft) — dən gräfdənə, gräfdə (den Kräften)
4. „ di gräft (die Kraft). — di gräft (die Kräfte).

3. Stamm: bängk (Bank).

1. Fall: di bängk (die Bank) — di bängk (die Bänke)
2. „ [fōn dər bängk] (der Bank) — [fōn dən bänggənə] (der Bänke)
3. „ dər bängk (der Bank) — dən bänggənə, bänggə (den Bänken)
4. „ di bängk (die Bank). — di bängk (die Bänke).

4. Stamm: nōət (Naht).

1. Fall: di nōət (die Naht) — di nät (die Nähte)
2. „ [fōn dər nōət] (der Naht) — [fōn dən nädənə] (der Nähte)
3. „ dər nōət (der Naht) — dən nädənə, nädə (den Nähten)
4. „ di nōət (die Naht). — di nät (die Nähte).

5. Stamm: luft (Luft).

1. Fall: di luft (die Luft) — di lüft (die Lüfte)
2. „ [fōn dər luft] (der Luft) — [fōn dən lüfdənə] (der Lüfte)
3. „ dər luft (der Luft) — dən lüfdənə, lüfdə (den Lüften)
4. „ di luft (die Luft). — di lüft (die Lüfte).

6. Stamm: schnūər (Schnur).

1. Fall: di schnūər (die Schnur) — di schnūər (die Schnüre)
2. „ [fōn dər schnūər] (der Schnur) — [fōn dən schnūərənə] (der Schnüre)
3. „ dər schnūər (der Schnur) — dən schnūərənə, schnūərə (den Schnüren)
4. „ di schnūər (die Schnur). — di schnūər (die Schnüre).

7. Stamm: bruist (Brust).

1.	Fall: di bruist (die Brust)	di brüst (die Brüste)
2.	„ [fon dər bruist] (der Brust)	[fon dən brüsdənə) (der Brüste)
3.	„ dər bruist (der Brust)	dən brüsdənə, brüsdə (ben Brüsten)
4.	„ di bruist (die Brust).	di brüst (die Brüste).

8. Stamm: müis (Maus).

1.	Fall: di müis (die Maus)	di müs (die Mäuse)
2.	„ [dər müis üer] (der Maus)	[dən müsənə üer] (der Mäuse)
3.	„ dər müis (der Maus)	dən müsənə, müsə (ben Mäusen)
4.	„ di müis (die Maus).	di müs (die Mäuse).

Nach Beispiel 1 geht agst (Axt), maicht (Macht), doch fehlt letzterem die Mehrheitsform; nach Beispiel 2: häft (Haft), das aber auch nur in der Einzahl gebräuchlich ist; nach Beispiel 5: frucht (Frucht), gluft (Kluft), gruft (Gruft); nach Beispiel 6: wüərscht (Wurst), Mehrzahl wüərscht; nach Beispiel 8: brüit (Braut), füist (Faust), hüit (Haut), lüis (Laus).

Beispiele der auf einen Mitlaut ausgehenden Stämme ohne Umlaut:

1. Stamm: bfan (Pfanne).

1.	Fall: di bfan (die Pfanne)	di bfan (die Pfannen)
2.	„ [fon dər bfan] (der Pfanne)	[fon dən bfanə] (der Pfannen)
3.	„ dər bfan (der Pfanne)	dən bfanə; bfan (ben Pfannen)
4.	„ di bfan (die Pfanne).	di bfan (die Pfannen).

2. Stamm: bäər (Beere).

1.	Fall: di bäər (die Beere)	di bäər (die Beeren)
2.	„ [fon dər bäər] (der Beere)	[fon dən bäərənə) (der Beeren)
3.	„ dər bäər (der Beere)	dən bäərə, bäərənə (ben Beeren)
4.	„ di bäər (die Beere).	di bäər (die Beeren).

Nach Beispiel 1 gehen: buin (Bohne), kan (Kanne), schban (Spanne), wan (Wanne), schan (Schande), von welch letzterem die Mehrzahlform nur in dem Ausdruck „in schanə" (in Schanden) vorkommt; nach 2: äər (Ähre), schdüər (Steuer), schäər (Schere) und das nur in der Einzahl vorkommende äər (Ehre); düər (Thür) hat in der Mehrzahlform neben düər auch die schwache Form dürə (vergl. die weiblichen Hauptwörter der gemischten Beugungsform).

Die auf einen Selbstlaut ausgehenden Stämme der in Rede stehenden Klasse haben teilweise erst durch Abwerfung eines ursprünglich auslautenden -n, und teilweise auch noch durch Zusammenziehung zweier Silben ihre jetzige Form erhalten. Es sind überhaupt nur wenige Wörter und diese haben, soweit sie auf einfachen Selbstlaut oder einen mit ə zusammengesetzten Doppelselbstlaut endigen, gerade so wie die auf einen Selbstlaut ausgehenden einfachen Stämme der starken männlichen Hauptwörter erster Klasse, im 3. Fall der Mehrzahl die Endung -nə, die aber, gerade wie bei jenen und unter den nämlichen Umständen, von einzelnen alten Leuten weggelassen wird (vergl. Seite 107). Das einzige auf einen vollen (nicht mit ə zusammengesetzten) Doppelselbstlaut ausgehende Wort dieser Klasse, säu, wird ganz wie die auf einen Mitlaut auslautenden Stämme gebeugt, nimmt daher im 3. Fall der Mehrheit die Endung ə, ənə an. Beispiele:

1. Stamm: kūə (Kuh).

1. Fall: di kūə (die Kuh) — di kūə (die Kühe)
2. „ [dər kūə ūər] (der Kuh) — [dən kūənə ūər] (der Kühe)
3. „ dər kūə (der Kuh) — dən kūənə; kūə (den Kühen)
4. „ di kūə (die Kuh). — di kūə (die Kühe).

2. Stamm: bō (Bahn).

1. Fall: di bō (die Bahn) — di bō (die Bahnen)
2. „ [fōn dər bō] (der Bahn) — [fōn dən bōnə] (der Bahnen)
3. „ dər bō (der Bahn) — dən bōnə; bō (den Bahnen)
4. „ di bō (die Bahn). — di bō (die Bahnen).

3. Stamm: sǟ (Säge).

1. Fall: di sǟ (die Säge) — di sǟ (die Sägen)
2. „ [fōn dər sǟ] (der Säge) — [fōn dən sǟnə] (der Sägen)
3. „ dər sǟ (der Säge) — dən sǟnə; sǟ (den Sägen)
4. „ di sǟ (die Säge). — di sǟ (die Sägen).

4. Stamm: rīə (Reihe).

1. Fall: di rīə (die Reihe) — di rīə (die Reihen)
2. „ [fōn dər rīə] (der Reihe) — [fōn dən rīənə] (der Reihen)
3. „ dər rīə (der Reihe) — dən rīənə; rīə (den Reihen)
4. „ di rīə (die Reihe). — di rīə (die Reihen).

5. Stamm: sāu (Sau).

1. Fall: di sāu (die Sau) — di sǟü (die Säue)
2. „ [fōn dər sāu] (der Sau) — [fōn dən sǟüənə] (der Säue)
3. „ dər sāu (der Sau) — dən sǟüənə, sǟü (den Säuen)
4. „ di sāu (die Sau). — di sǟü (die Säue).

Nach Beispiel 3 geht bī (Biene); nach 4: schlīə (Schlehe), zīə (Zehe).

Die zweite Klasse wird nur durch das Wort di hōər (das Haar, und zwar als einzelnes Haar; Haar als Gesamtbegriff heißt dās hōər) vertreten, und zwar insofern, als im 3. Fall der Mehrheit neben der Form hōərə und hōər auch noch die Form harnə vorkommt, worin der ursprünglich lange, in der Einzahlform zu ōə getrübte Stammselbstlaut ā zu a verkürzt erscheint (vergl. die zweite Klasse der sächlichen einfachen Stämme). Das Wort wird demnach auf folgende Weise gebeugt:

Stamm: hār (Haar).

1. Fall: di hōər (das Haar) — di hōər (die Haare)
2. „ [fōn dər hōər] (des Haares) — [fōn dən hōərənə, harnə] (der Haare)
3. „ dər hōər (dem Haare) — dən hōərənə, harnə, hōərə; hōər (den Haaren)
4. „ di hōər (das Haar). — di hōər (die Haare).

Die dritte Klasse der starken einfachen weiblichen Wörter umfaßt diejenigen Stämme, deren ursprünglich kurzer Stammselbstlaut nur in der Mehrzahl zur Geltung kommt, in der Einzahl aber gedehnt wird. Ihr Bestand an Mitlauten erleidet in der Mehrheitsform zum Teil Einbuße.

Zu den Stämmen, die den ursprünglich kurzen Stammselbstlaut in der Einheit dehnen, ihren Bestand an Mitlauten aber unverändert beibehalten, gehören nur die Wörter nuṭs (Nuß), gāns (Gans) und kūnst (Kunst); dem ersten liegt der Stamm nōs, dem zweiten der Stamm gans, dem dritten der Stamm kōṇst zu Grunde. Der 3. Fall der Mehrzahl endigt sich gewöhnlich auf -ə, zum Teil auch auf -ənə, zum Teil, aber nur selten, wird er endungslos gesprochen. Für den Gebrauch desselben gilt das nämliche, wie für die auf einen Mitlaut ausgehenden einfachen weiblichen Stämme der ersten Klasse: er richtet sich nach den Regeln, die bei den auf einen Mitlaut ausgehenden einfachen männlichen Wörtern erster Klasse (vergl. Seite 102 und 103) aufgestellt worden sind.

Stamm: nōs (Nuß).

1. Fall: di nūṭs (die Nuß)   di nōs (die Nüsse)
2. „ [fōn dər nūṭs] (der Nuß)   [fōn dən nōsənə] (der Nüsse)
3. „ dər nūṭs (der Nuß)   dən nōsənə, nōsə (den Nüssen)
4. „ di nūṭs (die Nuß).   di nōs (die Nüsse).

Dem entsprechend werden auch gāns, Mehrheit gāns, und kūnst, Mehrheit kōnst, gebeugt.

Dehnung des Stammselbstlautes in der Einheit und Verlust des Stammauslautes in der Mehrheitsform tritt nur bei den nd-Stämmen ein, von denen zwei Wörter dieser Klasse angehören, hānt (Hand) und wānt (Wand). Dieselben werden, wie folgt, gebeugt:

Stamm: hand (Hand).

1. Fall: di hānt (die Hand)   di hān (die Hände)
2. „ [fōn dər hānt] (der Hand)   [fōn dən hānə] (der Hände)
3. „ dər hānt (der Hand)   dən hānə (den Händen)
4. „ di hānt (die Hand).   di hān (die Hände).

Der 3. Fall der Mehrheit der Wörter hānt und wānt heißt immer nur hānə und wānə; eine Erweiterung der Endung -ə in -ənə, oder die endungslose Form ist hier nicht gebräuchlich.

Alles, was über die Dehnung des ursprünglich kurzen Stammselbstlautes und über den Verlust des stammauslautenden Mitlautes bei der dritten Klasse der stark gebeugten einfachen männlichen Stämme gesagt worden ist, gilt auch von den weiblichen Wörtern der eben besprochenen Klasse, nur mit dem Unterschied, daß der 3. Fall der Einheit bei letzteren niemals mit kurzem Stammselbstlaut erscheint, weil den weiblichen Wörtern die Beugungsendung dieses Falles schon in sehr früher Zeit verloren gegangen ist, somit auch kein Grund vorlag, hier, wie bei männlichen Wörtern, den kurzen Stammselbstlaut beizubehalten und bei den nd-Stämmen das d abzuwerfen.

Eine besondere (vierte) Klasse der einfachen Stämme bildet das Wort di hūə (das Huhn, die Henne), das in der Einheitsform mit den Wörtern der letztbesprochenen Klasse die Dehnung des kurzen Stammselbstlautes gemein hat, in der Mehrheitsform aber, wie die vierte Klasse der einfachen männlichen stark gebeugten Stämme, seinen einfachen Stamm hun um die Silbe -ər erweitert, an die im 3. Fall gewöhnlich -n als Beugungsendung tritt. Das stammauslautende

-n biefes Wortes mußte in ber Einheit nach bem langen Doppellaute infolge
bes befannten Lautgefeßes (vergl. Seite 104) fich verflüchtigen, ber Stammfelbft=
laut ber Mehrheitsform wurbe umgelautet. Somit verläuft bie Beugung biefes
Wortes in folgenber Weife:

Stamm: hun (Huhn).

1. Fall:	di hūə (bas Huhn)	di hūnər (bie Hühner)
2. „	[dər hūə ūər] (bes Huhnes)	[dən hūnərn ūər] (ber Hühner)
3. „	dər hūə (bem Huhne)	dən hūnərn; hūnər (ben Hühnern)
4. „	di hūə (bas Huhn).	di hūnər (bie Hühner).

Die enbungslofe Form bes 3. Mehrheitfalles wirb nur felten vernommen;
es gelten für biefelbe bie nämlichen Bebingungen, wie für bie enbungslofe Form
in ber 4. Klaffe ber einfachen ftarfen männlichen Hauptwörter (vergl. Seite 119).

Die Beugung ber erweiterten Stämme.

Die erweiterten Stämme ber ftarfen Beugungsform gehörten zum Teil ur=
fprünglich ben Wörtern ber fchwachen Beugungsweife an; bie ihnen entfprechen=
ben nhb Wörter werben nach ber gemifchten Form gebeugt. Es fommen Wörter
auf -əl, -ər, -əs, -ət, -ich, -n unb -ə in Betracht.

Was bie Wörter auf -əl betrifft, fo nehmen biefelben im 3. Fall ber Mehr=
heit -n als Enbung an; fie werben aber auch, wie bie männlichen Wörter auf
-əl, von älteren Wafungern unter Umftänben (vergl. bie bezüglichen Bemer=
fungen auf Seite 120) ganz enbungslos gebeugt. Umlaut tritt in ber Mehr=
heitsform nicht ein. Beifpiel:

Stamm: aəsəl (Achfel).

1. Fall:	di aəsəl (bie Achfel)	di aəsəl (bie Achfeln)
2. „	[fōn dər aəsəl] (ber Achfel)	[fōn dən aəsəln] (ber Achfeln)
3. „	dər aəsəl (ber Achfel)	dən aəsəln; aəsəl (ben Achfeln)
4· „	di aəsəl (bie Achfel).	di aəsəl (bie Achfeln).

Dem entfprechenb gehen: babəl (Pappel), disdəl (Diftel; Deichfel), glängəl
(Klingel), hächəl (Hechel), kachəl (Kachel; Ofenröhre), schágəl (Schaufel),
schōsəl (Schüffel), séchəl (Sichel), waichdəl (Wachtel), wénəl (Winbel),
zwūbəl (Zwiebel), biwəl (Bibel), brāzəl (Brezel), dávəl (Tafel), gávəl (Gabel),
nūidəl (Nubel), schūvəl (Schaufel), gäischəl (Geißel, Peitfche).

Die Wörter auf -ər haben im 3. Fall ber Mehrzahl ebenfalls bie Enbung
-n, bie unter ben nämlichen Bebingungen, wie bei ben Wörtern auf -əl, wegge=
laffen werben fann. In ein paar Beifpielen tritt für bie Mehrheitsform Um=
laut bes Stammfelbftlautes ein, aber nicht burchgängig: ein Teil ber Wafunger,
namentlich ber älteren, zieht bie nicht umgelauteten Formen vor. Beifpiele:

1. Stamm: aədər (Otter).

1. Fall:	di aədər (bie Otter)	di aədər (bie Ottern)
2. „	[dər aədər ūər] (ber Otter)	[dən aədərn ūər] (ber Ottern)
3. „	dər aədər (ber Otter)	dən aədərn; aədər (ben Ottern)
4. „	di aədər (bie Otter).	di aədər (bie Ottern).

2. Stamm: mōı̯dər (Mutter).

1. Fall: di mōı̯dər (bie Mutter)   di mōdər, mōı̯dər (bie Mütter)
2. „ [dər mōı̯dər ūər] (ber Mutter)   [dən mōdərn ūər, dən mōı̯dərn ūər]
                                          (ber Mütter)
3. „ dər mōı̯dər (ber Mutter)   dən mōdərn, mōı̯dərn (ben Müttern),
4. „ di mōı̯dər (bie Mutter).   di mōdər, mōı̯dər (bie Mütter).

Nach Beispiel 1 gehen: blaədər (Blatter), dōchdər (Tochter), glabər (Klapper), glāfdər (Klafter), fādər (Feder), lāwər (Leber), mūwər (Mauer), öədər (Aber), schlŭı̯dər (Schleuber), schwāsdər (Schwefter), schwichər (Schwiegermutter).

Nach Beispiel 2 geht kōmər (Kammer), in ber Mehrheit kōmər unb kōmər (Kammern).

Stämme auf -əs liegen nur in ben beiben Wörtern ārwəs (Erbfe) unb kērməs (Kirmfe, Kirchweih) vor. Dieselben werden übereinstimmenb, wie folgt, gebeugt:

Stamm: ārwəs (Erbfe).

1. Fall: di ārwəs (bie Erbfe)   di ārwəs (bie Erbfen)
2. „ [fōn dər ārwəs] (ber Erbfe)   [fōn dən ārwəsə] (ber Erbfen)
3. „ dər ārwəs (ber Erbfe)   dən ārwəsə; ārwəs (ben Erbfen)
4. „ di ārwəs (bie Erbfe).   di ārwəs (bie Erbfen).

Ganz entfprechenb werden bie Stämme auf -ət gebeugt, z. B.

Stamm: dāufət (Taufe).

1. Fall: di dāufət (bie Taufe)   di dāufət (bie Taufen)
2. „ [fōn dər dāufət] (ber Taufe)   [fōn dən dāufədə] (ber Taufen)
3. „ dər dāufət (ber Taufe)   dən dāufədə; dāufət (ben Taufen)
4. „ di dāufət (bie Taufe).   di dāufət (bie Taufen).

So gehen auch: ārwət (Arbeit), āwət (Ebene), gəwōnət (Gewohnheit), ögəwōnət (Angewohnheit), grānggət (Kranheit) unb bie nur in ber Einzahl vorkommenben Wörter dūchət (Tugenb) unb jūchət (Jugenb).

In gleicher Weife verläuft auch bie Beugung bes Wortes hoı̯chzich (Hochzeit), Mehrheit hoı̯chzich, 3. Fall hoı̯chzichə, hoı̯chzich.

Der Wechfel zwifchen ber Form auf -ə unb ber enbungslofen Form im 3. Fall ber Mehrheit richtet sich bei ben Wörtern auf -əs, -ət unb -ich nach benfelben Regeln, wie ber Wechfel zwifchen ben Formen auf -n unb ber enbungslofen Form bei ben Wörtern auf -əł unb -ər. Die Form auf -ənə ist hier ungebräuchlich.

Den Wörtern auf -n liegen einfache (einfilbige) Stämme auf -ł, -ł ober -r zu Grunde, bie urfprünglich nach ber fchwachen Form gebeugt wurben unb, außer im 1. Fall ber Einzahl, in allen Fällen ber Ein- unb Mehrzahl -n (verfürzt aus -ən) zur Enbung hatten. Dieß -n hat fich mit ber Zeit auch auf ben 1. Fall ber Einzahl übertragen, fo baß bie bezüglichen Wörter jetzt als einfache, auf -łn, -łn ober -rn auslautenbe Stämme erfcheinen; ber 3. Fall ber Mehrheit nimmt gewöhnlich bie Enbung -ə an, bie aber auch, namentlich von älteren

Leuten, weggelassen wird, besonders bann, wenn der Mehrheitsbegriff durch ein beigefügtes Zahlwort bereits zum Ausdruck gelangt ist. Einige Wörter auf -ln und -rn (niemals die auf -rn) werden von einzelnen Wasungern in der ganzen Einheit ohne das angefügte -n gesprochen, gehören demnach im Munde solcher Leute der gemischten Beugungsform an (vergl. die letztere). Umlautbarer Stamm= selbstlaut bleibt in der Mehrheitsform unverändert. Beispiele:

1. Stamm: suᵢln (Sohle).
1. Fall: di suᵢln (die Sohle)   di suᵢln (die Sohlen)
2.   „   [fon dər suᵢln] (der Sohle)   [fon dən ꝛuᵢlnə] (der Sohlen)
3.   „   dər suᵢln (der Sohle)   dən suᵢlnə, suᵢln (den Sohlen)
4.   „   di suᵢln (die Sohle).   di suᵢln (die Sohlen).

2. Stamm: råln (Rolle).
1. Fall: di råln (die Rolle)   di råln (die Rollen)
2.   „   [fon dər råln] (der Rolle)   [fon dən rålnə] (der Rollen)
3.   „   dər råln (der Rolle)   dən rålnə, råln (den Rollen)
4.   „   di råln (die Rolle).   di råln (die Rollen).

3. Stamm: rörn (Röhre).
1. Fall: di rörn (die Röhre)   di rörn (die Röhren)
2.   „   [fon dər rörn] (der Röhre)   [fon dən rörnə] (der Röhren)
3.   „   dər rörn (der Röhre)   dən rörnə, rörn (den Röhren)
4.   „   di rörn (die Röhre).   di rörn (die Röhren).

Nach Beispiel 1 gehen: füln (Feile), buln (Beule), küln (Keule), möln (Mühle), scheln (Schale, Rinde); nach Beispiel 2: böln (Bohle), däln (Delle, Vertiefung), döln (Dohle d. i. ein mit einem Brett verdeckter Abzugskanal), galn (Galle), haln (Halle), höln (Hohle, Hohlweg), kabåln (Kapelle), käln (Kelle), köln (Kohle), schåln (Schelle), schåln (Schale, Rinde), schböln (Spule), schdåln (Stelle), schwåln (Schwelle), wåln (Welle, am Rad, und als Reisigbüschel), zåln (Zelle), zwåln und hänzwåln (Zwehle, Handzwehle d. i. Handtuch) und das nur in der Einzahl vorkommende wåln (Wolle); nach Beispiel 3: nərn (Niere), schörn (Scheuer, Scheune).

Auch die Wörter auf -ə waren zum Teil ursprünglich einfache Stämme von schwacher Beugungsform, die im 1. Fall der Einzahl auf den Mitlaut aus= lauteten, der jetzt im Inlaut steht, und erst vom 2. Falle an das -ə als Ab= kürzung von -ən durch die Einzahl und die ganze Mehrzahl als Endung zu sich nahmen. Wie das -n bei den eben besprochenen Wörtern auf -ln, -ɦn und -rn, so ging mit der Zeit auch das -ə der bezüglichen Wörter auf den 1. Fall der Einzahl über, bessen jetziger Form nur scheinbar die der nhd weiblichen Wörter auf =e entspricht, während den letzteren nur solche wasungische Wörter, die nicht auf -ə aus= lauten, oder den wasungischen Wörtern auf -ə nur nhd Wörter auf =en sich zur Seite stellen lassen*). Die hierher gehörenden Wörter bilden demnach die Ergän= zung der eben besprochenen Wörter auf -n für diejenigen Stämme, die nicht auf

---

*) Demnach hätte es auf Seite 57 bei dem Abschnitt -ə (=e) heißen müssen: -ə ent= spricht nur scheinbar dem nhb =e u. s. w.

l, l ober r auslauten und folglich tein -n zu sich nehmen können. Im 3. Fall
der Mehrzahl haben sie jetzt meistens -nə als Endung, das aber unter den=
selben Bedingungen, wie bei den erweiterten männlichen Stämmen auf -ə (vergl.
die betreffenden Bemerkungen auf Seite 123), auch weggelassen wird. Umlaut
des Stammselbstlautes in der Mehrheitsform tritt nur bei ein paar Wörtern
ein, die aber, namentlich von älteren Wasungern, auch ohne Umlaut gebeugt
werden. Beispiele:

1. Stamm: rabə (Raupe).

1. Fall: di rabə (die Raupe)   di rabə (die Raupen)
2.   „   [dər rabə ūər] (der Raupe)   [dən rabənə ūər] (der Raupen)
3.   „   dər rabə (der Raupe)   dən rabənə, rabə (den Raupen)
4.   „   di rabə (die Raupe).   di rabə (die Raupen).

2. Stamm: dūwə (Taube).

1. Fall: di dūwə (die Taube)   di dūwə (die Tauben)
2.   „   [dər dūwə ūər] (der Taube)   [dən dūwənə ūər] (der Tauben)
3.   „   dər dūwə (der Taube)   dən dūwənə, dūwə (die Tauben)
4.   „   di dūwə (die Taube).   di dūwə (die Tauben).

Nach Beispiel 1 (mit kurzem, in der Mehrheitsform nie umgelauteten
Stammselbstlaut) gehen āgə (Ecke), ārlə (Erle), āsbə (Espe), aəsə (Achse),
bardə (kleine Axt), bərgə (Birke), bidə (Bitte), blumə (Blume), bômbə
(Pumpe), danə (Tanne), dāgə (Docke), dŏdə (Düte), drabə (Treppe), falə
(Falle), flāgə (Flocke), gālə (Gelte), gārdə (Gerte), glādə (Klette), glēbə
(Klippe), gralə (Kralle), gwāgə (Quecke), imēzə (Ameise), kabə (Kappe), kārwə
(Kerbe), kābə (der Klaps; Kuppe, besonders Fingerkuppe), kēdə (Kette), kērschə
(Kirsche), kērchə (Kirche), kēmə (Kimme), lāgə (Locke), ladə (Latte), lāchə
(Lauge), lénə (Linde), lēzə (Litze), lōgə (Lücke), mālə (Melbe), māzə (Metze),
mālgə (Molke), mēlmə (Milbe), mŏgə (Mücke), mōzə (Mütze; Haube), muischədə
(Masche), nalə (Nabel), rénə (Rinde), schbénə (Spinne), schbēzə (Spitze),
sidə (Seite), wáchə (Woche), wālgə (Wolke), wādə (Wade), wègə (Wicke),
zangə (Zange), zāngə (Zunge); nach Beispiel 2 (mit langem oder zusammen=
gesetztem, in der Mehrheitsform nie umgelauteten Stammselbstlaut): āichə (Eiche),
ādə (Egge), blōsə (Blase), būərschdə (Borste), būərschdə (Bürste), būidə
(Bube), dāində (Tinte), dūwə (Taube), fānə (Fahne), grādə (Gräte), griəvə
(Griebe, Griefe), lādə (Labe), nāsə (Nase), nōdə (Note), rādmə (Rabe,
Kornrabe), rūwə (Rübe), sāidə (Saite), schwānə (Schwan), sidə (Seide),
wānzə (Wanze), wisə (Wiese); andə (Ente) hat in der Mehrheitsform ändə
und āndə, desgleichen schdūwə (Stube) in der Mehrheitsform schdūwə und
schdūwə.

Anderer Art sind diejenigen Wörter auf -ə, die den nhd. Wörtern auf =in
entsprechen. Hier steht -ə für die nhd. Ableitungssilbe =in, und die starke
Beugungsform war von Anfang an vorhanden. Der 3. Fall der Mehrheit nimmt
nur bei denjenigen Wörtern, die von einsilbigen Stämmen abgeleitet sind, eine
Endung (-nə) an, die aber, namentlich von älteren Leuten, gerade wie bei den
männlichen abgeleiteten Wörtern auf -ə (vergl. Seite 123) unter Umständen auch
weggelassen wird. Wörter, die von zweisilbigen Stämmen abgeleitet sind, werden
von alt und jung gewöhnlich ohne Endung gesprochen. Beispiele:

1. Stamm: kæchə (Köchin).

1. Fall: di kæchə (die Köchin)   di kæchə (die Köchinnen)
2. „ [dər kæchə ɑ̈ər] (der Köchin) [dən kæchənə ɑ̈ər] (der Köchinnen)
3. „ dər kæchə (der Köchin) dən kæchənə; kæchə (den Köchinnen)
4. „ di kæchə (die Köchin). di kæchə (die Köchinnen).

2. Stamm: maisdərə (Meisterin).

1. Fall: di maisdərə (die Meisterin) di maisdərə (die Meisterinnen)
2. „ [dər maisdərə ɑ̈ər] (der [dən maisdərə ɑ̈ər] (der Meisterinnen)
    Meisterin)
3. „ dər maisdərə (der Meisterin) dən maisdərə (den Meisterinnen)
4. „ di maisdərə (die Meisterin). di maisdərə (die Meisterinnen).

3. Stamm: könichə (Königin).

1. Fall: di könichə (die Königin) di könichə (die Königinnen)
2. „ [dər könichə ɑ̈ər] (der Königin) [dən könichə ɑ̈ər] (der Königinnen)
3. „ dər könichə (der Königin) dən könichə (den Königinnen)
4. „ di könichə (die Königin). di könichə (die Königinnen).

Nach Beispiel 1 gehen: bädə (Patin), bägə und bägərə (Bäckerin), bärə (Bärin), bfarnərə und bfarnə (Pfarrerin), bödə (Böttin, Botenfrau), bröbsdə (Pröpstin), förschdə (Fürstin), füchsə (Füchsin), grævə (Gräfin), schmidə (Schmiedin, Schmiedsfrau), wérdə (Wirtin), wöləfə (Wölfin); nach Beispiel 2: dræschərə (Drescherin), flégərə („Flickerin" b. i. Näherin), gəfädərə (Gevatterin), kaisərə (Kaiserin), lörərə (Lehrerin), nächbərə (Nachbarin), nädərə und närə (Näherin), sängərə (Sängerin), schnidərə (Schneiderin, auch Schneidersfrau).

Die Wörter auf -äi nehmen, wie andere auf einen vollen Doppelselbstlaut ausgehende Wörter (vergl. die Bemerkung über das Wort bläu auf Seite 128, sowie das Beispiel säu auf Seite 132), im 3. Fall der Mehrheitsform nicht -nə, sondern -ə oder ənə an. Beispiel:

Stamm: arzənäi (Arzenei).

1. Fall: di arzənäi (die Arzenei) di arzənäi (die Arzeneien)
2. „ [fōn dər arzənäi] (der Arzenei) [fōn dən arzənäiənə] (der Arzeneien)
3. „ dər arzənäi (der Arzenei) dən arzənäiənə, arzənäiə (den
                                Arzeneien)
4. „ di arzənäi (die Arzenei). di arzənäi (die Arzeneien).

So gehen auch bäsəläi (Bosselei), grézəläi (Kritzelei), mäisəräi („Mauserei" b. i. Stehlerei).

b. Die weiblichen Hauptwörter der gemischten Beugungsform.

Die weiblichen Hauptwörter der gemischten Beugungsform gehen in der Einheit nach der starken, endungslosen, in der Mehrheit nach der schwachen Beugungsweise, indem sie hier die Endung -ə oder, und dies gilt von den hierher gehörenden l-Stämmen, -n annehmen. Von einzelnen, und zwar nicht bloß alten Wasungern werden auch einige l-, viel seltener auch einige t-Stämme, die jetzt fast allgemein in die erweiterte ſtarke Beugungsform übergegangen ſind (vergl. oben Seite 136), gemiſcht gebraucht; ſie erhalten dann in der Mehrheitsform die Endung -n, während die Einheit auf l oder l̯ auslautet. Der 3. Fall der Mehrheit hat bei all dieſen l- oder l̯-Stämmen gewöhnlich die Endung -nə, die ſich niemals zu -ənə erweitert, wohl aber nicht ſelten das -ə verliert, ſobald ein Zahlwort vor dem Hauptwort ſteht. Bei den Wörtern, die in der Mehrheit die Endung -ə erhalten, kann unter den gleichen Bedingungen, wie bei den männlichen Wörtern der ſchwachen Beugungsform, an die Form auf -ə noch die Endung -nə gefügt werden. Der Stammſelbſtlaut wird in der Mehrheit nirgends umgelautet. Es kommen nur Stämme in Betracht, die auf einen Mitlaut endigen; die auf -w aber werfen in der Einheit das w ab und laſſen dasſelbe nur in der Mehrheits= form zur Geltung kommen.

Den Wörtern der gemiſchten Beugungsform liegen teils einfache, teils erweiterte Stämme zu Grunde; das Wort farə beſitzt nur ſcheinbar einen erwei= terten Stamm, da das -ə nicht Ableitungsſilbe, ſondern nur Stütze des r-Lautes iſt (vergl. das auf Seite 126 Bemerkte).

Beiſpiele von einfachen Stämmen:

1. Stamm: gas (Gaſſe).

1. Fall: di gas (die Gaſſe)   di gasə (die Gaſſen)
2. „ [fōn dər gas] (der Gaſſe)   [fōn dən gasənə] (der Gaſſen)
3. „ dər gas (der Gaſſe)   dən gasənə; gasə (den Gaſſen)
4. „ di gas (die Gaſſe).   di gasə (die Gaſſen).

2. Stamm: grōt (Kröte).

1. Fall: di grōt (die Kröte)   di grōdə (die Kröten)
2. „ [dər grōt ūər] (der Kröte)   [dən grōdənə ūər] (der Kröten)
3. „ dər grōt (der Kröte)   dən grōdənə; grōdə (den Kröten)
4. „ di grōt (die Kröte).   di grōdə (die Kröten).

3. Stamm: farw (Farbe).

1. Fall: di farə (die Farbe)   di farwə (die Farben)
2. „ [fōn dər farə] (der Farbe)   [fōn dən farwənə] (der Farben)
3. „ dər farə (der Farbe)   dən farwənə; farwə (den Farben)
4. „ di farə (die Farbe).   di farwə (die Farben).

4. Stamm: frǟw (Frau).

1. Fall: di frǟ (die Frau)   di frǟwə (die Frauen)
2. „ [dər frǟ ūər] (der Frau)   [dən frǟwənə ūər] (der Frauen)
3. „ dər frǟ (der Frau)   dən frǟwənə; frǟwə (den Frauen)
4. „ di frǟ (die Frau).   di frǟwə (die Frauen).

5. Stamm: nuḷl (Null).

1. Fall: di nuḷl (die Null)   di nuḷln (die Nullen)
2. „ [fōn dər nuḷl] (der Null)   [fōn dən nuḷlnə] (der Nullen)
3. „ dər nuḷl (der Null)   dən nuḷlnə, nuḷln (den Nullen)
4. „ di nuḷl (die Null).   di nuḷln (die Nullen).

Nach Beispiel 1 (mit kurzem Stammselbstlaut) gehen: dǎk (Decke), fǎrt (führte, Spur), fǎz (cunnus), flicht (Pflicht), forch (Furche), gǎis (Gelb), glas (Klasse), gluk (Glucke), gränz (Grenze), hǎgs (Hexe), hüft (Hüfte), kaz (Katze), kidsch (Kitze, weibliches Tier), lǎst (Last), sach (Sache), zup (Hündin); nach Beispiel 2 (mit langem Stammselbstlaut): blǎch (Plage), dǎt (That), frǎch (Frage), gəbǖər (Gebühr), gwǎl (Qual), lōər (Lehre), lǖch (Lüge), rēt (Rede), sōət (Saat), uər (Uhr), wǎch (Wage), zǎl (Zahl), zich (Ziege), zit (Zeit);

nach Beispiel 4: brō (Probe), Mehrzahl brōwə;

nach Beispiel 5: kuil (cunnus). Wahrscheinlich ist auch das nur in der Einzahl vorkömmliche hǎl (Hölle) hierher zu rechnen; übrigens kommen kuil und nuil in der Mehrheitsform auch starkgebeugt vor. Von den Wörtern, die in der Ein- und in der Mehrzahl gewöhnlich auf -ln und -ln auslauten (vergl. Seite 136), findet sich namentlich mōl (Mühle) oft gemischt gebeugt (in der ganzen Einzahl mōl, Mehrzahl mōln), seltener suil (Sohle), hōl (Hohle), bōl (Bohle), dōl (Dohle).

Dehnung des Stammselbstlautes findet sich bei

Stamm gəschdǎlt (Gestalt).

1. Fall: di gəschdǎlt (die Gestalt)   di gəschdǎldə (die Gestalten)
2. „ [fōn dər gəschdǎlt] (der Ge-   [fōn dən gəschdǎldənə] (der Ge-
   stalt)   stalten)
3. „ dər gəschdǎlt (der Gestalt)   dən gəschdǎldənə; gəschdǎldə
                                     (den Gestalten)
4. „ di gəschdǎlt (die Gestalt).   di gəschdǎldə (die Gestalten).

Zu den erweiterten Stämmen der gemischten Beugungsform gehören die weiblichen Wörter auf -ing, -nis, -hait, -kait, -sǎl und -schǎft. Dieselben nehmen, wie gas und die entsprechenden Beispiele, in der Mehrheit -ə, im 3. Fall gewöhnlich -ənə, teilweise aber auch nur -ə an. Beispiele: fordəring (Forderung), hofning (Hoffnung); bədrǎngnis (Bedrängnis), gəhaimnis (Geheimnis), aichəhait (Eigenheit), dömhait (Dummheit), gluinichkǎit (Kleinigkeit), haimlichkǎit (Heimlichkeit); drangsǎl (Drangsal); frǎündschǎft (Freundschaft), gəsǎlschǎft (Gesellschaft), härschǎft (Herrschaft).

c. Die Beugung der zusammengesetzten weiblichen Hauptwörter.

Die zusammengesetzten weiblichen Hauptwörter werden nach der nämlichen Regel, wie die zusammengesetzten männlichen Hauptwörter, gebeugt, z. B. övəbǎngk (Ofenbank), Mehrzahl övəbǎnggə, 3. Fall övəbǎnggə, övəbǎnggənə; brōədbfan (Bratpfanne), Mehrzahl brōədbfan, 3. Fall brōədbfanə; isəbō (Eisenbahn), Mehrzahl isəbō, 3. Fall isəbōnə; schnēəgǎns (Schneegans), Mehrzahl schnēəgǔns, 3. Fall schnēəgǎnsə, schnēəgǎnsənə; bérghūə (Birkhuhn, Birkhenne), Mehrzahl bérghünər, 3. Fall bérghünərn; brōnrörn (Brunnenröhre), Mehrzahl brōnrörn, 3. Fall brōnrörnə; zōgərdōdə (Zuckerbüte), Mehrzahl zōgərdōdə, 3. Fall zōgərdōdənə, zōgərdōdə; bǎdǎk (Bettdecke), Mehrzahl bǎdǎgə, 3. Fall bǎdǎgənə, bǎdǎgə; bǎuərschfrǎ (Bauersfrau), Mehrzahl bǎuərschfrǎwə, 3. Fall bǎuərschfrǎwənə, bǎuərschfrǎwə.

C. Die Beugung des ſächlichen Hauptwortes.

Die ſächlichen Hauptwörter werden zum größten Teil nach der ſtarken, zum Teil aber auch nach der gemiſchten Form gebeugt.

a. Die ſächlichen Hauptwörter der ſtarken Beugungsform.

Wie die männlichen und weiblichen Hauptwörter der ſtarken Beugungsform, ſo nehmen auch die ſtarken ſächlichen Hauptwörter nur im 3. Fall der Mehrheit eine Endung an, die unter den gleichen Bedingungen, wie bei jenen, auch weg= gelaſſen wird.

Einfache (einſilbige) Stämme.

Nach ihrer Beugungsweiſe laſſen ſich die einfachen Stämme der ſtarken ſächlichen Hauptwörter in vier Klaſſen verteilen.

Die erſte Klaſſe begreift diejenigen Wörter in ſich, deren Stämme, von dem Übergang auslautender harter zu inlautenden weichen Lauten abgeſehen, in der Ein= und Mehrzahl unverändert bleiben. Mit wenig Ausnahmen iſt der Stammſelbſtlaut nicht umlautfähig. Bei den auf einen Mitlaut ausgehenden Stämmen iſt die Endung des 3. Falles in der Mehrheitsform gewöhnlich -ə, das aber unter Umſtänden auch zu -ənə erweitert wird oder ganz wegfällt; über den Gebrauch dieſer drei verſchiedenen Formen gilt das nämliche, was oben, Seite 102 und 103, über den Gebrauch des 3. Mehrzahlfalles bei den einfachen, auf einen Mitlaut endigenden Stämmen der ſtarken männlichen Hauptwörter geſagt iſt. Die auf einen einfachen oder mit ə zuſammengeſetzten Selbſtlaut ausgehenden Stämme endigen im 3. Fall der Mehrheit gewöhnlich auf -nə oder bleiben gänzlich endungslos; es verhält ſich hiermit genau ſo, wie bei den auf einen Selbſtlaut auslautenden einfachen Stämmen der ſtarken männlichen Hauptwörter (vergl. die Bemerkungen auf Seite 107). Die auf einen vollen Doppelſelbſtlaut (außer ăi) auslautenden Stämme werden ganz ſo, wie die auf einen Mitlaut ausgehenden, gebeugt. Beiſpiele:

1. Stamm: năz (Netz).

1. Fall: dăs năz (das Netz)	di năz (die Netze)
2. „ [fŏn dən năz] (des Netzes)	[fŏn dən năzənə] (der Netze)
3. „ dən năz (dem Netz)	dən năzənə, năzə (den Netzen)
4. „ dăs năz (das Netz).	di năz (die Netze).

2. Stamm: bŏər (Paar).

1. Fall: dăs bŏər (das Paar)	di bŏər (die Paare)
2. „ [fŏn dən bŏər] (des Paares)	[fŏn dən bŏərənə] (der Paare)
3. „ dən bŏər (dem Paare)	dən bŏərənə, bŏərə (den Paaren)
4. „ dăs bŏər (das Paar).	di bŏər (die Paare).

3. Stamm: gnɪə (Knie).

1. Fall: dăs gnɪə (das Knie)	di gnɪə (die Kniee)
2. „ [fŏn dən gnɪə] (des Knies)	[fŏn dən gnɪənə] (der Kniee)
3. „ dən gnɪə (dem Knie)	dən gnɪənə; gnɪə (den Knieen)
4. „ dăs gnɪə (das Knie).	di gnɪə (die Kniee).

4. Stamm: gəwäi (Geweih).

1. Fall: dås gəwäi (das Geweih)   di gəwäi (die Geweihe)
2. „ [fōn dən gəwäi](des Geweihes)   [fōn dən gəwäiənə] (der Geweihe)
3. „ dən gəwäi (dem Geweih)   dən gəwäiənə, gəwäiə (den Geweihen)
4. „ dås gəwäi (das Geweih).   di gəwäi (die Geweihe).

Nach Beispiel 1 (kurzer Stammselbstlaut) gehen: än (Ende), bät (Bett), gədärm und gədärms (Gedärm), Mehrheit gədärm, fäst (Fest), grüz (Kreuz); nach Beispiel 2 (langer inlautender Stammselbstlaut): bät (Beet), bfär (Pferd), füər (Feuer), häər (Heer), məər (Meer), wär (Wehr); Umlaut in der Mehrheitsform findet sich bei dem Worte schrüət (Schrot), Mehrzahl schrüət; nach Beispiel 3 (mit auslautendem Selbstlaut): rəə (Reh), hä (Heu), schdrüə (Stroh), welch beide letzteren aber nur in der Einzahl vorkommen.

Die zweite Klasse wird gebildet von den beiden Wörtern dås höər (Haar, als Sammelbegriff, vergl. di höər auf Seite 132) und jöər (Jahr), die zum Teil wie die Wörter der ersten Klasse gebeugt werden, nicht selten aber den langen Stammselbstlaut öə im 3. Fall der Mehrheit zu a kürzen und dann, statt ə oder ənə, die Endung -nə anfügen. Daß in diesem a gekürzter und nicht ursprünglicher Stammselbstlaut vorliegt, ergibt sich aus den altdeutschen Formen der beiden Wörter, die hår und jår lauten b. h. langes å besitzen. Der eigentliche Stammselbstlaut der in Rede stehenden wasungischen Wörter muß ehedem ebenfalls å gewesen sein, das sich zu öə trübte, wie auch das ursprüngliche, im Auslaut å der Mehrheitsformen noch erhaltene å in der Einzahlform von Wörtern wie böərt, schlöət, dröət, röət zu öə geworden ist. Somit hat der a-Laut im 3. Fall der Mehrheit an sich nichts Befremdendes. Auffällig aber ist die Kürzung von å in a: dieselbe läßt sich zunächst dadurch erklären, daß das Vorkommen kurzen Stammselbstlautes in der Mehrheitsform einer Reihe von Wörtern, deren Stammselbstlaut in der Einheit Dehnung erlitt, besonders aber Formen des 3. Mehrheitsfalles, wie bänə, ränə, schdänə von bäi (Bein), räi (Rain), schdäi (Stein), auf die Beugung der bewußten Wörter von Einfluß waren und damit ein umgekehrtes Verhältnis zwischen ursprünglichem und umgewandeltem Stammselbstlaute schufen; vor -rn tritt jedoch in der WM auch sonst Kürzung langen Stammselbstlautes ein, z. B. sūə fərzärn (sie verzehren) neben sūə fərzöərə von fərzöər (verzehren), sūə hörn (sie hören) neben sūə hüərə von hüər (hören). Die Beugung verläuft in folgender Weise:

Stamm: jår (Jahr).

1. Fall: dås jöər (das Jahr)   di jöər (die Jahre)
2. „ [fōn dən jöər] (des Jahres) [fōn dən jöərənə, jarnə] (der Jahre)
3. „ dən jöər (dem Jahr)   dən jöərənə, jarnə, jöərə (den Jahren)
4. „ dås jöər (das Jahr).   di jöər (die Jahre).

Genau so geht höər (Haar). Die Form jöərə ist mehr im Gebrauch, wenn das Geschlechtswort oder ein auf -n endigendes Fürwort dem Hauptwort nicht vorangeht; ist dies aber der Fall, so zieht das jüngere Geschlecht der Wasunger die Formen jarnə oder jöərənə vor.

Die dritte Klasse umfaßt ein paar Wörter, die, entsprechend der dritten
Klasse der einfachen starken männlichen Stämme, den ursprünglich kurzen Stamm-
selbstlaut nur in der Mehrheitsform bewahrt haben, in der Einheit dagegen
dehnen, während der Bestand an Mitlauten entweder ganz unverändert bleibt,
oder, wie es bei den nd-Stämmen geschieht, sich in der Mehrheitsform um d
verkürzt, oder, wie es mit dem einzigen hier in Betracht kommenden n-Stamm
der Fall ist, nur nach kurzem Selbstlaut sich erhält. Es lassen sich nur die
Wörter schåf (Schaf), schĭf (Schiff), flōs (Floß), gəbäint (Gebund), gəbäint
(Gebind) und bäi (Bein) nachweisen, von denen aber nur die beiden ersten in
allen Stücken als echte Vertreter dieser Klasse angesehen werden können, wäh-
rend in der Mehrheitsform von flōs, flōs (Floße), der Umlaut, der den ein-
fachen, auch in der Mehrheitsform erweiterten sächlichen Stämmen nicht zukommt,
sich eingenistet hat, die beiden Wörter gəbäint und gəbäint auch wie die Wörter
der vierten Klasse gebeugt werden, und bäi nur im 3. Fall der Mehrheitsform
kurzen, dabei noch um i verminderten Stammselbstlaut erhält, im 1. und 4.
Fall dagegen, genau wie die entsprechenden männlichen Wörter räi (Rain) und
schdäi (Stein), gedehnten Stammselbstlaut besitzt, der nicht selten auch im 3. Fall
Verwendung findet. So verläuft die Beugung dieser Wörter, wie folgt:

1. Stamm: schåf (Schaf).

1. Fall: dås schåf (das Schaf)　　　　di schåf (die Schafe)
2. „　[dən schåf si] (des Schafes)　[dən schåfənə ñər] (der Schafe)
3. „　den schåf (dem Schafe)　　　dən schåfənə, schåfə (den Schafen)
4. „　dås schåf (das Schaf).　　　　di schåf (die Schafe).

2. Stamm: gəbénd (Gebind).

1. Fall: dås gəbäint (das Gebind)　　di gəbén, gəbénər (die Gebinde)
2. „　[fōn dən gəbäint] (des　　　[fōn dən gəbénə, gəbénərn] der
　　　　Gebindes)　　　　　　　　　　Gebinde)
3. „　den gəbäint (dem Gebinde)　dən gəbénə, gəbénərn (den Gebinden)
4. „　dås gəbäint (das Gebind).　　di gəbénə, gəbénər (die Gebinde).

3. Stamm: bäin (Bein).

1. Fall: dås bäi (das Bein)　　　　　di bäi (die Beine)
2. „　[fōn dən bäi] (des Beines)　[fōn dən bäinə, bänə] (der Beine)
3. „　dən bäi (dem Beine)　　　　dən bäinə, bänə (den Beinen)
4. „　dås bäi (das Bein).　　　　　di bäi (die Beine).

Nach Beispiel 1 gehen schĭf (Schiff), im 3. Fall der Einzahl schif und
schéf, in der Mehrzahl schéf, Stamm schéf, flōs (Floß), Mehrzahl, die
übrigens sehr selten vorkommt, flōs, Stamm flōs; nach Beispiel 2: gəbäint
(Gebund, z. B. Schlüssel), Mehrzahl gəbōn und gəbōnər; letztere Form ist die
weitaus häufigere.

Alles, was über die Dehnung des Stammselbstlautes in der Einheit der
zur dritten Klasse einfacher männlicher starker Stämme gehörenden Hauptwörter
(vergl. Seite 111 bis 114), sowie über die Form des 3. Falles der Einzahl
und den Gebrauch des 3. Falles der Mehrheit gesagt worden ist, gilt auch von
den eben besprochenen Wörtern.

Die vierte Klasse umfaßt diejenigen Wörter, deren einfache Stämme in der Mehrheitsform um die Silbe -ər erweitert sind. Innerhalb dieser Klasse heben sich drei Gattungen von einander ab. Bei der einen bleibt die Stamm=silbe, von dem Übergang auslautender harter zu inlautenden weichen Mitlauten, sowie von dem Umlaut des umlautbaren Stammselbstlautes abgesehen, in der Ein= und Mehrzahl unverändert.

Die andere Gattung, der ausschließlich Stämme mit kurzem Stammselbst=laut zu Grunde liegen, unterscheidet sich von der ersteren dadurch, daß die Kürze des Stammselbstlautes nur in der Mehrheitsform zur Geltung kommt, während der Selbstlaut in der Einheitsform gedehnt wird; die dritte Gattung aber bietet, wie die Wörter der zweiten Klasse, in der Einheit seinem Ursprung nach berech=tigt langen, in der Mehrheitsform dagegen wider Erwarten gekürzten Stamm=selbstlaut.

Zur erstgenannten Gattung gehören Stämme mit kurzem und langem, mit nicht umlautfähigem und mit umlautbarem Stammselbstlaut. Beispiele:

1. Stamm: licht (Licht).

1. Fall: dås licht (das Licht)   di lichdər (die Lichter, Lichte)
2.   „   [fōn dən licht] (des Lichtes)   [fōn dən lichdərn] (der Lichter, Lichte)
3.   „   dən licht (dem Lichte)   dən lichdərn; lichdər (den Lichtern, Lichten)
4.   „   dås licht (das Licht).   di lichdər (die Lichter, Lichte).

2. Stamm: diər (Tier).

1. Fall: dås diər (das Tier)   di diərər (die Tiere)
2.   „   [fōn dən diər] (des Tieres)   [fōn dən diərərn] (der Tiere)
3.   „   dən diər (dem Tiere)   dən diərərn; diərər (den Tieren)
4.   „   dås diər (das Tier).   di diərər (die Tiere).

3. Stamm: fach (Fach).

1. Fall: dås fach (das Fach)   di fåchər (die Fächer)
2.   „   [fōn dən fach] (des Faches)   [fōn dən fåchərn] (der Fächer)
3.   „   dən fach (dem Fach)   dən fåchərn; fåchər (den Fächern)
4.   „   dås fach (das Fach).   di fåchər (die Fächer).

4. Stamm: blåt (Blatt).

1. Fall: dås blåt (das Blatt)   di blēdər (die Blätter)
2.   „   [fōn dən blåt] (des Blattes)   [fōn dən blēdərn] (der Blätter)
3.   „   dən blåt (dem Blatte)   dən blēdərn; blēdər (den Blättern)
4.   „   dås blåt (das Blatt).   di blēdər (die Blätter).

Nach Beispiel 1 gehen: bëlt (Bild), Mehrzahl bëldər, dångk (Ding), Mehrzahl dångər, gənëk (Genick), Mehrzahl gənēgər, gəricht (Gericht), Mehr=zahl gərichdər, gəschöbf (Geschöpf), gəschbånst (Gespenst), Mehrzahl gə=schbånsdər (Gespenster), gəsicht (Gesicht), Mehrzahl gəsichdər, gəwicht (Ge=wicht), Mehrzahl gəwichdər, hōm (Hemd), månsch („das Mensch"), schëlt (Schild), Mehrheit schëldər und schëlər, schdök (Stück), Mehrzahl schdögər, [wåip] (Weib, der Wasunger gebraucht in der Einzahl hierfür gewöhnlich frå d. i. Frau), Mehrzahl wåiwər;

nach Beispiel 2: gəfōəs (Gefäß), gəlāis (Geleis), gəlāngk (Gelenk), Mehr-
zahl gəlānggər, gəmūət (Gemüt), Mehrzahl gəmūədər, gəschāngk (Geschenk),
Mehrzahl gəschānggər, gəschlācht (Geschlecht), Mehrzahl gəschlāchdər, gliət
(Glied), Mehrzahl gliədər, glāit (Kleid), Mehrzahl glāidər, hāit (Haupt),
Mehrzahl hāidər, liət (Lied), Mehrzahl liədər, nāst (Nest), Mehrzahl nāsdər
ris (Reis), schīt (Scheit), Mehrzahl schīdər, sāil (Seil), schwärt (Schwert),
Mehrzahl schwārdər, siəp (Sieb), Mehrzahl siəwər;

nach Beispiel 3: amt (Amt), Mehrzahl āmdər, hālz (Holz), Mehrzahl
hǣlzər, horn (Horn), Mehrzahl hörnər, kōmət (Kummet), Mehrzahl kōmədər,
korn (Korn), Mehrzahl körnər, muɪl (Maul), selten mūɪl, Mehrzahl mūlər,
waməs oder waməst (Wams), Mehrzahl wāmsər, wāməsdər;

nach Beispiel 4: ōəs (Aas), Mehrzahl āsər und ǣəsər, dāl (Thal), Mehr-
zahl dǣlər, dūɪs (Daus), Mehrzahl dūsər, mōəl (Mal, z. B. dānggmōəl
b. t. Denkmal; Mahl, z. B. gāsdmōəl b. t. Gastmahl), Mehrzahl mōələr,
glās (Glas), Mehrzahl glēsər, grāp (Grab), Mehrzahl grāwər, grās (Gras),
Mehrzahl grēsər, gūət (Gut), Mehrzahl gūədər, rāt (Rad), Mehrzahl rēdər,
rūər (Rohr), Mehrzahl rūərər, ferner die Fremdwörter kābidōəl (Kapital),
Mehrzahl kābidōələr, liningōəl (Lineal), Mehrzahl liningōələr.

Zur anderen Gattung dieser Klasse gehören, wie bereits bemerkt, nur
Stämme mit kurzem, größtenteils umlautbaren Selbstlaut; von nicht umlaut-
fähigen Stammselbstlauten kommen hier nur ai und ē in Betracht. Der Selbst-
laut der Stammsilbe findet sich, wie bei den Wörtern der dritten Klasse, in der
Einzahl gedehnt, wobei a zu ā oder ǟ, a zu āi, ā zu ū, o zu ūə, ō (vor n)
zu āi, u zu ū, ē zu ɪ, vor n zu āi wird. Der 3. Fall der Einzahl bewahrt
im Munde namentlich älterer Wasunger bei mehreren hierher gehörenden Wör-
tern neben der den übrigen Einzahlfällen gleichlautenden noch die alte Form
mit kurzem, nicht umgelauteten Stammselbstlaut; in der Mehrheitsform ist um-
lautbarer Selbstlaut nach den bekannten Regeln stets umgelautet. Die Wörter
auf -lt (ld), -mp und zum größten Teil auch die auf -nt (nd) werfen, wie
die entsprechenden, zur vierten Klasse der männlichen einfachen starken Stämme
gehörenden Wörter (vergl. oben Seite 119), in der Mehrheitsform und, wofern
der 3. Fall der Einzahl mit dem ursprünglichen, kurzen Selbstlaut gebildet ist,
auch in diesem Falle den t (d)- Laut aus oder ab; es vollzieht sich demnach bei
denselben ein Vorgang, wie er bereits bei den männlichen starken einfachen
Stämmen der 3. und 4. Klasse zur Besprechung kam. Wegen der Gründe, die
wahrscheinlich zur Dehnung des Selbstlautes in der Einheitsform Anlaß gegeben
haben, sei hiermit wiederum auf das Seite 111 bis 114 Gesagte verwiesen.

Beispiele:

1. Stamm: dach (Dach).

1. Fall: dās dāch (das Dach)   di dāchər (die Dächer)
2.   „   [fōn dən dāch, *dach] (des Daches) [fōn dən dāchərn] (der Dächer)
3.   „   dən dāch, *dach (dem Dache)   dən dāchərn; dāchər (den Dächern)
4.   „   dās dāch (das Dach).   di dāchər (die Dächer).

2. Stamm: lǎch (Loch).

1. Fall: dǎs lōch (das Loch)	di lǎchər (die Löcher)
2. „ [fōn dən lōch] (des Loches)	[fōn dən lǎchərn] (der Löcher)
3. „ dən lōch, *lǎch (dem Loche)	dən lǎchərn; lǎchər (den Löchern)
4. „ dǎs lōch (das Loch).	di lǎchər (die Löcher).

3. Stamm: dorf (Dorf).

1. Fall: dǎs dūərf (das Dorf)	di dörfər (die Dörfer)
2. „ [fōn dən dūərf] (des Dorfes)	[fōn dən dörfərn) (der Dörfer)
3. „ dən dūərf (dem Dorf)	dən dörfərn; dörfər (den Dörfern)
4. „ dǎs dūərf (das Dorf).	di dörfər (die Dörfer).

4. Stamm: buch (Buch).

1. Fall: dǎs būch (das Buch)	di būchər (die Bücher)
2. „ [fōn dən būch] (des Buches)	[fōn dən būchərn] (der Bücher)
3. „ dən būch (dem Buche)	dən būchərn; būchər (den Büchern)
4. „ dǎs būch (das Buch).	di būchər (die Bücher).

5. Stamm: ai (Ei).

1. Fall: dǎs ǎi (das Ei)	di aiər (die Eier)
2. „ [fōn dən ǎi] (des Eies)	[fōn dən aiərn] (der Eier)
3. „ dən ǎi (dem Ei)	dən aiərn; aiər (den Eiern)
4. „ dǎs ǎi (das Ei).	di aiər (die Eier).

6. Stamm: kalb (Kalb).

1. Fall: dǎs kǎp (das Kalb)	di kǎlwər (die Kälber)
2. „ [dən kǎp sī] (des Kalbes)	[dən kǎlwərn ūer] (der Kälber)
3. „ dən kǎp (dem Kalb)	dən kǎlwərn; kǎlwər (den Kälbern)
4. „ dǎs kǎp (das Kalb).	di kǎlwər (die Kälber).

7. Stamm: fǎld (Feld).

1. Fall: dǎs fǎlt (das Feld)	di fǎlər (die Felder)
2. „ [fōn dən fǎlt] (des Feldes)	[fōn dən fǎlərn] (der Felder)
3. „ dən fǎlt, *fǎl (dem Felde)·	dən fǎlərn; fǎlər (den Feldern)
4. „ dǎs fǎlt (das Feld).	di fǎlər (die Felder).

8. Stamm: land (Land).

1. Fall: dǎs lǎnt (das Land)	di lǎnər (die Länder)
2. „ [fōn dən lǎnt (des Landes)	[fōn dən lǎnərn] (der Länder)
3. „ dən lǎnt, *lan (dem Lande)	dən lǎnərn; lǎnər (den Ländern)
4. „ dǎs lǎnt (das Land).	di lǎnər (die Länder).

9. Stamm: bfōṇd (Pfund).

1. Fall: dǎs bfǎint (das Pfund)	di bfōnər (die Pfunde)
2. „ [fōn dən bfǎint] (des Pfundes)	[fōn dən bfōnərn] (der Pfunde)
3. „ dən bfǎint, *bfōn (dem Pfunde)	dən bfōnərn; bfōnər (den Pfunden)
4. „ dǎs bfǎint (das Pfund).	di bfōnər (die Pfunde).

10. Stamm: kénd (Kind).

1. Fall: dås kåint (das Kind) di kénər (die Kinder)
2. „ [dən kåint si] (des Kindes) [dən kénərn Uər] (der Kinder)
3. „ dən kåint, *kèn (dem Kinde) dən kénərn; kénər (ben Kindern)
4. „ dås kåint (das Kind). di kénər (die Kinder).

11. Stamm: lamb (Lamm).

1. Fall: dås låmp (das Lamm) di låmər (die Lämmer)
2. „ [fōn dən låmp] (des Lammes) [fōn dən låmərn] (der Lämmer)
3. „ dən låmp, lam (dem Lamme) dən låmərn; låmər (ben Lämmern)
4. „ dås låmp (das Lamm). di låmər (die Lämmer).

Nach Beispiel 1 gehen: fåst (Faß), Mehrzahl fåsər, Stamm fas (das t in der Einzahl ist ein erst später angefügtes Anhängsel, wie in waməst b. i. Wams, gəwist b. i. gewiß);

nach Beispiel 2: blōch (Bloch), Mehrzahl blæchər, Stamm blåch, glöz (der Klotz), Mehrheit glæzər, Stamm glåz, jöch (Joch), Mehrzahl jæchər, Stamm jåch, schlös (Schloß), Mehrzahl schlæsər, Stamm schlås;

nach Beispiel 3: wūərt (Wort), Mehrzahl wördər (auch dann, wenn im Nhd die Mehrzahlform „Worte" gesetzt werden muß), Stamm wort;

nach Beispiel 4: dūch (Tuch), Mehrzahl düchər, Stamm dūch;

nach Beispiel 7: gålt (Gelb), Mehrzahl gålər, Stamm gåld;

nach Beispiel 8: bånt (Band), Mehrzahl bånər, Stamm band, bfåant (Pfand), Mehrzahl bfåint, Stamm bfand; gəwåant oder gəwant (Gewand) hat in der Mehrzahl gəwåndər und gəwänər;

nach Beispiel 9: gəbåint (Gebund, Bund), 3. Fall: gəbåint und *gəbōn, Mehrzahl gəbōnər, Stamm gəbōrnd (vergl. auch Seite 143); übrigens ist zu bemerken, daß von bfåint (Pfund) auch die Mehrzahl bfåint lautet, sobald nur die Art des Gewichtes, nicht die Mehrheit der Gewichte hervorgehoben werden soll, genau so, wie im Nhd die Formen Pfund und Pfunde, wenn es sich in beiden Fällen um eine Mehrheit handelt, unterschieden werden; z. B. zwå bfåint (zwei Pfund), aber zwå bfōnər (zwei Pfunde);

nach Beispiel 10: gəbåint (Gebinde), Mehrzahl gəbénər (vergl. auch Seite 143).

Die dritte Gattung dieser Klasse bietet nur die Wörter lūəs (Los) und mōəs (Maß), die auf die altdeutschen Stämme hlōz und måz zurückzuführen sind und darum in der Mehrheitsform ebenfalls langen Stammselbstlaut haben müßten; statt dessen zeigt sich der ursprüngliche Stammlaut von lūəs in åə und der von mōəs in a oder åə gekürzt, wozu noch Umlaut tritt, da beide Wörter, die ursprünglich zur 1. Klasse der einfachen sächlichen Stämme gehörten, in der Mehrheit das Umlaut bewirkende -ər annehmen. Somit werden sie, wie folgt, gebeugt:

1. Stamm: lōs (Los).

1. Fall: dås lūəs (das Los) di læəsər (die Lose)
2. „ [fōn dən lūəs] (des Loses) [fōn dən læəsərn] (der Lose)
3. „ dən lūəs (dem Lose) dən læəsərn; læəsər (ben Losen)
4. „ dås lūəs (das Los). di læəsər (die Lose).

2. Stamm: mās (Maß).

1. Fall: dās mōəs (das Maß)   di māsər, mǣəsər (die Maße)
2. „ [fōn dən mōəs] (des Maßes) [fōn dən māsərn, mǣəsərn] (der Maße)
3. „ dən mōəs (dem Maße)   dən māsərn, mǣəsərn; māsər,
                          mǣəsər (den Maßen)
4. „ dās mōəs (das Maß).   di māsər, mǣəsər (die Maße).

Vom Worte mōəs kommt auch die Mehrzahl mōəsər, jedoch seltener, vor. Übrigens pflegt die Einzahlform mōəs auch für die Mehrheit beibehalten zu werden, wenn nur der in mōəs liegende Begriff zum Ausbruck gebracht werden soll (vergl. die Bemerkung über blāint bei den nach Beispiel 9 der zweiten Gattung dieser Klasse angeführten Wörtern), z. B. zwā mōəs biər (zwei Maß Bier), aber die māsər oder mǣəsər oder mōəsər (die Maße).

Die Beugung der abgeleiteten Stämme.

Für die starken sächlichen Hauptwörter kommen Ableitungen auf -dūm, əs, -ich, -iər, -sāl und -səl, -əl, -ər, -n, -ə, sowie auf die Verkleinerungssilben -ichə (-chə) und -lə in Betracht.

Wie die auf einen Mitlaut ausgehenden einfachen sächlichen Stämme der 1. Klasse werden gebeugt die abgeleiteten Wörter auf -ich, -iər, -sāl, -n, und wie die auf einen Selbstlaut ausgehenden Stämme derselben Klasse die Wörter auf -ə, -gə, -chə und -ichə. So hat

1. dēgich (Dickicht) in der Mehrheit dēgich, 3. Fall dēgichə;
2. gwardiər (Quartier) in der Mehrheit gwardiər, 3. Fall gwardiərə;
3. schǣūsāl (Scheusal) in der Mehrheit schǣūsāl und schǣūsāl, 3. Fall schǣūsālə und schǣūsālə;
4. fūln (Füllen) in der Mehrheit fūln, 3. Fall fūlnə;
5. dōbfə (Topf) in der Mehrheit dōbfə, 3. Fall dōbfə, dōbfənə;
6. nālgə (Nelke) in der Mehrheit nālgə, 3. Fall nālgə, nālgənə;
7. māchə (Mädchen) in der Mehrzahl māchə, 3. Fall māchə, māchənə;
8. schdǣlichə (Stühlchen) in der Mehrzahl schdǣlichə, 3. Fall schdǣlichə, schdǣlichənə.

Nach Beispiel 1 geht auch rūərich (Röhricht); wie 2: glasiər (Klavier), refiər (Revier); wie 3: schigsāl (Schicksal); wie 4: fūln (Fell); wie 5: glǣūə (Knäuel), isə (Eisen), kōsə (Kissen), zāichə (Zeichen); wie 7: nǣlchə (Gewürznelke); wie 8: fǣlichə (Fellchen; kleine Falle), schbōlichə (Spulchen), fūlichə und filichə (Fellchen), flǣəlichə (Fliegelchen), hōlichə (kleine Höhle), kabǣlichə (Kapellchen), kǣlichə (Kegelchen), mōlichə (Mühlchen), nǣlichə (Nadelchen), nǣlichə (Nägelchen), rǣlichə (Röllchen), sāilichə (Seilchen), schdǣlichə (Ställchen), sūlichə (Söhlchen), wǣlichə (Wäldchen; Wellchen).

Wie die einfachen sächlichen Stämme der vierten Klasse erster Gattung werden die Wörter auf -dūm gebeugt, wobei ū zu ū umlautet, z. B. förschdədūm (Fürstentum), in der Mehrheit förschdədūmər, 3. Fall förschdədūmərn. So geht auch kāisərdūm (Kaisertum). Ebenso nehmen -ər in der Mehrheitsform an die Wörter auf -əs, z. B. rīwəs (Bratpfanne), Mehrzahl rīwəsər, schrīwəs (Schreiben), Mehrzahl schrīwəsər.

Wie die männlichen oder weiblichen Wörter auf -əl und -ər werden ge-
beugt die sächlichen Wörter auf -əl, -səl und -ər; doch lautet umlautfähiger
Stammselbstlaut in der Mehrheit niemals um. So hat
1. fagəl (Ferkel) in der Mehrheit fagəl, 3. Fall fagəln;
2. rǟdsəl (Rätsel) in der Mehrheit rǟdsəl, 3. Fall rǟdsəln;
3. fūədər (Fuder) in der Mehrheit fūədər, 3. Fall fūədərn.

Nach Beispiel 1 gehen: mēdəl (Mittel), sēchəl (Segel), sichəl (Siegel),
ūwəl (Übel); nach 2: ōhängsəl (Anhängsel), gəmängsəl (Gemengsel); nach 3:
flōəsdər (Pflaster), gǟdər (Gatter), gidər (Gitter), gəwidər (Gewitter),
glūəsdər (Kloster), kardər (Kärtchen), Seibel), lǟdər (Leber), lǟchər (Lager),
malər (Malter), mǟsər (Messer), miədər (Mieder), wasər (Wasser).

Auf ganz eigenartige Weise werden die Verkleinerungsformen auf -lə
gebeugt. Diese Ableitungssilbe bleibt bei der Beugung der betreffenden Wörter
unter allen Umständen unverändert, so daß sie auch nach vorausgehendem Ge-
schlechtswort oder einem auf n endigenden Fürwort im 3. Fall der Mehrheit
niemals -nə annimmt. Der Mangel irgend welcher Endung schließt aber nur
bei zwei bestimmten Wortgattungen völlige Gleichförmigkeit der Beugung für Ein-
und Mehrzahl in sich. Es sind die zumeist von Wörtern auf -əl und -ər abge-
leiteten Verkleinerungsformen auf -ələ und -ərlə, die durch alle Fälle hindurch
die Form des 1. Einheitsfalles behalten. Beispiele:

1. ēsələ (Eselein, Eselchen) von ēsəl (Esel).
1. Fall: dǟs ēsələ (das Eselchen)   di ēsələ (die Eselchen)
2. „   [dən ēsələ si] (des Eselchens)   [dən ēsələ ūər] (der Eselchen)
3. „   dən ēsələ (dem Eselchen)   dən ēsələ (den Eselchen)
4. „   dǟs ēsələ (das Eselchen).   di ēsələ (die Eselchen).

So gehen auch ǟbfələ (Äpfelchen), ǟngələ (Engelchen), būdələ (Beutelchen),
hūgələ (Hügelchen), ichələ (Igelchen), kǟsələ (Kesselchen), kidələ (Kittelchen),
lǟfələ (Löffelchen), mǟisələ (Meißelchen), nǟwələ (Nabelchen), mǟndələ (Män-
telchen), rǟəsələ (Rüsselchen), schlōsələ (Schlüsselchen), schdǟngələ (Stengelchen),
schdōmələ (Stummelchen), dǟvələ (Täfelchen), gǟvələ (Gäbelchen), ōrchələ
(Orgelchen), schōsələ (Schüsselchen), schūvələ (Schäufelchen), fǟgələ (Ferkelchen),
wie überhaupt sämtliche Verkleinerungsformen der Wörter auf -əl (vergl. Seite
120 bis 122, 134 und oben), auch die beiden nur als Verkleinerungsformen
vorkommenden Wörter fǟichələ (Veilchen) und wisələ (Wiesel).

2. ǟgərlə (Äckerchen) von agər (Acker).
1. Fall: dǟs ǟgərlə (das Äckerchen)   di ǟgərlə (die Äckerchen)
2. „   [fōn dən ǟgərlə] (des Äckerchens) [fōn dən ǟgərlə] (der Äckerchen)
3. „   dən ǟgərlə (dem Äckerchen)   dən ǟgərlə (den Äckerchen)
4. „   dǟs ǟgərlə (das Äckerchen).   di ǟgərlə (die Äckerchen).

So gehen auch brūədərlə (Brüderchen), fǟngərlə (Fingerchen), fǟdərlə
(Federchen), fǟdərlə (Väterchen), flōəsdərlə (Pfläſterchen), fūədərlə (Füderchen),
hōmərlə (Hämmerchen), kōmərlə (Kämmerchen), mǟsərlə (Messerchen), mōdərlə
(Mütterchen), mūwərlə (Mäuerchen), ōədərlə (Äderchen), schwǟsdərlə (Schweſter-
chen), wǟsərlə (Wäſſerchen), überhaupt sämtliche Verkleinerungsformen der abge-
leiteten (zwei- oder mehrsilbigen) Wörter auf -ər (vergl. Seite 122, 135 und oben).

Auch die Verkleinerungsformen der einfachen Stämme auf -r bleiben in der Mehrheitsform nicht selten unverändert; namentlich ältere Wasunger bilden die letztere entsprechend den Verkleinerungsformen der abgeleiteten Wörter auf -ər. Daneben aber finden sich nicht minder zahlreiche Beispiele dafür, daß in der Mehrheitsform der von einfachen r-Stämmen gebildeten Verkleinerungsformen zwischen der Stamm- und der Verkleinerungssilbe die Silbe -ər eingeschaltet wird. Beispiele:

1. bfärlə (Pferdchen) von bfär (Pferd).

1. Fall: däs bfärlə (das Pferdchen)   di bfärlə, bfärərlə (die Pferdchen)
2. „ [dən bfärlə si] (des Pferdchens)   [dən bfärlə, bfärərlə üər] (der Pferdchen)
3. „ dən bfärlə (dem Pferdchen)   dən bfärlə, bfärərlə (den Pferdchen)
4. „ däs bfärlə (das Pferdchen).   di bfärlə, bfärərlə (die Pferdchen).

2. bärlə (Bärchen) von bär (Bär).

1. Fall: däs bärlə (das Bärchen)   di bärlə, bärərlə (die Bärchen)
2. „ [dən bärlə si] (des Bärchens)   [dən bärlə, bärərlə üər] (der Bärchen)
3. „ dən bärlə (dem Bärchen)   dən bärlə, bärərlə (den Bärchen)
4. „ däs bärlə (das Bärchen).   di bärlə, bärərlə (die Bärchen).

3. düərlə (Thürchen) von düər (Thür).

1. Fall: däs düərlə (das Thürchen)   di düərlə, düərərlə (die Thürchen)
2. „ [fön dən düərlə] (des Thürchens)   [fön dən düərlə, düərərlə (der Thürchen)
3. „ dən düərlə (dem Thürchen)   dən düərlə, düərərlə (den Thürchen)
4. „ däs düərlə (das Thürchen).   di düərlə, düərərlə (die Thürchen).

Nach Beispiel 1 (mit kurzem Stammselbstlaut) gehen: härlə (Herrchen), närlə (Närrchen); körlə (Körbchen) hat in der Mehrzahl gewöhnlich regelrecht körlə, daneben aber, statt des ungebräuchlichen körərlə, auch körwərlə;

nach Beispiel 3 (mit langem Doppelselbstlaut) gehen: bəərlə (Beerchen), bŏərlə (Bärchen), füərlə (Feuerchen), küərlə (Thörchen), schdiərlə (Stierchen), üərlə (Uhrchen); füərlə (kleine Fuhre) hat in der Mehrheit gewöhnlich füədərlə (kleine Fuder), üərlə (Ohrchen) hat in der Mehrheit gewöhnlich örnərlə neben dem weniger gebräuchlichen üərlə oder üərərlə.

Bei den Verkleinerungsformen aller übrigen Wörter unterscheidet sich die Mehrheit von der Einheit regelmäßig dadurch, daß der einfache oder erweiterte Stamm, an den die Verkleinerungssilbe -lə tritt, in der Mehrheitsform sich um die Silbe -ər erweitert und auf diese erst die Verkleinerungssilbe folgen läßt.

Diese Bildung der Mehrheitsform erscheint als ganz naturgemäß bei den Verkleinerungsformen derjenigen Wörter, deren einfacher Stamm in der Mehrheit durch die Silbe -ər entweder stets oder doch zum Teil erweitert wird. Beispiel:

mänlə (Männlein) von mö (Mann), Mehrzahl mänər.

1. Fall: däs mänlə (das Männlein)   di mänərlə (die Männlein)
2. „ [dən mänlə si] (des Männleins)   [dən mänərlə üər] (der Männlein)
3. „ dən mänlə (dem Männlein)   dən mänərlə (den Männlein)
4. „ däs mänlə (das Männlein).   di mänərlə (die Männlein).

So gehen auch åilə (Eichen), brådlə (Brettchen), büchlə (Büchlein), dånglə (Dingchen), dierlə (Tierchen), dörnlə (kleiner Dorn), düchlə (Tüchlein), fåslə (Fäßchen), fålglə (Völkchen), gəsichdlə (Gesichtchen), gəwichdlə (Gewichtchen), glåidlə (Kleidchen), glåzlə (Klößchen), güədlə (Gütchen), håidlə (Häuptchen), hömlə (Hemdchen), hüslə (Häuschen), kenlə (Kindchen), lichdlə (Lichtchen), liədlə (Liedchen), lächlə (Löchlein), råsdlə (Restchen), rislə (Reischen), rüərlə (Röhrchen), schdöglə (Stückchen), scheldlə (Schildchen), schlåslə (Schlößchen), wåmslə (Wämschen), wördlə (Wörtchen), überhaupt sämtliche Verkleinerungs-formen von Wörtern, deren Stämme in der Mehrzahl um die Silbe -ər wachsen.

Auf ganz gleiche Art wird aber auch die Mehrheitsform der Verkleinerungs-formen von denjenigen Wörtern gebildet, die im 1. Fall der Mehrheit auf einen Mitlaut (außer l, ł und den Verbindungen ln, łn, vergl. Seite 56 und 136), oder auf einen vollen Doppelselbstlaut (außer åi), oder auf -ə, sei dies nun Ableitungssilbe oder Beugungsendung (in beiden Fällen sind die Verbindungen -lə und łə ausgenommen), ausgehen. Beispiele:

1. ĕsdlə (Ästchen) von åst (Ast), Mehrheit ĕst.
1. Fall: dås ĕsdlə (das Ästchen)   di ĕsdərlə (die Ästchen)
2. „ [fōn dən ĕsdlə] (des Ästchens)   [fōn dən ĕsdərlə] (der Ästchen)
3. „ dən ĕsdlə (dem Ästchen)   dən ĕsdərlə (den Ästchen)
4. „ dås ĕsdlə (das Ästchen).   di ĕsdərlə (die Ästchen).

2. såülə (Schweinchen) von såu (Sau), Mehrzahl såü.
1. Fall: dås såülə (das Schweinchen)   di såüərlə (die Schweinchen)
2. „ [dən såülə si] (des Schweinchens)   [dən såüərlə ůər] (der Schweinchen)
3. „ dən såülə (dem Schweinchen)   dən såüərlə (den Schweinchen)
4. „ dås såülə (das Schweinchen).   di såüərlə (die Schweinchen).

3. blümlə (Blümchen) von blumə (Blume), Mehrzahl blumə.
1. Fall: dås blümlə (das Blümchen)   di blümərlə (die Blümchen)
2. „ [fōn dən blümlə] (des Blümchens)   [fōn dən blümərlə] (der Blümchen)
3. „ dən blümlə (dem Blümchen)   dən blümərlə (den Blümchen)
4. „ dås blümlə (das Blümchen).   di blümərlə (die Blümchen).

4. åflə (Äffchen) von åf (Affe), Mehrzahl afə.
1. Fall: dås åflə (das Äffchen)   di åfərlə (die Äffchen)
2. „ [dən åflə si] (des Äffchens)   [dən åfərlə ůər] (der Äffchen)
3. „ dən åflə (dem Äffchen)   dən åfərlə (den Äffchen)
4. „ dås åflə (das Äffchen).   di åfərlə (die Äffchen).

Nach Beispiel 1 gehen: årmlə (Ärmchen), båmlə (Bäumchen), båümlə oder bäümlə (Bäumchen), bårdlə (Bärtchen), breəflə (Briefchen), flåglə (Pflöckchen), håłmlə (Hälmchen), herschlə (Hirschchen), höflə (Höfchen), hönlə (Hündchen), hüədlə (Hütchen), kåmlə (Kämmchen), kårnlə (Kernchen; kleiner Karren), låzlə (Lätzchen), müslə (Mäuschen), nöslə (Nüßchen), reglə (Röckchen), rezlə (Rätz-chen), rörnlə (Röhrchen), säglə (Säckchen), schdåmbflə (Strümpfchen), schdårnlə (Sternchen; Störchen), schdörchlə (Störchlein), schörnlə (Scheunchen), wölflə (Wölflein), zåbflə (Zöpfchen), überhaupt die Verkleinerungsformen fast sämtlicher Wörter, die in der Ein- und Mehrzahl auf einen Mitlaut (außer l, ł, ln und ln) auslauten. Hie und da hört man auch rǣlnlə (Röllchen) und dergleichen, statt des gewöhnlichen rǣlichə; solche Formen folgen dann dem allgemeinen Sprachgebrauch: von rǣlnlə z. B. würde die Mehrzahl rǣlnərlə lauten. Die eben so seltenen Formen auf -ichlə statt -ichə bleiben wohl in der Mehrzahl unverändert: also rǣlichlə, Mehrzahl gleichfalls rǣlichlə;

nach Beispiel 2: bfǣülə (Pfauchen), frāilə (Frauchen; frǣülǎin dagegen ist „Fräulein", und erst aus dem Nhd entlehnt), gəwǣilə (Geweihchen);

nach Beispiel 3: ǎglə (Eckchen), bödlə (Böbchen), būdlə (Bubchen), döbflə (Töpfchen), dūwlə (Täubchen), glǣülə (Knäulchen), grǣwlə (kleiner Graben; kleines Grab), kǎblə (Käppchen), lǎdlə (kleine Lade, kleiner Laden), rǎnglə (Ringlein), schrūwlə (Schräubchen), wislə (Wieschen), zǎnglə (Zänglein, zǎnglə (Zünglein), überhaupt die Verkleinerungsformen sämtlicher Wörter, die auf -ə mit vorhergehendem Mitlaut (vergl. Seite 123, 124, 137 und 148) oder mit vorhergehendem Doppelselbstlaut endigen;

nach Beispiel 4: ǎichlə (Äuglein), bǎslə (Beschen), bröwlə (Pröbchen), drǣbflə (Tröpfchen), fǣngglə (Fünkchen), gǎslə (Gäßchen), hǎrzlə (Herzchen), hǎslə (Häschen), jǎnglə (Jüngelchen), kǎsdlə (Kästchen), kǎzlə (Kätzchen), kǎdlə (Rettich), löwlə (kleiner Löwe), rǎwlə (kleiner Rabe), schbizbūwlə (Spitzbübchen), schdǎwlə (Stäbchen), zǎbflə (Zäpfchen), überhaupt die Verkleinerungsformen sämtlicher schwach oder gemischt gebeugten Wörter, insofern die letzteren in der Mehrheit die Endung -ə (nicht -n) annehmen.

Bei den Verkleinerungsformen von Wörtern, die im 1. Fall der Mehrheitsform auf einen vollen einzelnen Selbstlaut oder auf einen mit ə zusammengesetzten Doppellaut oder auf ǎi ausgehen, wird in der Mehrheitsform zwischen dem auslautenden Selbstlaut und der Stammerweiterungssilbe -ər ein ə eingeschoben, das ursprünglich vielleicht nur dem ehemaligen n-Stämmen eigen und bei diesen nicht Einschiebsel, sondern Auslaut des einfachen Stammes war, jetzt aber sich auch bei solchen Wörtern findet, denen nicht ehemalige n-Stämme zu Grunde liegen. Beispiele:

1. zēlə (Zähnchen) von zō (Zahn).

1. Fall:	dǎs zēlə (das Zähnchen)	di zēnərlə (die Zähnchen)
2. „	[fōn dən zēlə] (des Zähnchens)	[fōn dən zēnərlə] (der Zähnchen)
3. „	dən zēlə (dem Zähnchen)	dən zēnərlə (den Zähnchen)
4. „	dǎs zēlə (das Zähnchen).	di zēnərlə (die Zähnchen).

2. schbiələ (Spänchen) von schbūə (Span).

1. Fall:	dǎs schbiələ (das Spänchen)	di schbiələ (die Spänchen)
2. „	[fōn dən schbiələ] (des Spänchens)	[fōn dən schbiələ] (der Spänchen)
3. „	dən schbiələ (dem Spänchen)	dən schbiələ (den Spänchen)
4. „	dǎs schbiələ (das Spänchen).	di schbiələ (die Spänchen).

3. bǎilə (Beinchen) von bǎi (Bein).

1. Fall:	dǎs bǎilə (das Beinchen)	di bainərlə (die Beinchen)
2. „	[fōn dən bǎilə] (des Beinchens)	[fōn dən bainərlə] (der Beinchen)
3. „	dən bǎilə (dem Beinchen)	dən bainərlə (den Beinchen)
4. „	dǎs bǎilə (das Beinchen).	di bainərlə (die Beinchen).

Nach Beispiel 1 gehen auch: bilə (Bienchen) von bi (Biene), bölə (Bähn=
chen) von bö (Bahn), grölə (Krägelchen) von grö (Kragen), zülə (Zäunchen)
von zü (Zaun);

nach 2: hüələ (Hühnchen) von hüə (Huhn), rəələ (Rehchen) von rəə
(Reh), schüələ (Schuhchen) von schük (Schuh), Mehrzahl schüə, ziələ (kleine
Zehe) von ziə (Zehe);

nach 3: schdäilə (Steinchen) von schdäi (Stein).

Die vom Nhd so abweichende Mehrzahlform der meisten Verkleinerungs=
formen hängt offenbar eng zusammen mit dem unverkennbaren Streben der WM,
die Mehrheitsform der starken einfachen sächlichen Stämme auf -ər zu bilden.
Augenscheinlich bestand für die Wasunger sowohl, wie für die benachbarten Mund=
arten (denn auch in weiterem Umkreise tritt die nämliche Erscheinung auf) das
Bedürfnis, die Verkleinerungsformen in der Mehrheit genau so zu behandeln,
wie es mit den meisten einfachen sächlichen Stämmen zu geschehen pflegt, und da
es dem Sprachgefühl widerstrebte, die Erweiterungssilbe -ər an die Verkleinerungs=
silbe -lə zu hängen, so fügte man sie an den Stamm des Wortes, ohne Rück=
sicht darauf, welches Geschlecht demselben eigen ist.

Das hohe Alter dieser Mehrzahlformen ergibt sich nicht nur aus ihrer
weiten Verbreitung, sondern auch, wenigstens in betreff der WM, aus der Aus=
sprache der letzten Silben -ərlə. Denn für gewöhnlich wird das r zwischen ə
und l gar nicht vernommen, so daß man Formen wie əsdələ, blümələ, zənələ
zu hören glaubt, und auf Befragen ist der Wasunger zunächst oft selbst der
Meinung, in derartigen Mehrzahlbildungen vor dem lə kein r zu sprechen. Zum
Nachdenken und genaueren Prüfen angeregt, entscheidet er sich aber in der Regel
dahin, daß thatsächlich doch ein r vorhanden sei. Der Wasunger folgt in diesem
Punkte schließlich seinem sprachlichen Empfinden, und die Wahrheit des letzteren
wird bestätigt durch die Aussprache des -lə, dessen l sich nach ə zu l wandeln
müßte, wenn das r der Silbe -ər ganz und gar verschwunden wäre. Aller=
dings hört man bei jüngeren Personen bisweilen Formen wie di blümələ
statt di blümələ, di əsdələ statt di əsdələ, aber das sind äußerst seltene
Ausnahmen, durch die der allgemeinen Regel keinerlei Abbruch geschieht. Trotz=
dem ist es wahrscheinlich, daß die Mehrzahlformen auf -ərlə erst allmählich bei
sämtlichen Wortklassen, denen sie jetzt eigen sind, sich eingebürgert haben, an=
fänglich aber auf einen viel kleineren Kreis von Wörtern beschränkt blieben.

b. Die sächlichen Hauptwörter der gemischten Beugungsform.

Die wenigen sächlichen Hauptwörter der gemischten Beugungsform werden
in der Einzahl stark, in der Mehrzahl schwach gebeugt. Gewöhnlich erhalten sie
in der letzteren die Endung -ə. Beispiele:

1. Stamm: wärk (Werk).

1. Fall:	däs wärk (das Werk)	di wärgə (die Werke)
2. „	[fön dən wärk] (des Werkes)	[fön dən wärgənə, wärgə] (der Werke)
3. „	dən wärk (dem Werke)	dən wärgənə, wärgə (den Werken)
4. „	däs wärk (das Werk).	di wärgə (die Werke).

2. Stamm: ǟch (Auge).

1. Fall:	dǟs ǟch (das Auge)	di ǟchə (die Augen)
2. „	[fōn dən ǟch] (des Auges)	[fōn dən ǟchənə (der Augen)
3. „	dən ǟch (dem Auge)	dən ǟchənə, ǟchə (ben Augen)
4. „	dǟs ǟch (das Auge).	di ǟchə (die Augen).

Nach Beispiel 1 geht: gəschéft (Geschäft), gift (Gift) und das Wort hǟrz (Herz); bei letzterem ist in dem Ausdruck zə hǟrzə (zu Herzen) auch der 3. Fall der Einzahl schwach gebeugt, für gewöhnlich aber kommt diesem Falle, wie dem vierten, jetzt die starke Beugungsweise zu.

nach Beispiel 2 gehen: dūər (Thor) und schbil (Spiel), welche beiden aber auch wie die einfachen Stämme der ersten Klasse stark gebeugt werden, so mit in der Mehrheit dūər und schbil haben können.

In der Mehrheitsform des Wortes ūər (Ohr) ist der ursprüngliche lange Stammselbstlaut ō zu o gekürzt, und infolge dieser Kürzung die Endung n statt ə eingetreten. Das Wort wird demnach folgendermaßen gebeugt:

Stamm: ōr (Ohr).

1. Fall:	dǟs ūər (das Ohr)	di orn (die Ohren)
2. „	[fōn dən ūər] (des Ohres)	[fōn dən orn] (der Ohren)
3. „	dən ūər (dem Ohre)	dən orn (ben Ohren)
4. „	dən ūər (das Ohr).	di orn (die Ohren).

c. Die Beugung der zusammengesetzten sächlichen Hauptwörter.

Die zusammengesetzten sächlichen Hauptwörter werden ganz entsprechend, wie die zusammengesetzten männlichen Hauptwörter (vergl. Seite 129) gebeugt, z. B. féschnǟz (Fischnetz), Mehrzahl féschnǟz, 3. Fall féschnǟzə, féschnǟzənə, ridbfǟr (Reitpferd), Mehrzahl ridbfǟr, 3. Fall ridbfǟrə, ridbfǟrənə, dambfschif (Dampfschiff), Mehrheit dambfschéf, 3. Fall dambfschéfə, dambfschéfənə, biərfǟst (Bierfaß), Mehrheit biərfǟsər, 3. Fall biərfǟsərn, hūismēdel (Hausmittel), Mehrheit hūismódəl, 3. Fall hūismēdəln, bǟchflōəsdər (Pechpflaster), Mehrheit bǟchflōəsdər, 3. Fall bǟchflōəsdərn, főchəlnǟsdlə (Vogelnestchen), Mehrheit főchəlnǟsdərlə, isəbőlə (kleine Eisenbahn), Mehrheit isəbőnərlə.

D. Die Beugung der Eigennamen.

Die männlichen und weiblichen Taufnamen sind nur in der Einheitsform gebräuchlich und haben sämtlich die starke Beugungsform. Infolgedessen entbehren sie jeglicher Beugungsendung; der Mangel derselben wird aber dadurch ersetzt, daß jedem männlichen oder weiblichen Taufnamen, außer in der Anrede, stets das bestimmte Geschlechtswort vorangestellt wird. Beispiele:

1. Fall:	dər Hāinərich (Heinrich)	di Karlinə (Karoline)
2. „	[dən Hāinərich si] (Heinrichs)	[dər Karlinə ūər] (Karolinens)
3. „	dən Hāinərich (Heinrich)	dər Karlinə (Karolinen)
4. „	dən Hāinərich (Heinrich).	di Karlinə (Karoline).

Die Familiennamen kommen, außer in der Anrede, oder wenn das be=
stimmte Geschlechtswort vorgesetzt ist, nur in der Form des zweiten Falles vor,
und zwar erhalten die auf einen Doppelselbstlaut oder einen Mitlaut, der nicht
r, s, sch oder z ist, ausgehenden Namen die starke Endung s, die auf r
ausgehenden die starke Endung sch, die auf s, sch oder z ausgehenden die
schwache Endung ə. Die Namen, die auf einen einfachen Selbstlaut endigen,
werden um letzteren gekürzt und dann so behandelt, als wenn der nunmehr im
Auslaut stehende Mitlaut überhaupt der Wortauslaut wäre. Beispiele:
Langgrāfs Karlīnə („Landgrafs Karoline" b. i. Karoline Landgraf),
Erschəms Godliəp („Ehrsams Gottlieb" b. i. Gottlieb Ehrsam), Naūmans
Rosīnə („Neumanns Rosine" b. i. Rosine Neumann), Grisdəns Grisdjānə
(„Christens Christiane" b. i. Christiane Christen), Waīs Glārə („Weyhs Clara"
b. i. Clara Weyh), Saūerbräīs Härman („Sauerbreis Hermann" b. i. Hermann
Sauerbrei), Ods Färdinant („Ottes Ferdinand" b. i. Ferdinand Otto);
Laīfərsch Wilhälm („Leifers Wilhelm" b. i. Wilhelm Leifer), Jächərsch
Gustdaf („Jägers Gustav" b. i. Gustav Jäger), Schnaīdərsch Huısdə („Schnei=
ders Guste" b. i. Auguste Schneider).
Graūsə Sofīə („Kraußens Sophie" b. i. Sophie Krauß), Oschützə Här=
man („Anschützens Hermann" b. i. Hermann Anschütz), Franzə Auguıst („Fran=
zens August" b. i. August Franz), Gnīsə Ana („Kniesens Anna" b. i. Anna
Kniesa).
In gleicher Weise kann der 2. Fall eines Familiennamens mit dem Namen
irgend einer zur Familie gehörigen Person oder eines der Familie gehörenden
Gegenstandes verbunden werden, z. B. Ganzə mächə („Ganzens Mädchen"
b. i. die zur Familie Ganz gehörenden Mädchen), Ods huıs („Ottes Haus" b. i.
das der Familie Otto gehörende Haus).
Demselben Brauche folgen auch die zu förmlichen Eigennamen gewordenen
Bezeichnungen, denen Titel, sowie einzelne oder zusammengesetzte Gattungsnamen
zu Grunde liegen, z. B. Schdädgnächds Sanəlis b. i. eine Susanne Elise, deren
Vater Stadtknecht b. i. Polizeidiener war, Höfrāds Anēsə, b. i. eine Agnese,
deren Großvater den Hofratstitel geführt hatte, Būdnərsch Grisdjānə b. i. eine
verheiratete alte Frau, namens Christiane, deren Vater Böttcher (Büttner) ge=
wesen war. Sorchs Anəsiwil („Sorgs Anna Sibylla" b. i. eine Anna Sibylla,
die „auf der Sorge", einem Stadtteil von Wasungen, wohnte), Zīrəbärchs
Grisdjānə b. i. eine Christiane, die „auf dem Berg", einem Stadtteil von Wa=
sungen wohnte, und deren Großvater mütterlicher Seits den Taufnamen Ziera
b. i. Cyriax besessen hatte, Häsə-Frēzə-Auguıst b. i. ein gewisser August, dessen
Mutter eine geborene Heß war, und dessen Vater den Taufnamen Fritz besaß.
Wird jedoch das bestimmte Geschlechtswort mit einem Familiennamen ver=
bunden, so bleibt der letztere, gleich den Taufnamen, durch alle Fälle hindurch
unverändert, und zwar wird zur Bezeichnung einer männlichen Person die Namens=
form verwendet, die den gewöhnlichen Familiennamen in sich schließt, wobei aus=
lautender einfacher Selbstlaut des eigentlichen Namens abgeworfen wird und auch
sonst hie und da mundartliche Veränderungen eintreten, z. B. der Laīfər (der
Leifer), der Waī (der Weyh), der Gnīs (der Kniesa), der Ot (der Otto), der·
Langgräf (der Landgraf). Zur Bezeichnung einer weiblichen, namentlich ver=

heirateten Person fügt man die Ableitungssilbe -ə an den männlichen Familien-
namen (vergl. Seite 58), z. B. di Lǎifərə (die Frau Leifer), di Wǎiə (die
Frau Wey), di Ənisə (die Frau Aniesa), di Odə (die Frau Otto), di Lang-
grǎve (die Frau Landgraf). Die Beugung solcher mit dem Geschlechtswort ver-
bundenen Familiennamen verläuft gerade so wie die der Taufnamen.

Die Ortsnamen bleiben unverändert. Ein Teil derselben wird stets
mit dem bestimmten Geschlechtswort verbunden, z. B. di Zilwich (Zilbach),
di Körmich („die Körnebach"), di Bumərəf (Bonndorf); die Beugung verläuft
dann gerade so, wie die der starken Wörter. Alle übrigen bilden den 2. Fall
ebenfalls mittels sön, aber ohne das Geschlechtswort, das auch den anderen
Fällen nie beigefügt wird. Beispiele:

1.

1. Fall: di Bumərəf (Bonndorf)
2. „ [sön dər Bumərəf] (Bonndorfs)
3. „ [in] dər Bumərəf ([in] Bonndorf)
4. „ [in] di Bumərəf ([nach] Bonndorf).

2.

1. Fall: Wöəsingə (Wasungen)
2. „ [sön Wöəsingə] (Wasungens)
3. „ [in] Wöəsingə ([in] Wasungen)
4. „ [nǎch] Wöəsingə ([nach] Wasungen).

Ähnlich werden auch die Länder-, Berg-, Flur- und Flußnamen, und zwar
die Ländernamen gewöhnlich nach dem zweiten, die übrigen aber, denen regel-
mäßig das Geschlechtswort beigefügt wird, nach dem ersten Beispiel behandelt.

www.ingramcontent.com/pod-product-compliance
Lightning Source LLC
Chambersburg PA
CBHW020549270326
41927CB00006B/773